KB085791

선생님이 **강력 추**천하는

개념 PLUS
단원평가

사회

6·2

5~6학년군

개념 + 단원평가 와 내 교과서 비교하기

단원 찾는 방법

• 내 교과서 출판사명을 확인하고 공부할 범위의 페이지를 확인하세요.
• 다음 표에서 내 교과서의 공부할 페이지와 개념+단원평가 사회 페이지를 비교하면 됩니다.
  예를 들어 아이스크림 미디어 56~77쪽이면 개념+단원평가 40~55쪽을 공부하시면 됩니다.

Search
단원찾기

단원	개념+단원평가	아이스크림 미디어	천재교육	비상교과서	미래엔	비상교육	천재교과서	금성출판사	지학사	동아출판	교학사	김영사
1. ① 지구, 대륙 그리고 국가들	8~23	10~33	10~33	10~29	12~31	10~31	16~35	12~35	8~27	6~29	10~31	10~35
1. ② 세계의 다양한 삶의 모습	24~39	34~55	34~57	30~53	32~55	32~55	36~57	36~55	28~49	30~55	32~55	36~59
1. ③ 우리나라와 가까운 나라들	40~55	56~77	58~81	54~75	56~79	56~75	58~81	56~75	50~69	56~77	56~77	60~83
2. ① 한반도의 미래와 통일	66~81	86~107	88~109	84~107	88~107	84~103	92~113	84~103	76~101	84~107	88~109	90~111
2. ② 지구촌의 평화와 발전	82~95	108~129	110~127	108~129	108~131	104~123	114~133	104~123	102~123	108~127	110~127	112~129
2. ③ 지속 가능한 지구촌	96~109	130~151	128~145	130~153	132~153	124~143	134~153	124~143	124~143	128~153	128~149	130~151

여러분의 꿈을 응원합니다!!!

민들레에게는
하얀 씨앗을 더 멀리 퍼뜨리고 싶은 꿈이 있고,

연어에게는
고향으로 돌아가 알알이 붉은 알을 낳고 싶은 꿈이 있습니다.

여러분도 가지각색의 아름다운 꿈을 가지고 있지요?
꿈을 향한 마음으로
좋은 결과를 얻기 위해 달려 보아요.

여러분의 그 아름답고 소중한 꿈을 응원합니다.

구성과 특징

특별 부록

교과서 종합평가

사회 11종 교과서를 완벽 분석한 종합평가를 단원별로 구성하였습니다.

1. 교과서 핵심 요점

교과서 내용을 이해하기 쉽도록 사진 자료와 함께 꾸몄습니다.

2. 개념을 확인해요

교과서 개념과 관련된 주요 내용을 간단한 문제를 통하여 확인할 수 있습니다.

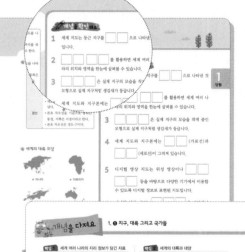

3. 개념을 다져요

꼭 알아야 할 기본 개념이나 원리를 간단한 개념 정리와 함께 문제로 꾸몄습니다.

4. 실력을 쌓아요,
탐구 서술형 평가

기본 개념 문제를 통해 실력을 다지고, 서술형 평가에 대비할 수 있도록 다양한 문제로 구성하였습니다.

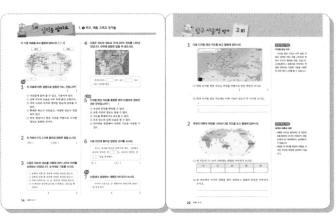

5. 단원 평가 연습 기출 실전

여러 가지 유형의 문제를 단원별로 구성하고, 연습, 기출, 실전으로 난이도를 구분하여 학습 목표를 이룰 수 있도록 하였습니다.

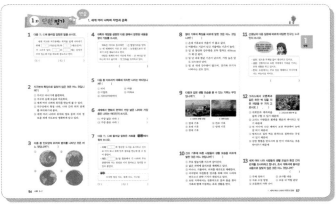

6. 100점 예상문제

핵심만 콕콕 짚어 단원별과 전체 범위로 구분하여 구성하였습니다.

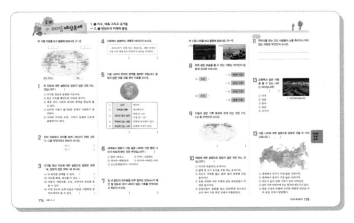

별책 부록

정답과 풀이

스스로 학습할 수 있도록 문제마다 자세한 풀이를 넣었으며 '더 알아볼까요' 코너를 두어 문제를 정확하고 쉽게 이해할 수 있도록 하였습니다.

이 책의 특징

- 단원 요점을 꼼꼼하게 정리하였습니다.
- 여러 유형의 평가 문제를 통하여 쉽게 학습 목표를 이룰 수 있습니다.
- 권말 부록(100점 예상문제)으로 학교 시험에 완벽하게 대비할 수 있습니다.
- 검정 교과서를 완벽 분석한 종합평가를 구성하였습니다.

차례

6·2

5~6학년군

요점 정리
+ 단원 평가

사회 6-2

5~6
학년군

❶ 지구, 대륙 그리고 국가들 (1)

❶ 세계 여러 나라의 지리 정보가 담긴 자료 자료 1

세계 지도	• 둥근 지구를 평면으로 나타낸 것임. • 세계 지도를 활용하면 세계 여러 나라의 위치와 영역을 한눈에 살펴볼 수 있음. → 둥근 지구를 평면에 나타내었기 때문에 실제 모습과 다른 점이 있습니다. • 위선(가로선)과 경선(세로선)이 그려져 있음.
지구본	• 실제 지구의 모습을 작게 줄인 모형으로 실제 지구처럼 생김새가 둥긂. → 같은 나라임에도 땅의 크기가 세계 지도와 지구본에서 각기 다르게 보이기도 합니다. • 위도와 경도를 이용하면 세계 여러 나라의 위치를 숫자로 정확하게 나타낼 수 있음. 자료 2 • 전 세계의 모습을 한눈에 보기 어렵고, 가지고 다니기에 불편하다는 단점이 있음.
디지털 영상 지도	• 위성 영상이나 항공 사진 등을 바탕으로 스마트폰, 컴퓨터 등 다양한 기기에서 이용할 수 있도록 디지털 정보로 표현된 지도임. • 지도의 확대와 축소가 자유롭고, 다양한 정보가 연결되어 있음. • 디지털 영상 지도를 활용하면 세계 여러 나라나 장소와 관련된 정보를 편리하게 찾을 수 있음. • 인터넷을 연결해야 다양한 기능을 활용할 수 있습니다.

검색창에 찾고자 하는 장소를 입력하면 지도에서 위치를 찾을 수 있다.

자동차, 대중교통, 도보, 자전거의 경로를 찾을 수 있다.

내 위치를 검색할 수 있다.

지도를 확대, 축소할 수 있다.

지도를 위성 사진으로 바꿔 볼 수 있다.

어떤 장소의 실제 모습을 여러 각도에서 살펴볼 수 있다.

▲ 디지털 영상 지도의 다양한 기능

❷ 세계의 여러 대륙과 대양 → 지구에서 육지의 면적은 약 30%, 바다의 면적은 약 70%입니다.

① 대륙: 바다로 둘러싸인 큰 땅덩어리를 말하는데 세계에서 가장 큰 섬인 그린란드보다 면적이 넓으면 대륙이라고 합니다.

아시아	우리나라가 속해 있는 대륙으로, 대륙 중에서 가장 크며 세계 육지의 약30%를 차지함.
아프리카	아시아 다음으로 가장 큰 대륙이며 북반구와 남반구에 걸쳐 있음.
유럽	다른 대륙에 비해 면적은 좁지만 많은 나라가 있음.
오세아니아	대륙 중 가장 작으며 남반구에 위치해 있음.
북아메리카	북반구에 속해 있으며, 북극해와 접해 있음.
남아메리카	대부분 남반구에 속해 있고, 남쪽은 남극해와 접해 있음.

자료 1 지리 정보가 담긴 자료

• 세계 지도

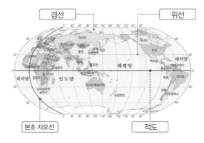

경선 / 위선 / 본초 자오선 / 적도

• 지구본

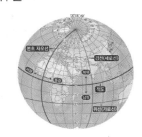

자료 2 위도와 경도로 나라의 위치를 찾는 방법

1 어떤 나라의 동, 서, 남, 북 끝 지점 찾기

2 남쪽과 북쪽 끝 지점에 가까운 위선 찾기

3 동쪽과 서쪽 끝 지점에 가까운 경선 찾기

4 각 위선과 경선에 표시된 수치(위도, 경도) 확인하기

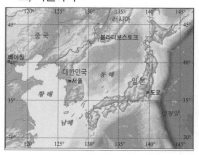

우리나라는 북위 33°~43°, 동경 124°~132° 사이에 위치합니다.

🌸 위선과 경선

위선	• 가로로 그은 선으로, 위도를 나타낸다.❷ • 적도를 기준으로 북극까지를 북위, 남극까지를 남위라고 한다. • 적도는 위도 0°이다.
경선	• 세로로 그은 선으로 경도를 나타낸다. • 본초 자오선을 기준으로 동쪽은❸ 동경, 서쪽은 서경이라고 한다. • 본초 자오선은 경도 0°이다.

🌸 세계의 대륙 모양

▲ 아시아   ▲ 아프리카

▲ 유럽   ▲ 오세아니아

▲ 북아메리카   ▲ 남아메리카

📎 용어 풀이

❶ **위성 영상** 인공위성에서 찍은 영상.
❷ **적도** 지구의 자전축에 대해 직각으로 지구의 중심을 지나도록 자른 평면과 지표면이 만나는 선.
❸ **본초 자오선** 지구의 경도를 결정하는 데 기준이 되는 선으로, 영국의 그리니치 천문대를 지나는 선으로 정함.

✏️ 개념을 확인해요

1 세계 지도는 둥근 지구를 ☐☐으로 나타낸 것입니다.

2 ☐☐☐☐를 활용하면 세계 여러 나라의 위치와 영역을 한눈에 살펴볼 수 있습니다.

3 ☐☐☐은 실제 지구의 모습을 작게 줄인 모형으로 실제 지구처럼 생김새가 둥급니다.

4 세계 지도와 지구본에는 ☐☐(가로선)과 ☐☐(세로선)이 그려져 있습니다.

5 디지털 영상 지도는 위성 영상이나 ☐☐ ☐☐ 등을 바탕으로 다양한 기기에서 이용할 수 있도록 디지털 정보로 표현된 지도입니다.

6 디지털 영상 지도는 ☐☐☐을 연결해야 다양한 기능을 사용할 수 있습니다.

7 ☐☐☐☐☐을 기준으로 동쪽은 동경, 서쪽은 서경이라고 합니다.

8 대륙 중에서 가장 크며, 세계 육지의 30%를 차지하는 곳은 ☐☐☐입니다.

9 ☐☐은 다른 대륙에 비해 면적은 좁지만 많은 나라가 있습니다.

10 ☐☐☐☐☐는 대륙 중 가장 작으며 남반구에 위치해 있습니다.

❶ 지구, 대륙 그리고 국가들 (2)

② 대양: 큰 바다를 말합니다. →북극해는 북반구에 남극해는 남반구에 있습니다.

태평양	아시아, 오세아니아, 북아메리카, 남아메리카 대륙 사이에 있는 가장 큰 바다로 우리나라와 인접해 있음.
대서양	아프리카, 유럽, 아메리카 등에 둘러싸여 있음.
인도양	아시아, 아프리카, 오세아니아 등에 인접해 있음.
북극해	북극 주변의 바다로 아시아, 유럽, 북아메리카에 둘러싸여 있음.
남극해	남극 대륙을 둘러싸고 있음.

❸ 각 대륙에 속한 나라 자료 3

① 아시아: 대한민국, 일본, 중국, 베트남, 인도, 타이. 필리핀, 이라크 등

② 유럽: 영국, 독일, 프랑스, 네덜란드, 스위스, 크로아티아, 에스파냐 등

③ 아프리카: 이집트, 알제리, 에티오피아, 잠비아, 수단, 소말리아 등

④ 남아메리카: 브라질, 아르헨티나, 칠레, 우루과이, 파라과이, 페루 등

⑤ 북아메리카: 캐나다, 미국 등

⑥ 오세아니아: 오스트레일리아, 뉴질랜드, 투발루, 마셜, 팔라우 등

❹ 세계 여러 나라의 크기와 모양

① 세계 여러 나라의 크기 →지구본을 활용하면 세계 지도보다 조금 더 정확하게 여러 나라의 면적을 비교할 수 있습니다.

• 세계에서 영토의 면적이 가장 넓은 나라는 러시아이며, 그 다음은 캐나다입니다.

• 세계에서 영토의 면적이 가장 좁은 나라는 바티칸 시국입니다.

② 세계 여러 나라의 영토 모양 자료 4 →이탈리아 로마 시내에 있습니다.

❹ 국경선이 단조로운 나라	사우디아라비아, 캐나다, 미국, 이집트 등
❺ 해안선이 복잡한 나라	아이슬란드, 대한민국, 인도네시아, 일본, 칠레, 러시아 등
남북으로 길게 뻗은 나라	아르헨티나, 노르웨이, 칠레 등
둥근 모양인 나라	탄자니아, 체코, 레소토 등

❺ 세계 지도, 지구본, 디지털 영상 지도를 활용하여 세계 여러 나라 소개하기

① 세계 지도를 활용해 세계 일주 경로를 소개할 수 있습니다.

② 지구본을 활용해 우리나라의 반대편에 있는 나라를 소개할 수 있습니다.

③ 디지털 영상 지도를 활용해 월드컵을 개최한 나라와 도시를 소개할 수 있습니다.

자료 3 캐나다와 프랑스의 위치와 범위

나라	위치한 대륙
위치한 대륙	북아메리카
위도와 경도 범위	북위 41°~84° 서경 52°~141°
주변에 있는 대양	북쪽에 북극해가 있음.
주변에 있는 나라	남쪽에 미국이 있음.

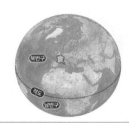

나라	프랑스
위치한 대륙	유럽
위도와 경도 범위	북위 41°~51° 서경 5°~동경 8°
주변에 있는 대양	서쪽에 대서양이 있음.
주변에 있는 나라	동쪽에 독일이 있음.

자료 4 각 나라의 영토 모양

▲ 사우디아라비아

▲ 아이슬란드

▲ 아르헨티나

▲ 탄자니아

❀ '양'과 '해'의 다른 점

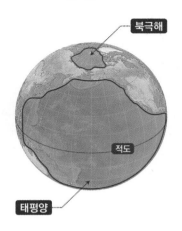

- '양'과 '해'는 모두 바다를 뜻합니다.
- '양'은 매우 큰 바다를 일컫습니다.
- '해'는 육지와 섬이 가로막아 큰 바다와 떨어진 작은 바다로서 대부분이 육지에 둘러싸여 있습니다.
- 남극해와 북극해는 대양보다 훨씬 규모가 작지만 다른 바다에 비해 규모가 크기 때문에 일반적으로 대양으로 분류됩니다.

❀ 특색 있는 나라의 영토 모양

▲ 장화 모양을 닮은 이탈리아

▲ 남북으로 길게 뻗은 칠레

📎 용어 풀이

❹ **국경선** 나라와 나라 사이의 경계선.

❺ **해안선** 바다와 육지가 맞닿은 선.

✏️ 개념을 확인해요

1 단원

11 ☐☐☐ 은 아시아, 오세아니아, 북아메리카, 남아메리카 대륙 사이에 있습니다.

12 ☐☐☐ 는 북극 주변에 있는 바다로 아시아, 유럽, 북아메리카에 둘러싸여 있습니다.

13 ☐ 은 매우 큰 바다를 일컫고, ☐ 는 육지와 섬이 가로막아 큰 바다와 떨어진 작은 바다를 뜻합니다.

14 대한민국, 일본, 중국, 베트남은 ☐☐☐ 대륙에 위치하고 있습니다.

15 미국, 캐나다는 ☐☐☐☐☐ 대륙에 위치하고 있습니다.

16 세계에서 면적이 가장 넓은 나라는 ☐☐☐ 입니다.

17 사우디아라비아, 캐나다, 미국, 이집트 등은 국경선이 ☐☐ 로운 나라입니다.

18 탄자니아의 영토 모양은 ☐☐ 모양입니다.

19 ☐☐ 는 남북의 길이가 세계에서 가장 긴 나라로 남한의 길이보다 10배가량 깁니다.

20 세계 일주 경로를 소개할 때는 ☐☐☐ ☐ 를 이용하면 좋습니다.

핵심 1 세계 여러 나라의 지리 정보가 담긴 자료

🌸 세계 지도
- 둥근 지구를 평면으로 나타낸 것입니다.
- 세계 여러 나라의 위치와 영역을 한눈에 살펴볼 수 있지만, 실제 모습과 다른 점이 있습니다.

🌸 지구본
- 실제 지구의 모습을 작게 줄인 모형으로 실제 지구처럼 생김새가 둥급니다.
- 세계 여러 나라의 위치와 영토 등의 지리 정보를 세계 지도보다 더 정확하게 나타낼 수 있습니다.

🌸 디지털 영상 지도
- 위성 영상이나 항공 사진 등을 바탕으로 다양한 기기에서 이용할 수 있도록 디지털 정보로 표현된 지도입니다.
- 확대와 축소가 자유롭고, 다양한 정보가 연결되어 있습니다.

1 세계 여러 나라의 지리 정보가 담긴 자료와 그 특징을 알맞게 선으로 이으시오.

(1) 지구본	·	· ㉠	지구의 실제 모습과 비슷함.
(2) 세계 지도	·	· ㉡	디지털 정보로 표현된 지도임.
(3) 디지털 영상 지도	·	· ㉢	둥근 지구를 평면으로 나타냄.

2 지구본과 세계 지도의 공통점으로 알맞은 것에 ○표 하시오.

(1) 경선과 위선이 있다. ( )
(2) 확대와 축소가 가능하다. ( )
(3) 세계의 모습을 평면으로 나타냈다. ( )

핵심 2 세계의 대륙과 대양

대륙	아시아, 유럽, 아프리카, 남아메리카, 북아메리카, 오세아니아
대양	태평양, 대서양, 인도양, 남극해, 북극해

3 다음은 어느 대륙에 대한 설명인지 쓰시오.

(1) 아시아 다음으로 큰 대륙이며 북반구와 남반구에 걸쳐 있다.

( )

(2) 다른 대륙에 비해 면적은 좁지만 많은 나라가 있다.

( )

(3) 대륙 중 가장 작으며 남반구에 있다.

( )

4 다음은 어느 대양의 위치와 범위를 나타내고 있는지 쓰시오.

(1) 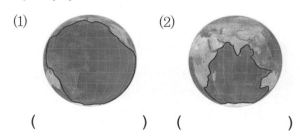 (2)

( ) ( )

핵심 3 각 대륙에 속한 나라

아시아	대한민국, 일본, 중국, 베트남, 인도, 타이, 이라크, 사우디아라비아 등
아프리카	이집트, 알제리, 에티오피아, 잠비아, 수단, 소말리아, 나이지리아 등
유럽	영국, 독일, 프랑스, 네덜란드, 스위스, 폴란드, 에스파냐 등
북아메리카	캐나다, 미국, 멕시코, 온두라스, 과테말라, 코스타리카 등
남아메리카	브라질, 아르헨티나, 칠레, 우루과이, 파라과이, 파나마, 온두라스 등
오세아니아	오스트레일리아, 뉴질랜드, 미크로네시아, 투발루, 마셜, 팔라우 등

5 다음 나라들이 위치한 대륙은 어디입니까?
( )

> 오스트레일리아, 뉴질랜드, 미크로네시아, 투발루

① 유럽　　　　　② 아시아
③ 남아메리카　　④ 북아메리카
⑤ 오세아니아

6 다음 빈 곳에 들어갈 알맞은 내용을 쓰시오.

나라	㉠
위치한 대륙	㉡
위도와 경도 범위	북위 41°~84°, 서경 52°~141°
주변에 있는 대양	북쪽에 북극해가 있다.
주변에 있는 나라	남쪽에 미국이 있다.

㉠: (　　　　) ㉡: (　　　　)

핵심 4 세계 여러 나라의 크기와 모양

🌸 세계 여러 나라의 크기
- 세계에서 영토의 면적이 가장 넓은 나라는 러시아이며, 그 다음은 캐나다입니다.
- 세계에서 영토의 면적이 가장 좁은 나라는 바티칸 시국입니다.
- 우리나라 영토의 면적과 비슷한 나라로는 아시아 대륙의 라오스와 남아메리카 대륙의 가이아나가 있습니다.

🌸 세계 여러 나라의 모양

국경선이 단조로운 나라	사우디아라비아, 캐나다, 미국, 이집트 등
해안선이 복잡한 나라	아이슬란드, 대한민국, 인도네시아, 일본, 칠레, 러시아 등
남북으로 길게 뻗은 나라	아르헨티나, 노르웨이, 칠레 등
둥근 모양인 나라	탄자니아, 체코, 레소토 등

7 다음 설명 중 알맞지 않은 것을 찾아 기호를 쓰시오.

> 세계에서 영토의 면적이 가장 넓은 나라는 ㉠러시아이며, 그 다음은 ㉡중국이다. 세계에서 영토의 면적이 가장 좁은 나라는 이탈리아 로마 시내에 있는 ㉢바티칸 시국이다.

(　　　　)

8 다음 나라들은 공통점은 무엇입니까? ( )

> 아르헨티나, 노르웨이, 칠레

① 해안선이 복잡하다.
② 국경선이 단조롭다.
③ 영토가 둥근 모양이다.
④ 영토가 사각형 모양이다.
⑤ 영토가 남북으로 길게 뻗어 있다.

❀ 다음 자료를 보고 물음에 답하시오. [1~2]

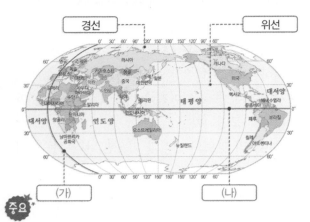

1 위 자료에 대한 설명으로 알맞은 어느 것입니까?
( )

① 자유롭게 돌려 볼 수 있고, 기울어져 있다.
② 실제 지구의 모습을 아주 작게 줄인 모형이다.
③ 여러 나라의 위치와 영역을 한눈에 살펴볼 수 있다.
④ 확대와 축소가 자유롭고, 다양한 정보가 연결되어 있다.
⑤ 위성 영상이나 항공 사진을 바탕으로 디지털 정보로 표현한 것이다.

2 위 자료의 (가), (나)에 들어갈 알맞은 말을 쓰시오.

(가): ( ) (나): ( )

3 다음은 위도와 경도를 이용해 여러 나라의 위치를 살펴보는 과정입니다. 순서대로 기호를 쓰시오.

┌─────────────────────────────────────┐
│ ㉠ 동쪽과 서쪽 끝 지점에 가까운 경선을 찾는다. │
│ ㉡ 남쪽과 북쪽 끝 지점에 가까운 위선을 찾는다. │
│ ㉢ 어떤 나라의 동, 서, 남, 북의 끝 지점을 찾는다. │
│ ㉣ 각 위선과 경선에 표시된 수치(위도, 경도)를 확 │
│   인한다. │
└─────────────────────────────────────┘

( )

4 다음은 위도와 경도로 우리나라의 위치를 나타낸 것입니다. 빈칸에 알맞은 말을 써 넣으시오.

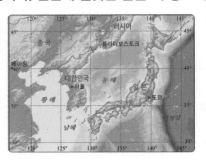

┌─────────────────────────────────────┐
│ 우리나라는 [   ] 33°~43°, [   ] 124° │
│ ~132° 사이에 있다. │
└─────────────────────────────────────┘

5 디지털 영상 지도를 활용할 때의 단점으로 알맞은 것은 무엇입니까? ( )

① 자신의 위치를 확인할 수 없다.
② 교통 수단의 경로는 찾을 수 없다.
③ 지도를 확대하거나 축소할 수 없다.
④ 특정 장소의 실제 모습을 볼 수 없다.
⑤ 인터넷을 연결해야 다양한 기능을 사용할 수 있다.

6 다음 빈칸에 들어갈 알맞은 숫자를 쓰시오.

┌─────────────────────────────────────┐
│ 지구는 육지와 바다로 이루어져 있다. 그중에서 │
│ 육지의 면적은 약 [㉠]%, 바다의 면적은 약 │
│ [㉡]%를 차지한다. │
└─────────────────────────────────────┘

㉠: ( ) ㉡: ( )

7 다음에서 설명하는 대륙은 어디인지 쓰시오.

┌─────────────────────────────────────┐
│ 아시아 다음으로 큰 대륙이며 북반구와 남반구 │
│ 에 걸쳐 있다. │
└─────────────────────────────────────┘

( )

8 다음 중 남극해의 위치와 범위를 설명한 것은 어느 것입니까? (   )

① 남극 대륙을 둘러싸고 있다.
② 아시아, 유럽, 북아메리카에 둘러싸여 있다.
③ 아메리카, 유럽, 아프리카 등에 둘러싸여 있다.
④ 아프리카, 남아시아, 오세아니아 등에 인접해 있다.
⑤ 아시아, 오세아니아, 아메리카 등의 대륙 사이에 있다.

9 다음에서 나타내고 있는 대양은 무엇입니까? (   )

① 태평양   ② 인도양
③ 남극해   ④ 대서양
⑤ 북극해

10 육지와 섬이 가로막아 큰 바다와 떨어진 작은 바다로, 대부분이 육지로 둘러싸여 있는 곳을 무엇이라고 하는지 쓰시오.

(   )

11 오른쪽 대륙에 속해 있는 나라는 어디입니까? (   )

① 일본
② 중국
③ 이집트
④ 이라크
⑤ 사우디아라비아

12 다음 지구본에 표시된 나라는 어느 나라입니까?

(   )

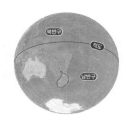

① 캐나다   ② 프랑스
③ 뉴질랜드   ④ 북아일랜드
⑤ 오스트레일리아

13 다음 지구본에 표시된 나라에 대한 ㉠~㉤ 설명 중에서 잘못된 것을 찾아 기호를 쓰시오.

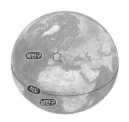

나라	㉠ 프랑스
위치한 대륙	㉡ 유럽
위도와 경도 범위	㉢ 북위 41°~51°, 서경 5°~동경 8°
주변에 있는 대양	㉣ 서쪽에 태평양이 있다.
주변에 있는 나라	㉤ 동쪽에 독일이 있다.

(   )

14 다음은 두 나라의 위도와 경도 범위를 나타낸 것입니다. 영토가 넓은 나라에 ○표 하시오.

	(1)		(2)
나라	□□국	나라	△△국
위도와 경도 범위	북위 41°~84°, 서경 52°~141°	위도와 경도 범위	북위 41°~51°, 서경5°~동경 8°

(   ) (   )

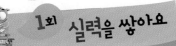

15 영토의 면적이 넓은 나라 순서대로 바르게 정리된 것은 어느 것입니까? (   )

① 미국 > 러시아 > 중국 > 캐나다
② 러시아 > 캐나다 > 미국 > 중국
③ 중국 > 러시아 > 미국 > 캐나다
④ 러시아 > 미국 > 중국 > 캐나다
⑤ 미국 > 중국 > 러시아 > 캐나다

16 우리나라 영토와 면적이 비슷한 나라는 어디인지 두 군데 고르시오. (,   )

① 라오스   ② 알제리
③ 브라질   ④ 가이아나
⑤ 아르헨티나

17 다음 지도를 보고 사우디아라비아의 영토 모양을 바르게 말한 친구는 누구인지 쓰시오.

- 선영: 해안선이 복잡해.
- 경선: 국경선이 단조로워.
- 시훈: 동서쪽으로 길게 뻗어 있어.

(   )

18 해안선이 복잡한 나라에 속하지 않는 곳은 어디입니까? (   )

① 일본   ② 이집트
③ 대한민국   ④ 인도네시아
⑤ 아이슬란드

19 다음 지도의 탄자니아와 비슷한 영토의 특징을 가진 나라를 두 군데 고르시오. (,   )

① 칠레   ② 체코
③ 인도   ④ 레소토
⑤ 이탈리아

20 세계 일주 계획에 대한 발표 자료를 만들려고 합니다. 각 나라의 주요 관광지와 가는 방법을 미리 찾아보기 위해서는 어떤 자료를 활용하면 좋은지 알맞은 것에 ○표 하시오.

(1) 지구본   (   )
(2) 세계 지도   (   )
(3) 디지털 영상 지도   (   )

다음 자료를 보고 물음에 답하시오. [1~2]

중요

1 위 자료의 특징으로 알맞지 <u>않은</u> 것은 어느 것입니까? (   )

① 경선과 위선이 있다.
② 둥근 지구를 평면으로 나타내었다.
③ 자유롭게 돌려 볼 수 있고, 기울어져 있다.
④ 실제의 지구 모습을 아주 작게 줄인 모형이다.
⑤ 경도와 위도를 이용하면 세계 여러 나라의 위치를 숫자로 정확하게 나타낼 수 있다.

2 영국의 그리니치 천문대를 지나는 경도 0°인 선을 위에서 찾아 쓰시오.

(   )

다음 지도를 보고 물음에 답하시오. [3~4]

3 위와 같이 위성 영상이나 항공 사진 등을 바탕으로 스마트폰, 컴퓨터 등 다양한 기기에서 이용할 수 있도록 디지털 정보로 표시된 지도를 무엇이라고 하는지 쓰시오.

(   )

4 앞 지도의 ㉠을 통해 할 수 있는 일은 무엇입니까? (   )

① 지도를 확대, 축소할 수 있다.
② 현재 내 위치를 확인할 수 있다.
③ 어떤 장소의 실제 모습을 볼 수 있다.
④ 자동차, 대중교통 등의 경로를 찾을 수 있다.
⑤ 찾고자 하는 장소를 입력하면 지도에서 위치를 찾을 수 있다.

다음 지도를 보고 물음에 답하시오. [5~6]

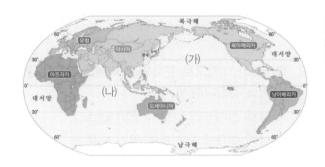

5 위 지도의 (가), (나)는 어느 대양인지 쓰시오.

(가): (   ) (나): (   )

중요

6 위 지도로 볼 때 세계에서 가장 큰 대륙은 어디입니까? (   )

① 유럽   ② 아시아
③ 북아메리카   ④ 남아메리카
⑤ 오세아니아

7 다음 중 유럽에 대한 설명으로 알맞은 것은 어느 것입니까? (   )

① 북반구와 남반구에 걸쳐 있다.
② 대륙 중 가장 작으며 남반구에 위치한다.
③ 북반구에 속해 있으며, 북극해와 접해 있다.
④ 면적은 좁지만 다른 대륙에 비해 많은 나라가 있다.
⑤ 대부분 남반구에 속해 있고, 남쪽은 남극해와 접해 있다.

8 다음은 인도양의 위치와 범위를 나타낸 지도입니다. 인도양의 위치를 대륙과 연결하여 쓰시오.

인도양

_____

_____

9 북극해가 대양으로 분류되는 까닭으로 알맞은 것은 어느 것입니까? ( )

① 다른 대양보다 규모가 크기 때문에
② 여러 대륙에 둘러싸여 있기 때문에
③ 사람들이 어업 활동을 많이 하는 곳이기 때문에
④ 북반구와 남반구에 있는 대양의 수를 맞춰야 하기 때문에
⑤ 대양보다 훨씬 규모가 작지만 다른 바다에 비해 규모가 크기 때문에

주의

10 대륙별로 나라의 위치와 범위를 알아보기 위해 해야 할 일을 두 가지 고르시오. (,)

① 나라가 속한 대륙을 살펴본다.
② 각 나라의 수도가 어디인지 알아본다.
③ 어떤 민족으로 구성되었는지 살펴본다.
④ 각 나라의 남녀 인구 구성비를 살펴본다.
⑤ 각 나라별로 위도와 경도의 범위를 비교한다.

중요

11 뉴질랜드는 어느 대륙에 위치하고 있습니까?

( )

① 유럽 　　　　② 아시아
③ 아프리카 　　④ 남아메리카
⑤ 오세아니아

12 유럽 대륙에 위치하고 있는 나라는 어느 나라입니까? ( )

① 이란 　　　　② 폴란드
③ 우루과이 　　④ 팔라우
⑤ 탄자니아

13 다음 지구본을 보고, ㉠, ㉡에 들어갈 나라 이름과 대륙을 써 넣어 표를 완성하시오.

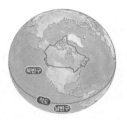

북반구

적도
남반구

나라	㉠
위치한 대륙	㉡
위도와 경도 범위	북위 41°~84°, 서경 52°~141°
주변에 있는 대양	북쪽에 북극해가 있다.
주변에 있는 나라	남쪽에 미국이 있다.

중요

14 프랑스의 위치와 범위에 대한 설명으로 알맞은 것은 어느 것입니까? ( )

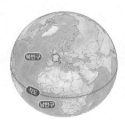

북반구

적도
남반구

① 동쪽에 영국이 있다.
② 동쪽에 태평양이 있다.
③ 서쪽에 대서양이 있다.
④ 남반구에 위치해 있다.
⑤ 아시아 대륙에 위치해 있다.

15 다음 ㉠~㉢에 들어갈 나라 이름을 쓰시오.

> 세계에서 영토의 면적이 가장 넓은 나라는 ㉠ 이며, 그 다음은 ㉡ 이다. 세계에서 영토의 면적이 가장 좁은 나라는 ㉢ 이다.

㉠	㉡	㉢

중요

16 다음 나라들의 영토 모양은 어떤 특징이 있습니까? (   )

> 대한민국, 아이슬란드, 일본, 인도네시아

① 해안선이 단조롭다.
② 해안선이 복잡하다.
③ 국경선이 직선이다.
④ 국경선이 단조롭다.
⑤ 다른 나라에 둘러싸여 있다.

17 다음 지도를 보고 ㉠, ㉡에 알맞은 말을 써 넣어 표를 완성하시오.

나라 이름	㉠
위치	유럽 남부
크기	302,072㎢
모양	㉡

서술형

18 다음 지도를 보고 아르헨티나의 영토는 어떤 모양을 하고 있는지 쓰시오.

_____

중요

19 세계 지도를 효과적으로 활용할 수 있는 상황을 보기에서 찾아 기호를 쓰시오.

> **보 기**
> ㉠ 가장 쉽게 많은 정보를 얻을 수 있다.
> ㉡ 나라 간의 위치 관계를 파악하기에 좋다.
> ㉢ 세계를 한눈에 볼 수 있어 여행을 계획할 때 이동 경로를 그려보기 좋다.

(   )

주의

20 다음은 모둠별로 아르헨티나를 조사한 후 새롭게 알게 된 점이나 느낀 점을 정리한 것입니다. 빈 곳에 들어갈 알맞은 내용을 보기에서 찾아 기호를 쓰시오.

> 민지: 지구본을 이용하니 _____
> _____

> **보 기**
> ㉠ 아르헨티나의 주변 나라까지 쉽게 찾을 수 있었어.
> ㉡ 아르헨티나의 여러 도시를 직접 가 본 것 같은 느낌이 들었어.
> ㉢ 아르헨티나가 우리나라의 반대편에 위치한다는 것을 쉽게 알 수 있었어.

(   )

1 세계의 모습을 살펴볼 수 있는 다음 자료를 보고 물음에 답하시오.

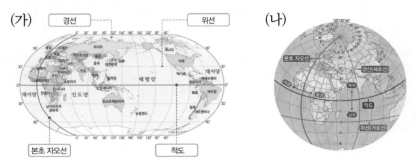

(1) 세계 여러 나라의 위치와 영역을 알 수 있는 위의 자료를 무엇이라고 하는지 쓰시오.

① (가): (   )   ② (나): (   )

(2) 위 (가), (나) 자료의 장점과 단점을 정리한 것입니다. 빈 곳에 알맞은 내용을 써 넣어 완성하시오.

구분	(가)	(나)
장점		지구의 실제 모습과 비슷하다.
단점	나라와 바다의 모양, 거리가 실제와 다르게 표현되기도 한다.	

관련 핵심 개념

지리 정보를 알 수 있는 자료

우리는 여행을 가거나 다른 나라의 위치, 영역이 궁금할 때 세계 지도, 지구본, 디지털 영상 지도를 활용합니다.

2 세계 바다의 이름을 보면 '양'이나 '해'가 붙습니다. 다음 지도를 보고 '양'과 '해'는 어떻게 다른지 쓰시오.

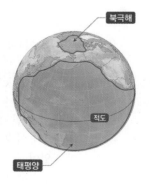

관련 핵심 개념

세계의 대양

- 태평양
- 대서양
- 인도양
- 남극해
- 북극해

_____

_____

3 다음 대륙에서 한 나라를 선택하여 범위를 색칠하고 그 나라를 조사하여
표를 완성하시오.

나라	
위치한 대륙	
위도와 경도 범위	
주변에 있는 대양	
주변에 있는 나라	

관련 핵심 개념

남아메리카에 위치한 나라들

아르헨티나, 볼리비아, 파라과이,
브라질, 칠레, 우루과이, 수리남, 에콰
도르, 베네수엘라 등의 나라가 있습니
다.

1
단원

4 다음 지도를 보고 (가)와 (나) 나라는 어디인지 쓰고 두 나라 영토 모양의
특징도 간단히 정리하시오.

구분	(가)	(나)
영토의 위치와 범위		
나라 이름		
영토 모양의 특징		

관련 핵심 개념

나라의 다양한 영토 모양

• 국경선이 단조로운 나라
• 해안선이 복잡한 나라
• 둥근 모양의 나라
• 남북으로 길게 뻗거나, 동서로 길게
  뻗은 나라
• 동물이나 도형과 비슷하게 생긴 나
  라

1 다음 디지털 영상 지도를 보고 물음에 답하시오.

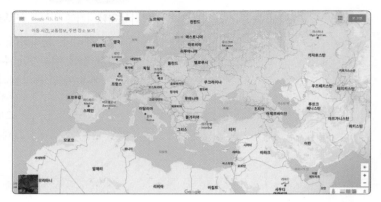

관련 핵심 개념

디지털 영상 지도

디지털 영상 지도는 아주 높은 곳에서 세계의 여러 곳을 사진으로 찍어서 지도의 형태로 만든 것입니다. 스마트폰이나 컴퓨터로 인터넷이 연결된 곳에서는 다양한 기능을 사용하여 세계 여러 나라를 볼 수 있습니다.

(1) 위의 디지털 영상 지도는 무엇을 바탕으로 만든 것인지 쓰시오.

(　　　　　　　　　　　　　)

(2) 위의 디지털 영상 지도에는 어떤 기능이 있는지 두 가지만 쓰시오.

-
_____

-
_____

2 세계의 대륙과 대양을 나타낸 다음 지도를 보고 물음에 답하시오.

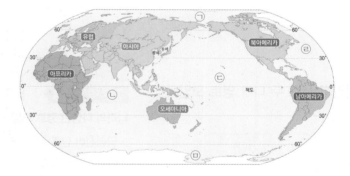

관련 핵심 개념

세계의 대륙과 대양

- 대륙은 바다로 둘러싸인 큰 땅덩어리를 말하며, 아시아, 아프리카, 유럽, 오세아니아, 북아메리카, 남아메리카가 있습니다.
- 대양은 큰 바다를 말하며, 태평양, 대서양, 인도양, 북극해, 남극해가 있습니다.

(1) 위 지도의 ㉠~㉤이 나타내는 대양은 어디인지 쓰시오.

㉠	㉡	㉢	㉣	㉤

(2) 위 지도에서 아시아 대륙을 찾아 살펴보고 대륙의 특징은 무엇인지 쓰시오.

_____

_____

3 다음 지구본에 나타낸 두 나라의 위치와 영역을 표에 정리하시오.

(가)

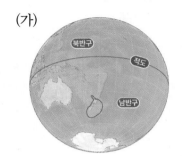

(나)

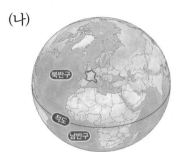

나라	
위치한 대륙	
위도와 경도 범위	남위 34°~47°, 동경 166°~179°
주변에 있는 대양	
주변에 있는 나라	

나라	
위치한 대륙	
위도와 경도 범위	북위 41°~51°, 서경 5°~동경 8°
주변에 있는 대양	
주변에 있는 나라	

관련 핵심 개념

나라의 위치와 범위를 알 수 있는 방법

• 북반구에 속하는지 남반구에 속하는지 알아봅니다.
• 주변에 있는 대양을 살펴봅니다.
• 주변에 있는 나라를 살펴봅니다.
• 위도와 경도의 범위를 알아봅니다.

1 단원

4 다음 지도를 보고 물음에 답하시오.

(가)

(나)

(1) 위 (가), (나)의 지도에 색으로 표시된 나라는 어디인지 쓰시오

① (가): (   ) ② (나): (   )

(2) 위 (가), (나) 나라 영토 모양의 특징은 무엇인지 쓰고, 영토의 모양이 비슷한 나라는 어디인지 두 곳씩 쓰시오.

구분	(가)	(나)
영토 모양의 특징		
영토 모양이 비슷한 나라		

관련 핵심 개념

나라별 영토 모양의 특징

• 국경선의 모양이 다릅니다.
• 해안선이 복잡하거나 단조롭기도 합니다.
• 영토의 모양이 위아래로 길쭉하거나 좌우로 길쭉하기도 합니다.
• 동그랗기도 하고 울퉁불퉁하기도 합니다.

② 세계의 다양한 삶의 모습 (1)

1 세계의 다양한 기후 [자료 1] →해당 지역의 기온과 강수량 등을 기준으로 기후를 구분합니다.

① 세계에는 지역별로 다양한 기후가 나타납니다.

② 적도 지방에서 극지방으로 갈수록 기온이 점차 낮아지는데, 이는 기후 형성에 큰 영향을 미칩니다.

③ 태양의 열을 많이 받는 적도 부근은 열대 기후가 나타나고, 태양의 열을 적게 받는 극지방 부근은 한대 기후가 나타납니다.

④ 세계의 기후는 열대 기후, 건조 기후, 온대 기후, 냉대 기후, 한대 기후 등으로 나눌 수 있습니다. →기후에 따라 사람들의 생산 활동이나 생활 방식이 달라집니다.

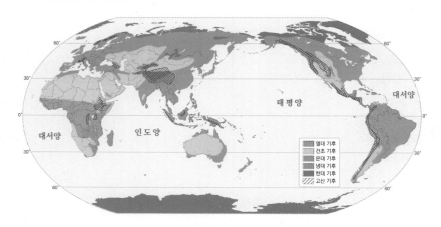

2 기후에 따른 사람들의 생활 모습

기후	생활 모습
열대 기후 [자료 2]	• 전통적으로 화전 농업 방식을 활용해 얌, 카사바 등을 재배했음. • 요즘에는 바나나, 기름야자, 커피를 대규모로 재배하며 생태 관광 산업도 발달하고 있음. →적도를 중심으로 한 저위도 지역에 나타납니다.
건조 기후 [자료 3]	• 사막 지역의 사람들은 오아시스나 나일강과 같은 강 주변에서 농사를 지으며 살아감. →건조 기후는 주로 위도 20° 일대와 바다와 멀리 떨어진 곳에 나타납니다. • 초원 지역의 사람들은 전통적으로 물과 풀을 찾아 가축과 함께 이동하는 유목 생활을 하며 살아감.
온대 기후 사계절이 비교적 뚜렷한 기후로 중위도 지역에 주로 나타납니다.	• 서부 유럽처럼 일 년 내내 비가 고르게 내리는 곳도 있고, 우리나라처럼 겨울보다 여름에 강수량이 많은 곳도 있음. • 유럽에서는 주로 밀을 재배하며, 아시아에서는 벼농사를 짓고, 지중해 주변 지역에서는 올리브나 포도를 많이 재배함. • 인구가 많고 여러 산업이 발달했음.
냉대 기후	• 여름에는 밀, 감자, 옥수수 등을 재배할 수 있지만, 겨울에는 농사를 짓기 어려움. →러시아의 시베리아, 캐나다와 같이 북반구의 중위도와 고위도 지역에 널리 분포합니다. • 잎이 뾰족하고 재질이 부드러운 침엽수림이 널리 분포해 목재와 펄프의 세계적인 생산지가 되기도 함.
한대 기후 [자료 4]	• 여름에 얼음이 녹아 이끼나 풀이 자라는 땅에서 순록을 기르는 유목 생활을 하기도 함. →고위도 지역에 주로 나타나며, 평균 기온이 낮아 땅속이 계속 얼어 있습니다. • 석유와 천연가스 등이 풍부해 자원 개발이 활발함.

[자료 1] 세계의 기후 구분

열대 기후	일 년 내내 기온이 높고 강수량이 많으며, 건기와 우기가 나타나는 곳도 있음.
건조 기후	일 년 동안의 강수량을 모두 합쳐도 500mm가 채 안 될 정도로 비가 내리지 않음.
온대 기후	사계절이 비교적 뚜렷한 기후로 여름에는 기온이 높고 강수량이 많으며, 겨울에는 기온이 낮고 강수량이 적음.
냉대 기후	온대 기후와 마찬가지로 사계절이 나타나지만 온대 기후보다 겨울이 더 춥고 깊.
한대 기후	일 년 내내 평균 기온이 매우 낮은 기후로 평균 기온이 가장 높은 달도 10℃보다 낮음.

[자료 2] 열대 기후 지역의 생활 모습

▲ 열대 작물 재배　　　▲ 화전 농업

[자료 3] 건조 기후 지역의 생활 모습

▲ 사막 지역의 마을　　　▲ 몽골 초원의 집

[자료 4] 한대 기후 지역의 과학 기지

▲ 남극 장보고 과학 기지　　　▲ 북극 다산 과학 기지

🌸 고산 기후

- 해발 고도가 높은 곳에서 나타나는 기후를 고산 기후라고 합니다.
- 해발 고도가 높은 고산 지대는 일 년 내내 날씨가 서늘합니다. 해발 고도가 높을수록 기온이 점차 낮아지기 때문입니다.
- 적도 부근은 기온이 매우 높지만 해발 고도가 높은 산지는 일 년 내내 월평균 기온이 15℃ 내외로 우리나라의 봄철처럼 날씨가 온화합니다.
- 고산 기후는 무더운 평지보다 서늘해 인간 생활에 더 유리합니다. 그래서 고도가 높은 곳에 도시가 발달하기도 합니다.
- 멕시코의 수도 멕시코시티, 콜롬비아의 수도 보고타, 에콰도르의 수도 키토의 해발 고도는 2,000m 이상이며, 볼리비아의 수도 라파스의 해발 고도는 3,600m 이상입니다.
- 잉카 문명을 대표하는 페루의 마추픽추 유적지도 고산 지역 중 하나입니다.

🌸 칠레의 기후 특징

남아메리카 대륙에 위치한 칠레는 남북의 길이가 약 4,300km에 이를 정도 길게 뻗어 있어서 북부, 중부, 남부 지역별로 서로 다른 기후가 나타납니다.

북부	건조 기후가 나타나 사막이 넓게 분포해 있으며, 연평균 기온이 16℃임.
중부	온대 기후가 나타나며 여름철은 건기, 겨울철은 우기임.
남부	냉·한대 기후가 나타나며 강수량이 풍부하고 연평균 기온이 9℃임.

📎 용어 풀이

❶ 기후 일정한 지역에서 여러 해에 걸쳐 나타나는 평균적인 날씨를 말함.

❷ 화전 농업 밭을 만들기 위해 숲을 태우고 그 남은 재를 이용해 농작물을 기르는 농업 방식.

❸ 오아시스 사막 가운데에 샘이 솟고 풀과 나무가 자라는 곳.

✏️ 개념을 확인해요

1 세계에는 지역별로 다양한 ☐☐ 가 나타납니다.

2 해당 지역의 ☐☐ 과 ☐☐☐ 등을 기준으로 기후를 구분합니다.

3 ☐☐☐☐ 는 일 년 내내 기온이 높고 강수량이 많습니다.

4 ☐☐☐☐ 는 사계절이 비교적 뚜렷한 기후입니다.

5 ☐☐☐☐ 는 사계절이 나타나지만 온대 기후보다 겨울이 더 춥고 깁니다.

6 초원 지역의 사람들은 전통적으로 물과 풀을 찾아 가축과 함께 이동하는 ☐☐ 생활을 하며 살아갑니다.

7 온대 기후가 나타나는 유럽에서는 주로 ☐ 을 재배하며, 아시아에서는 벼농사를 짓습니다.

8 한대 기후 지역의 주민들은 여름에 얼음이 녹아 이끼나 풀이 자라는 땅에서 ☐☐ 을 기르는 유목 생활을 하기도 합니다.

9 일 년 내내 날씨가 서늘한 해발 고도가 높은 곳에서 나타나는 기후를 ☐☐ 기후라고 합니다.

10 남아메리카 대륙에 있는 ☐☐ 는 남북의 길이가 약 4,300km에 이를 정도 길게 뻗어 있어서 북부, 중부, 남부 지역별로 서로 다른 기후가 나타납니다.

❷ 세계의 다양한 삶의 모습 (2)

┌→ 세계 여러 나라 사람들의 생활 모습이 다양하게 나타나는 것은 사람들이 살아가는
  지역의 기후와 같은 자연환경과 종교와 같은 인문 환경이 서로 다르기 때문입니다.

③ 세계 여러 나라의 다양한 생활 모습 [자료 5]

인도의 전통 복장, 사리

- 인도 여성의 전통 복장으로서 길고 넓은 천 한 장으로 만들어졌음.
- 천의 한쪽은 허리에 감아 매고, 다른 한쪽은 어깨에 걸쳐 밑으로 늘어뜨려 입으며, 두르는 방법에 따라 입는 방법이 다양함.
- 사리가 한 장의 천으로 만들어진 것은 힌두교에서 옷감을 자르거나 바느질하는 것을 바람직하지 않게 여기기 때문임.

터키의 음식, 케밥

- 얇게 썬 고기 조각을 구워 먹는 터키의 대표적인 요리임.
- 초원 지대와 사막 지역에서 유목 생활을 하던 유목민들이 육류를 쉽고 간단하게 먹으려고 조각내어 구워 먹던 것에서 비롯되었음. ─→ 국민 대부분이 이슬람교를 믿는 터키 사람들은 주로 양고기로 케밥을 만듭니다.

파푸아 뉴기니의 고상 가옥

- 열대 우림 기후가 나타나는 지역에서 볼 수 있는 집 형태로 주위에서 쉽게 구할 수 있는 나무와 풀로 집을 지었음.
- 땅에서 올라오는 열기와 습기를 피하고 바람을 잘 통하게 하려고 바닥이 땅에서 떨어지게 집을 지음.
- 지붕은 빗물이 고이지 않도록 경사를 가파르게 만듦.

④ 환경에 따라 달라지는 세계 여러 나라 사람들의 생활 모습 조사하기

1 주제 정하기	모둠별로 세계 여러 나라나 지역의 생활 모습 중에서 관심 있는 것을 주제로 정함.
2 결과 예상하기	모둠별로 주제로 정한 생활 모습이 나타나는 까닭을 예상해 봄.
3 조사 계획 세우기	예상할 내용을 확인할 수 있도록 조사할 내용과 방법을 정하고 모둠 내에서 역할을 나누어 맡음.
4 자료를 수집하고 분석하기	조사 계획에 따라 자료를 수집하고 생활 모습에 영향을 준 원인을 찾아봄. ─→ 조사한 결과는 보고서, 소개글, 신문 등의 형식으로 작성할 수 있습니다.
5 결과 정리하기	한 나라나 지역의 독특한 생활 모습에 영향을 준 요인을 정리해 결론을 내림.

⑤ 세계 여러 나라의 생활 모습을 대하는 바람직한 태도 [자료 6]

① 자연환경과 인문 환경의 영향을 받아 세계 여러 나라의 생활 모습이 매우 다양하게 나타나며 이는 고유한 가치를 지니고 있습니다.

② 서로 다른 생활 모습을 이해하고 존중하려는 마음가짐이 필요합니다.

[자료 5] 세계 여러 나라의 다양한 의식주 생활 모습

- 의(옷)

▲ 케냐 마사이족의 전통 복장, 시카   ▲ 북극 지방 이누이트족의 전통 복장, 아노락

- 식(음식)

▲ 뉴질랜드 마오리족의 음식, 항이   ▲ 멕시코의 음식, 타코

- 주(집)

▲ 그리스의 하얀 벽 집   ▲ 이집트의 진흙집

[자료 6] 우리와 다른 세계 여러 나라의 생활 모습

- 영국 자동차의 운전석은 오른쪽에 있습니다.
- 에스파냐에는 뜨거운 한낮에 낮잠을 자거나 휴식을 취하는 '시에스타'라는 풍습이 있습니다.
- 가나 어느 부족은 음악을 틀고 춤을 추는 등 축제 같은 분위기로 장례를 치르고, 죽은 사람이 좋아했던 물건이나 그들의 직업을 나타내는 독특한 관을 만들어 죽은 사람을 기리기도 합니다.

🌸 세계 여러 나라 사람들의 모자

솜브레로	우샨카

• 멕시코 사람들이 씀. • 주로 밀짚이나 펠트로 만듦. • 얼굴과 어깨까지 햇빛을 가려 줄 만큼 챙이 넓음. • 모자의 중앙이 높음.	• 러시아 사람들이 씀. • 주로 동물의 털로 만듦. • 귀와 턱까지 덮을 만큼 귀덮개가 넓음. • 모자의 털이 매우 촘촘함.

두 나라 사람들이 쓰는 모자가 다른 까닭은 주변에서 쉽게 구할 수 있는 재료를 활용해 기후에 적응하며 살아가기 위한 모자를 만들어 쓰기 때문입니다.

🌸 종교와 음식

• 힌두교를 믿는 인도 사람들은 소를 성스러운 동물로 여기기 때문에 소를 죽이거나 먹지 않습니다.
• 이슬람교를 믿는 사람들은 돼지고기로 만든 음식, 기도문을 외우지 않고 잡은 고기, 술 등은 먹지 않습니다.
• 이슬람교를 믿는 사람들은 라마단 기간에는 해가 떠 있을 때 음식을 먹지 않습니다.

📎 용어 풀이

④ **힌두교** 인도의 토착 신앙과 브라만교가 융합한 종교.
⑤ **열대 우림** 일 년 내내 기온이 높고 비가 많은 적도 부근의 열대 지방에서 발달한 삼림.

✏️ 개념을 확인해요

11 인도 여성의 전통 복장인 ☐☐ 는 길고 넓은 천 한 장으로 만듭니다.

12 얇게 썬 고기 조각을 구워 먹는 터키의 대표적인 요리는 ☐☐ 입니다.

13 파푸아 뉴기니의 고상 가옥은 땅에서 올라오는 열기와 ☐☐ 를 피하고 바람을 잘 통하게 하려고 바닥이 땅에서 떨어지게 집을 짓습니다.

14 사람들의 생활 모습과 환경 간의 관계를 조사하는 과정에서 가장 먼저 해야 할 일은 ☐☐ 정하기입니다.

15 영국의 자동차 운전석은 ☐☐☐ 에 있습니다.

16 에스파냐에는 뜨거운 한낮에 낮잠을 자거나 휴식을 취하는 ☐☐☐☐ 라는 풍습이 있습니다.

17 ☐☐☐☐ 는 멕시코 사람들이 쓰는 모자로, 얼굴과 어깨까지 햇빛을 가려 줄 만큼 챙이 넓습니다.

18 귀와 턱까지 덮을 만큼 귀덮개가 넓은 러시아 사람들이 쓰는 모자는 ☐☐☐ 입니다.

19 ☐☐☐ 를 믿는 인도 사람들은 소를 성스러운 동물로 여기기 때문에 소를 죽이거나 먹지 않습니다.

20 세계 여러 나라의 생활 모습을 대할 때에는 서로 다른 모습을 이해하고 ☐☐ 해야 합니다.

핵심 1   세계의 다양한 기후

- 적도 지방에서 극지방으로 갈수록 기온이 점차 낮아집니다.
- 태양의 열을 많이 받는 적도 부근은 열대 기후가 나타나고, 태양의 열을 적게 받는 극지방 부근은 한대 기후가 나타납니다.

냉대 기후

온대 기후와 마찬가지로 사계절이 나타나지만, 온대 기후보다 겨울이 더 춥고 긺.

한대 기후

일 년 내내 평균 기온이 매우 낮은 기후로 평균 기온이 가장 높은 달도 10℃ 보다 낮음.

온대 기후

사계절이 비교적 뚜렷한 기후로 여름에는 기온이 높고 강수량이 많으며, 겨울에는 기온이 낮고 강수량이 적음.

건조 기후

일 년 동안의 강수량을 모두 합쳐도 500mm가 채 안될 정도로 비가 내리지 않음.

열대 기후

일 년 내내 기온이 높고 강수량이 많으며, 건기와 우기가 나타나는 곳도 있음.

1 세계의 기후에 대한 설명으로 알맞은 것에 ○표 하시오.

(1) 세계는 지역별로 다양한 기후가 나타난다.
                     (   )

(2) 적도 지방에서 극지방으로 갈수록 기온이 점차 높아진다.   (   )

2 다음에서 설명하는 기후는 무엇인지 쓰시오.

> - 사계절이 비교적 뚜렷한 기후이다.
> - 여름에는 기온이 높고 강수량이 많으며, 겨울에는 기온이 낮고 강수량이 적다.

                     (   )

핵심 2   기후에 따른 사람들의 생활 모습

열대 기후	• 전통적으로 화전 농업 방식을 활용해 얌, 카사바 등을 재배했음. • 요즘에는 바나나, 기름야자, 커피를 대규모로 재배하며 생태 관광 산업도 발달하고 있음.
건조 기후	• 오아시스나 나일강과 같은 강 주변에서 농사를 지으며 살아감. • 초원 지역 사람들은 전통적으로 유목 생활을 하며 살아감.
온대 기후	• 일찍부터 다양한 농업이 발달함. • 인구가 많고 여러 가지 산업이 발달함.
냉대 기후	• 여름에는 밀, 감자, 옥수수 등을 재배할 수 있지만, 겨울에는 농사를 짓기 어려움. • 침엽수림이 널리 분포해 목재와 펄프의 세계적인 생산지가 되기도 함.
한대 기후	• 여름에 얼음이 녹아 이끼나 풀이 자라는 땅에서 순록을 기르는 유목 생활을 함. • 석유와 천연가스 등의 자원 개발이 활발함.

3 다음 모습을 볼 수 있는 지역의 기후는 무엇인지 쓰시오.

                (   )

4 냉대 기후와 그 지역의 특징에 대한 설명으로 알맞지 <u>않은</u> 것은 어느 것입니까? (   )

① 침엽수가 널리 분포한다.
② 목재와 펄프가 많이 생산된다.
③ 여름에 밀과 옥수수를 재배한다.
④ 얼음이 녹는 짧은 여름에 순록을 기른다.
⑤ 북반구의 중위도와 고위도 지역에 널리 분포한다.

핵심 3 세계 여러 나라의 다양한 생활 모습 살펴보기

인도의 전통 복장, 사리

- 인도 여성의 전통 복장인 사리는 길고 넓은 천 한 장으로 만들어졌음.
- 사리가 한 장의 천으로 만들어진 것은 힌두교에서 옷감을 자르거나 바느질하는 것을 바람직하지 않게 여기기 때문임.

터키의 음식, 케밥

- 얇게 썬 고기 조각을 구워 먹는 터키의 대표적인 요리임.
- 유목민들이 육류를 쉽고 간단하게 먹으려고 조각 내어 구워 먹던 것에서 비롯되었음.

파푸아 뉴기니의 고상 가옥

- 열대 기후가 나타나는 지역에서 볼 수 있는 집 형태로 주위에서 쉽게 구할 수 있는 나무와 풀로 지음.
- 땅에서 올라오는 열기와 습기를 피하고 바람을 잘 통하게 하려고 바닥을 땅에서 떨어지게 집을 지음.

5 얇게 썬 고기 조각을 구워 먹는 터키의 대표적인 요리는 무엇인지 쓰시오.

( )

6 파푸아 뉴기니의 고상 가옥을 땅에서 떨어지게 지은 까닭은 무엇입니까? ( )

① 집과 떨어진 땅에 작물을 심기 위해
② 땅에서 올라오는 열기와 습기를 피하기 위해
③ 땅이 너무 메말라 있어 흙먼지를 피하기 위해
④ 높은 곳에서 경치를 더 잘 볼 수 있게 하기 위해
⑤ 하늘과 가까이 갈수록 축복을 받는다는 믿음 때문에

핵심 4 여러 나라의 생활 모습을 대하는 바람직한 태도

🌸 우리와 다른 세계 여러 나라의 생활 모습

인도	오른쪽 맨손으로 식사를 함.
영국	자동차의 운전석이 오른쪽에 있음.
에스파냐	뜨거운 한낮에 낮잠을 자거나 휴식을 취하는 '시에스타'라는 풍습이 있음.
가나	음악을 틀고 춤을 추는 등 축제 같은 분위기로 장례를 치름.

🌸 세계 여러 나라의 다양한 생활 모습을 대하는 바람직한 태도

- 각 나라의 생활 모습이 다양하다는 것을 알아야 합니다.
- 서로 다른 모습을 이해하고 존중해야 합니다.
- 입장을 바꿔 생각할 수 있어야 합니다.

7 세계 여러 나라의 생활 모습에 대한 설명으로 바른 것에 ○표, 바르지 않은 것에 X표 하시오.

(1) 영국도 우리와 같이 자동차 운전석이 왼쪽에 있다. ( )
(2) 에스파냐에는 뜨거운 한낮에 낮잠을 자거나 휴식을 취하는 풍습이 있다. ( )
(3) 가나의 어느 부족은 음악을 틀고 춤을 추는 등 축제 같은 분위기로 장례를 치른다.
( )

8 세계 여러 나라의 다양한 생활 모습을 대하는 태도를 바람직하게 이야기한 친구는 누구인지 쓰시오.

- 상미: 서로 다른 모습을 이해하고 존중해야 해.
- 승현: 우리와는 다른 생활 모습을 인정하려고 하면 우리의 소중한 문화가 없어질 수 있어.

( )

중요

1 세계의 기후에 대한 설명으로 알맞지 <u>않은</u> 것은 어느 것입니까? (   )

① 세계에는 지역별로 다양한 기후가 나타난다.

② 태양의 열을 많이 받는 적도 부근은 열대 기후가 나타난다.

③ 태양의 열을 적게 받는 극지방 부근은 한대 기후가 나타난다.

④ 세계의 기후는 극지방에서 적도 지방으로 갈수록 기온이 점차 낮아진다.

⑤ 기후는 일정한 지역에서 여러 해에 걸쳐 나타나는 평균적인 날씨를 말한다.

2 기후를 구분하는 기준과 거리가 <u>먼</u> 것은 어느 것입니까? (   )

① 기온
② 지형
③ 강수량
④ 인구 수
⑤ 나라의 위치

🌸 다음 지도를 보고 물음에 답하시오. [3~4]

3 위의 ㉠~㉤에 들어갈 기후가 바르게 정리된 것은 어느 것입니까? (   )

	㉠	㉡	㉢	㉣	㉤
①	온대	열대	건조	냉대	한대
②	열대	건조	온대	냉대	한대
③	건조	열대	온대	한대	냉대
④	한대	냉대	온대	건조	열대
⑤	냉대	한대	열대	건조	온대

중요

4 앞 ㉢ 기후의 특징을 바르게 말한 것은 어느 것입니까? (   )

① 일 년 내내 평균 기온이 매우 낮다.

② 일 년 내내 기온이 높고 강수량이 많다.

③ 여름보다 겨울에 강수량이 많은 곳도 있다.

④ 평균 기온이 가장 낮은 달이라도 10℃가 넘는다.

⑤ 사계절이 뚜렷하며 여름에는 기온이 높고 강수량이 많다.

중요

5 열대 기후와 그 지역에서 생활하는 사람들의 모습으로 알맞지 <u>않은</u> 것은 어느 것입니까? (   )

① 일 년 내내 기온이 높고 강수량이 많다.

② 최근에는 생태 관광 산업도 발달하고 있다.

③ 연중 비가 많이 내리고 밀림을 이루는 곳이 있다.

④ 화전 농업 방식을 활용해 얌, 카바사 등을 재배했다.

⑤ 잎이 뾰족한 침엽수림이 널리 분포해 목재와 펄프의 세계적 생산지가 되고 있다.

6 건조 기후 지역에서 볼 수 있는 모습으로 알맞지 <u>않은</u> 것은 어느 것입니까? (   )

① ▲ 몽골 초원의 게르

② ▲ 사막 지역의 마을

③ ▲ 열대 작물 재배

④ ▲ 모로코의 진흙집

7 온대 기후 지역에 사는 사람들의 생활 모습으로 알맞지 <u>않은</u> 것은 어느 것입니까? (   )

① 유럽에서는 주로 밀을 재배한다.
② 아시아에서는 벼농사를 짓고 있다.
③ 사람들은 여름철에 물놀이를 즐기기도 한다.
④ 지중해 주변 지역에서는 올리브나 포도를 많이 재배한다.
⑤ 겨울에는 눈이 오지 않아 다른 나라로 겨울 스포츠를 즐기려고 떠나는 사람이 많다.

8 오른쪽은 잉카 문명을 대표하는 페루의 마추 픽추입니다. 이 지역에 나타나는 기후는 무엇인지 쓰시오.

(   )

9 다음과 같은 특징이 나타나는 지역은 어디입니까? (   )

• 여름에는 밀, 감자, 옥수수 등을 재배할 수 있지만, 겨울에는 농사를 짓기 어렵다.
• 잎이 뾰족하고 재질이 부드러운 침엽수림이 널리 분포해 있다.

① 보르네오섬   ② 지중해 주변
③ 아마존강 일대   ④ 러시아의 시베리아
⑤ 볼리비아의 라파스

10 다음 과학 기지가 세워진 곳은 어떤 기후가 나타나는지 쓰시오.

▲ 남극 장보고 과학 기지

▲ 북극 다산 과학 기지

(   )

11 다음에서 설명하고 있는 나라는 어디입니까?
(   )

• 남아메리카 대륙에 있는 국가로 남북의 길이가 약 4,300km에 이를 정도로 길게 뻗어 있다.
• 남북으로 길게 뻗어 있어 북부, 중부, 남부 지역별로 서로 다른 기후가 나타난다.

① 칠레   ② 페루
③ 브라질   ④ 아르헨티나
⑤ 볼리비아

12 세계 여러 나라 사람들의 생활 모습이 다르게 나타나는 까닭을 바르게 이야기한 친구를 쓰시오.

기후나 종교가 다르기 때문에 사람들의 생활 모습도 다르게 나타나는 거야.

피부색이 다르기 때문에 사람들의 생활 모습이 다르게 나타나기도 해.

상준   정애

(   )

13 다음은 어느 나라의 전통 복장을 설명한 것입니까? (   )

사리는 길고 넓은 천 한 장으로 만들어졌다. 천의 한쪽은 허리를 감아매고, 다른 한쪽은 어깨에 걸쳐 밑으로 늘어뜨려 입으며, 두르는 방법에 따라 입는 방법이 다양하다.

① 일본   ② 영국
③ 인도   ④ 칠레
⑤ 터키

14 다음에서 설명하는 음식은 무엇인지 쓰시오.

> 국민 대부분이 이슬람교를 믿는 터키 사람들은 주로 양고기로 이 요리를 만든다. 초원 지대와 사막 지역에서 유목 생활을 하던 유목민들이 육류를 쉽고 간단하게 먹으려고 조각내어 구워 먹던 것에서 비롯되었다.

(   )

주의

15 오른쪽은 파푸아 뉴기니에서 볼 수 있는 고상 가옥입니다. 이곳 사람들의 주생활에 영향을 미친 것은 무엇입니까? (   )

① 교육
② 종교
③ 인종
④ 자연환경
⑤ 인문 환경

16 환경이 세계 여러 나라 사람들의 생활 모습에 미치는 영향을 조사하려고 합니다. 조사하는 순서에 맞게 기호를 쓰시오.

> ㉠ 주제 정하기   ㉡ 결과 정리하기
> ㉢ 결과 예상하기   ㉣ 조사 계획 세우기
> ㉤ 자료를 수집하고 분석하기

(   )

❀ 다음 글을 읽고 물음에 답하시오. [17~18]

> 이누이트족은 캐나다 북부, 알래스카, 그린란드, 시베리아 등 북극 지방에 살고 있으며 순록, 바다표범 등을 사냥하며 생활한다. 이들은 가장 쉽게 구할 수 있는 재료인 동물의 가죽과 털로 옷을 만든다. 동물의 가죽과 털로 만든 옷은 추위와 바람을 효과적으로 막을 수 있다.

서술형

17 이누이트족이 옷을 만드는 재료로 동물의 가죽과 털을 사용하는 까닭은 무엇인지 쓰시오.

_____

_____

중요

18 앞의 글을 읽고 알게 된 사실을 정리한 것입니다. 빈칸에 들어갈 알맞은 말을 쓰시오.

> 이누이트족의 전통 복장은 [   ] 기후 지역에 살면서 동물을 사냥하며 생활하는 사람들에게 적합하다는 것을 알게 되었다.

(   )

19 다음에서 건빈이가 식사 시간에 당황한 까닭은 무엇인지 쓰시오.

> 20○○년 ○월 ○일
>
> 오늘은 인도에서 오신 아빠 친구 댁에 초대를 받았다. "안녕하세요?"라고 인사를 드렸더니 "나마스테."라고 인사를 해 주셨다.
> 저녁 식사는 인도 음식인 커리였다. 식사가 시작되자 아저씨께서 그릇에 담긴 물에 손을 씻고 숟가락과 젓가락 대신 오른쪽 맨손으로 밥을 드셔서 나는 무척 당황했다.

_____

_____

중요

20 다른 나라의 생활 모습을 대하는 태도로 알맞은 것은 어느 것입니까? (   )

① 다른 나라의 생활 모습을 그대로 따라 한다.
② 다른 나라의 생활 모습에는 관심을 두지 않는다.
③ 우리 기준으로 다른 나라의 생활 모습을 판단한다.
④ 서로 다른 모습을 이해하고 존중하려는 마음을 가진다.
⑤ 우리나라가 최고라고 생각하며 다른 나라의 생활 모습을 무시한다.

1 다음 빈칸에 공통으로 들어갈 말을 쓰시오.

> • 세계는 ☐ 지방에서 극지방으로 갈수록 기온이 점차 낮아진다.
> • 태양의 열을 많이 받는 ☐ 부근은 열대 기후가 나타나고, 태양의 열을 적게 받는 극지방 부근은 한대 기후가 나타난다.

( )

❀ 다음 자료를 보고 물음에 답하시오. [2~3]

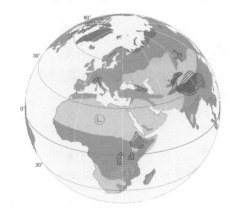

중요

2 위의 ㉠ 지역은 어느 기후에 속합니까? ( )

① 열대 기후 　　② 건조 기후
③ 온대 기후 　　④ 냉대 기후
⑤ 한대 기후

중요

3 위 ㉡ 지역의 기후 특징을 바르게 말한 것은 어느 것입니까? ( )

① 사계절이 뚜렷하게 나타난다.
② 여름에는 강수량이 많고 겨울에는 강수량이 적다.
③ 연중 비가 많이 내리고 건기와 우기가 나타나는 곳도 있다.
④ 일 년 동안의 강수량을 모두 합쳐도 500mm가 채 안 된다.
⑤ 일 년 내내 평균 기온이 매우 낮으며, 가장 높은 달도 10℃보다 낮다.

주의

4 다음은 어떤 기후 지역의 기온과 강수량을 나타낸 것입니까? ( )

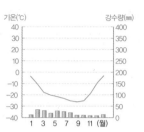

① 열대 기후 　　② 건조 기후
③ 온대 기후 　　④ 냉대 기후
⑤ 한대 기후

중요

5 열대 기후에 대한 설명으로 알맞지 않은 것은 어느 것입니까? ( )

① 주로 밀농사와 벼농사를 짓고 있다.
② 연중 비가 많이 내려 밀림을 이루는 곳이 있다.
③ 적도를 중심으로 한 저위도 지역에 널리 나타난다.
④ 바나나, 기름야자, 커피 등을 대규모로 재배하기도 한다.
⑤ 건기와 우기가 번갈아 나타나 넓은 초원이 있는 곳이 있다.

6 열대 기후 지역에서는 전통적으로 화전 농업 방식을 활용해 작물을 재배했습니다. 어떤 작물을 재배했는지 두 가지 고르시오. (,)

① 얌 　　② 감자
③ 카사바 　　④ 고구마
⑤ 사탕무우

7 건조 기후 지역에 살고 있는 사람들의 생활 모습으로 알맞은 것은 어느 것입니까? (   )

① 주로 벼농사를 지으며 살아간다.
② 겨울철에는 스키와 같은 운동을 즐긴다.
③ 기름야자나 커피와 같은 열매 작물을 대규모로 재배한다.
④ 오아시스나 나일강과 같은 강 주변에서 농사를 지으며 살아간다.
⑤ 장보고 과학 기지와 같은 연구소나 과학 기지를 세워 극지방을 연구하고 있다.

8 아시아의 온대 기후 지역에서 주로 재배하는 작물은 무엇입니까? (   )

① 벼   ② 밀
③ 망고   ④ 올리브
⑤ 파인애플

9 고산 기후의 특징으로 알맞지 않은 것은 어느 것입니까? (   )

① 일 년 내내 날씨가 서늘하다.
② 우리나라의 봄철처럼 날씨가 온화하다.
③ 일 년 내내 월평균 기온이 15℃ 내외이다.
④ 해발 고도가 높아질수록 기온이 점차 낮아진다.
⑤ '지구의 허파'라고 할 만큼 빽빽한 밀림을 형성하고 있다.

10 다음과 같은 특징을 나타내는 기후는 어디인지 쓰시오.

여름에는 밀, 감자, 옥수수 등을 재배할 수 있지만, 겨울에는 농사를 짓기 어렵다.

(   )

11 한대 기후 지역에서 볼 수 있는 모습으로 알맞지 않은 것은 어느 것입니까? (   )

① 석유와 천연가스의 개발이 활발하다.
② 송유관이 땅속이 아닌 땅 위에 설치되어 있다.
③ 여러 나라의 연구소와 과학 기지가 세워져 있다.
④ 여름에 사람들이 호수에서 즐겁게 물놀이를 한다.
⑤ 얼음이 녹는 짧은 여름 동안에 유목민들이 순록을 기른다.

12 다음 의생활 모습과 가장 관계 깊은 것은 무엇입니까? (   )

사리가 한 장의 천으로 만들어진 것은 힌두교에서 옷감을 자르거나 바느질하는 것을 바람직하지 않게 여기기 때문이다.

① 지역   ② 종교
③ 인종   ④ 경제
⑤ 자연환경

13 케밥에 대한 설명으로 알맞은 것에 ○표 하시오.

(1) 농사를 짓던 원주민들이 영양 보충을 위해 물고기를 잡아 먹던 풍습이 이어진 것이다.

(   )

(2) 유목민들이 육류를 쉽고 간단하게 먹으려고 조각내어 구워 먹던 것에서 비롯되었다.

(   )

14 다음에서 설명하는 집의 형태는 무엇인지 쓰시오.

열대 기후가 나타나는 지역에서는 주위에서 쉽게 구할 수 있는 나무와 풀로 집을 짓는다. 땅에서 올라오는 열기와 습기를 피하고 바람이 잘 통하게 하려고 나무 기둥을 세워 바닥이 땅에서 떨어지게 집을 짓는다.

(   )

15 얼굴이나 어깨까지 햇빛을 가려줄 만큼 챙이 넓은 멕시코의 전통 모자는 무엇인지 쓰시오.

( )

16 환경이 세계 여러 나라 사람들의 생활 모습에 미치는 영향을 조사하는 과정 중 '조사 계획 세우기' 단계에서 해야 할 일은 무엇인지 기호를 쓰시오.

> ㉠ 모둠별로 주제로 정한 생활 모습이 나타나는 까닭을 예상해 본다.
> ㉡ 한 나라나 지역의 독특한 생활 모습에 영향을 준 원인을 정리해 결론을 내린다.
> ㉢ 예상한 내용을 확인할 수 있도록 조사할 내용과 방법을 정하고 역할을 나누어 맡는다.

( )

🌸 다음 조사 보고서를 보고 물음에 답하시오. [17~18]

몽골 사람들의 유목 생활	• 겨울이 길고 비가 적게 내려 농사를 짓기 어렵다. • 가축이 먹는 짧은 풀이 자라는 초원에서 유목 생활을 한다.
게르의 특징과 생활 모습	• 게르는 쉽고 빠르게 조립 또는 분해할 수 있어 가축과 함께 자주 이동해야 하는 유목 생활에 유리하다. • 천막은 여름의 강한 햇볕을 반사하고 겨울의 추위를 막아 주기 때문에 여름에는 시원하고 겨울에는 따뜻하다.
결론	

17 위 조사 보고서를 보고 몽골 사람들이 유목 생활을 하는 까닭으로 알맞은 것에 ○표 하시오.

(1) 유목 생활을 통해서 자유로운 삶을 살 수 있다고 생각하기 때문이다.

(2) 가축과 함께 초원을 찾아 자주 이동해야 하는 유목 생활에 유리하기 때문이다.

( ) ( )

18 앞 조사 보고서의 '결론'에 들어갈 내용으로 알맞은 것은 어느 것입니까? ( )

① 집의 모양은 지형과 기후의 영향을 받는다.
② 집을 지을 때는 비용을 줄이는 것이 중요하다.
③ 친환경 재료를 이용하여 집을 짓는 것이 좋다.
④ 사람들은 주위에서 구하기 어려운 재료로 집을 짓는다.
⑤ 게르는 순록을 찾아 이동 생활을 하고 있는 이누이트족에서 적합한 주거 형태이다.

19 라마단 기간에 기도하는 오른쪽 모습과 관계 깊은 종교는 무엇입니까?

( )

① 유교
② 불교
③ 힌두교
④ 이슬람교
⑤ 크리스트교

20 다음 글을 읽고 자신의 생각이나 느낌을 바르게 표현한 것은 친구는 누구입니까? ( )

> 가나의 어느 부족은 음악을 틀고 춤을 추는 등 축제 같은 분위기로 장례를 치른다. 그들은 죽음이 새로운 출발이나 여행이라고 생각하기 때문이다.

① 수민: 세계에는 참으로 황당한 장례식도 있구나!
② 민철: 저런 장례 문화가 우리나라에 들어올까 봐 겁이 나.
③ 희영: 무조건 다르다고 하여 인정해 줄 필요는 없는 것 같아.
④ 서현: 우리와 다르지만 열린 마음으로 다른 나라의 생활 모습을 봐야겠어.
⑤ 상우: 사람이 죽었는데 저렇게 웃고 즐긴다는 것은 예의가 아닌 것 같아.

탐구 서술형 평가 1회

1 다음 지도를 보고 ㉠~㉤에 해당하는 기후는 무엇인지 쓰고, 그 기후의 특징을 간단하게 정리하시오.

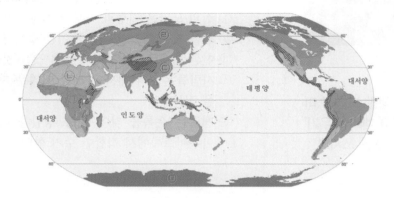

구분	기후	특징
㉠		
㉡		
㉢		
㉣		
㉤		

관련 핵심 개념

세계의 기후

• 기후란 일정한 지역에서 여러 해에 걸쳐 나타나는 평균적인 날씨를 말하며, 세계에는 다양한 기후가 나타납니다.

• 세계의 기후는 적도 지방에서 극지방으로 갈수록 기온이 점차 낮아지는 등 일정한 질서를 이루고 있습니다.

• 기후는 그 지역의 기온과 강수량 등을 기준으로 분류하는데, 대체로 열대 기후, 건조 기후, 온대 기후, 냉대 기후, 한대 기후로 구분합니다.

2 콜롬비아의 수도 보고타, 볼리비아의 수도 라파스는 고산 지대에 위치하고 있습니다. 이와 같이 고산 지대에 도시가 발달한 까닭은 무엇인지 기후와 연관지어 쓰시오.

▲ 콜롬비아의 고산 도시 보고타

▲ 볼리비아의 고산 도시 라파스

관련 핵심 개념

고산 기후의 특징

• 해발 고도가 높아지면 기온이 점차 낮아집니다.

• 해발 고도가 높은 산지는 일 년 내내 월평균 기온이 15℃ 내외로 우리나라의 봄철과 같은 온화한 날씨가 나타납니다.

3 세계의 여러 나라 사람들이 쓰는 모자를 정리한 다음 표를 보고 물음에 답하시오.

관련 핵심 개념

사람들의 생활 모습이 다르게 나타나는 까닭

- 기후가 다르기 때문입니다.
- 종교가 다르기 때문입니다.
- 사는 지역이 다르기 때문입니다.

구분	솜브레로	우샨카
무엇으로 모자를 만드나요?	주로 밀짚이나 펠트로 만든다.	주로 동물의 털로 만든다.
어떤 특징이 있나요?	• 얼굴과 어깨까지 햇빛을 가려 줄 만큼 챙이 넓다. • 모자의 중앙이 높다.	• 귀와 턱까지 덮을 만큼 귀덮개가 넓다. • 모자의 털이 매우 촘촘하다.

(1) 위의 두 모자는 어느 나라 사람들이 주로 쓰는 것인지 쓰시오.

① 솜브레로: (   )   ② 우샨카: (   )

(2) 위와 같이 두 나라 사람들이 주로 쓰는 모자의 재료와 특징이 서로 다른 까닭은 무엇인지 쓰시오.

_____

_____

4 세계 여러 나라의 생활 모습 중 몽골의 게르를 조사하기 위해 만든 계획서입니다. 빈 곳에 들어갈 내용을 써 넣어 완성하시오.

관련 핵심 개념

게르의 특징

- 뼈대를 이루는 나무와 뼈대를 덮는 천막으로 이루어져 있습니다.
- 쉽고 빠르게 조립 또는 분해할 수 있어 가축과 함께 자주 이동해야 하는 유목 생활에 유리합니다.
- 게르 내부에 난로가 있습니다.

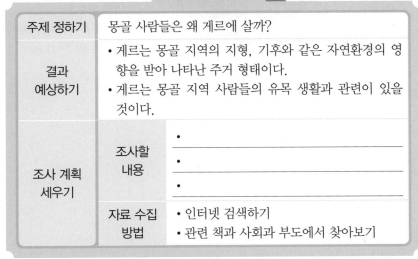

몽골의 게르

주제 정하기		몽골 사람들은 왜 게르에 살까?
결과 예상하기		• 게르는 몽골 지역의 지형, 기후와 같은 자연환경의 영향을 받아 나타난 주거 형태이다. • 게르는 몽골 지역 사람들의 유목 생활과 관련이 있을 것이다.
조사 계획 세우기	조사할 내용	• • •
	자료 수집 방법	• 인터넷 검색하기 • 관련 책과 사회과 부도에서 찾아보기

1 세계 여러 지역의 모습을 나타낸 다음 사진을 보고 물음에 답하시오.

▲ 나일강 주변의 농경지

▲ 몽골 초원에서 집을 짓고 있는 모습

(1) 위와 같은 사막 지역과 초원 지역에서 공통적으로 나타나는 기후는 무엇인지 쓰시오.

(   )

(2) 위의 사막 지역과 초원 지역에 사는 사람들은 어떻게 살아가고 있는지 쓰시오.

① 사막 지역: _____

② 초원 지역: _____

> **관련 핵심 개념**
>
> **건조 기후의 특징**
> - 일 년 동안의 강수량을 모두 합쳐도 500mm가 채 안되기 때문에 사막이 널리 나타납니다.
> - 약간의 비나 눈이 내려 초원이 넓게 나타납니다.

2 세계 여러 나라 사람들의 다양한 생활 모습 중에서 하나를 골라 다음과 같이 소개하는 글을 쓰시오.

제목: 베트남의 '퍼'

소개할 내용: 저는 '퍼'라는 베트남 쌀국수를 소개하려고 합니다. 요즘엔 우리 주변에서도 쉽게 접할 수 있는 음식입니다. 이것은 베트남 사람들이 아침 식사나 간식으로 즐겨 먹는 국수입니다. 고기를 우린 육수에 쌀로 만든 국수를 넣고 고기와 채소를 얹어 먹는 요리입니다.

▲ 베트남의 '퍼'

제목:

소개할 내용:

> **관련 핵심 개념**
>
> **세계 여러 나라의 다양한 생활 모습**
> - 의(옷): 베트남의 아오자이와 논, 이란의 히잡, 멕시코의 파초와 솜브레로, 이탈리아의 킬트, 뉴질랜드 마오리족의 전통 복장 등
> - 식(음식): 탄자니아의 우갈리, 이탈리아의 피자 등
> - 주(집): 몽골의 게르, 페루의 갈대집, 핀란드의 통나무집 등

3 다음 신문 기사를 보고 물음에 답하시오.

날짜: 20△△년 △△월 △△일	발행일: 수연, 은별, 영훈, 승우
이누이트족의 전통 복장	**종교와 음식**
이누이트족은 한대 기후가 나타나는 캐나다 북부, 알래스카, 그린란드, 시베리아 등 북극 지방에 살고 있으며 순록, 바다표범 등을 사냥하며 생활한다. 이들은 가장 쉽게 구할 수 있는 재료인 동물의 가죽과 털로 옷을 만든다. 동물의 가죽과 털로 만든 옷은 추위와 바람을 효과적으로 막을 수 있다.	세계에는 자신이 믿는 종교에 따라 특정 음식을 먹지 않는 사람들이 있다. 힌두교를 믿는 인도 사람들은 소를 성스러운 동물로 여기기 때문에 소를 죽이거나 먹지 않는다. 이슬람교를 믿는 사람들은 돼지고기로 만든 음식, 기도문을 외우지 않고 잡은 고기, 술 등을 먹지 않는다.

(1) 위의 두 신문 기사는 자연환경과 인문 환경 중 어떤 것과 관계가 깊은지 쓰시오.

이누이트족의 전통 복장	종교와 음식

(2) 위 신문 기사를 통해 알 수 있는 사람들의 생활 모습과 환경 간의 관계는 무엇인지 쓰시오.

_____

_____

4 다음 그림을 보고 세계 여러 나라의 생활 모습을 대하는 바람직한 태도는 무엇인지 쓰시오.

_____

_____

관련 핵심 개념

세계 여러 나라 사람들의 생활 모습이 다르게 나타나는 까닭

사람들이 살아가는 지역의 기후와 같은 자연환경과 종교와 같은 인문 환경이 서로 다르기 때문입니다.

관련 핵심 개념

세계 여러 나라의 생활 모습을 대할 때 가져야 할 바람직한 태도

• 각 나라의 생활 모습이 다양함을 알아야 합니다.
• 서로 다른 모습을 이해하고 존중해야 합니다.
• 입장을 바꿔 생각할 수 있어야 합니다.

❸ 우리나라와 가까운 나라들 (1)

❶ 이웃 나라의 자연환경과 인문 환경 [자료 1]

중국	• 영토가 넓고 지역마다 다양한 지형과 기후가 나타남. → 시짱(티베트)고원은 세계의 지붕이라고 불립니다. • 세계에서 인구가 가장 많고 여러 가지 산업이 발달했음. • 서쪽에서 동쪽으로 갈수록 지형이 낮아지며 동부 지역 바닷가에 항구, 대도시가 있음. → 상하이는 세계 최대 항구 도시이자 중국 경제의 중심지입니다.
일본	• 일본은 네 개의 큰 섬과 3,000개가 넘는 작은 섬들로 이루어졌음. • 국토 대부분이 산지이며 화산이 많고 지진 활동이 활발함. → 화산 활동의 영향으로 온천이 발달했습니다. • 원료 수입과 제품 수출에 유리한 태평양 연안을 따라 공업 지역이 발달했음. → 게이힌 공업 지역은 일본 최대 공업 지역입니다.
러시아	• 세계에서 영토가 가장 넓은 나라이며, 위도가 높아 냉대 기후가 널리 나타남. → 우랄산맥은 아시아와 유럽을 구분하는 경계가 됩니다. ❶ • 동부는 주로 고원과 산악 지대이며, 서부는 평원이 넓게 자리함. ❷ • 대부분의 인구가 서남부 지역에 집중해 있고, 풍부한 천연자원을 바탕으로 한 산업이 발달했음. → 러시아의 천연가스는 산업 규모와 채굴량이 세계 1위입니다.

❷ 이웃 나라 사람들의 생활 모습

① 문자

• 우리나라, 중국, 일본에서는 한자가 표시된 표지판을 쉽게 볼 수 있습니다. [자료 2] → 일본은 중국의 한자와 한자의 일부를 변형한 '가나'를 사용하여 중국의 문자와 매우 비슷합니다.

• 우리나라, 중국, 일본이 한자 문화 문화권에 속한 까닭은 지리적으로 가까이 있어 오래전부터 활발하게 교류했기 때문입니다.

• 러시아 문자는 그리스 문자의 바탕을 둔 키릴 문자가 변형된 것입니다.

② 식생활 [자료 3]

• 한국, 중국, 일본은 식사할 때 젓가락을 사용합니다. 하지만 세 나라의 젓가락은 각 나라 문화의 영향을 받아 모양이 나라마다 조금씩 다릅니다.

• 러시아는 빵을 주식으로 포크, 칼, 숟가락을 이용해 식사를 하고, 추운 날씨에 음식이 식지 않도록 코스 요리 문화가 시작되었습니다.

③ 중국과 일본의 생활 모습은 우리나라와 비슷한 부분이 많은데 지리적으로 가까워 옛날부터 서로 오가면서 자연스럽게 문화를 주고받았기 때문입니다. → 세 나라는 자연환경과 역사, 사람들의 생각 등이 다르기 때문에 이웃 나라이지만 서로 다른 고유한 문화도 있습니다.

[자료 1] 우리나라의 주변 나라

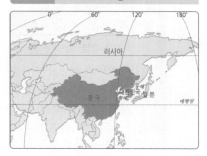

우리나라는 중국, 일본, 러시아와 국경을 마주하고 있습니다.

[자료 2] 세 나라의 표지판

우리나라	중국	일본

우리나라, 중국, 일본은 한자의 영향을 받은 공통적인 문화가 있습니다.

[자료 3] 한국, 중국, 일본 젓가락의 특징

한국	젓가락으로 집는 반찬이 무게가 있고, 김치처럼 절인 음식이 많아 국물이 스며들지 않는 금속 젓가락을 사용함.
중국	둥글고 큰 식탁에 빙 둘러앉아 음식을 한가운데 두고 먹기 편하도록 젓가락이 길며, 뜨겁고 기름진 음식이 미끄러지지 않도록 끝이 뭉툭함.
일본	섬나라 특성상 쉽게 녹슬지 않는 나무로 젓가락을 만들고, 생선 요리가 많아 가시를 편하게 바를 수 있도록 젓가락의 끝이 뾰족함.

✿ 이웃 나라의 인구 분포

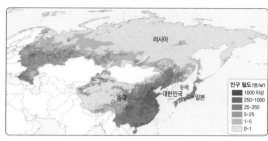

인구 밀집 지역	• 중국: 동부 지역 • 일본: 해안가 지역 • 러시아: 유럽에 가까운 서남부 지역 • 중국과 일본은 온대 기후 지역, 러시아는 한대 기후보다 냉대 기후나 건조 기후 지 역에 많은 사람들이 살고 있음.

✿ 이웃 나라의 설날 풍습

중국 '춘절'	대문에 '복(福)' 자를 거꾸로 붙여 놓 는 풍습이 있는데, 이는 '복이 들어온 다'라는 뜻이 되기 때문이다. 또 춘절에 '복을 싸서 먹는다'는 뜻으로 만두를 먹 기도 한다.
일본 '오쇼가쓰'	신사나 절을 찾아 한 해의 행운을 빌 고 아침 식사로 찹쌀로 만든 떡국을 먹 는다. 어린이는 어른들에게 새해 인사 를 하고 세뱃돈을 받는다.
러시아 '노비 고트'	러시아 국가 연주와 불꽃놀이로 새해 의 시작을 알리면, 사람들은 샴페인을 터트리고 덕담과 함께 선물을 주고받는 다.

📎 용어 풀이

❶ **고원** 평야에 비하여 높은 지대에 펼쳐진 넓은 벌판.

❷ **평원** 평평한 들판.

❸ **코스 요리** 미리 짜인 순서에 따라 차례로 나오는 요리.

개념을 확인해요

1 우리나라의 서쪽에 위치한 ☐☐ 은 세계에서 인구가 가장 많습니다.

2 일본의 국토 대부분은 산지이며 화산이 많고 ☐ 활동이 활발합니다.

3 일본은 원료 수입과 제품 수출에 유리한 ☐☐ 연안을 따라 공업 지역이 발달했습니다.

4 ☐☐☐ 는 세계에서 영토가 가장 넓은 나라입니다.

5 러시아는 풍부한 ☐☐☐☐ 을 바탕으로 한 산업이 발달했습니다.

6 우리나라와 중국, 일본이 ☐☐ 문화권에 속한 까닭은 지리적으로 가까이 있어 오래전부터 활발하게 교류했기 때문입니다.

7 러시아 문자는 ☐☐☐ 문자에 바탕을 둔 키릴 문자가 변형된 것입니다.

8 우리나라, 중국, 일본은 식사할 때 모두 ☐☐ 을 사용합니다.

9 중국과 일본은 ☐☐ 기후 지역에 많은 사람들이 살고 있습니다.

10 중국의 설날인 ☐☐ 에는 대문에 복이 들어온다는 뜻으로 '복(福)' 자를 거꾸로 붙여 놓거나 복을 싸서 먹는다는 뜻으로 만두를 먹기도 합니다.

❸ 우리나라와 가까운 나라들 (2)

❸ 우리나라와 이웃 나라의 교류 모습

경제 교류	• 물건, 기술, 자원 등을 수출하고 수입함. 자료 4 • 한국, 중국, 일본, 러시아가 국경을 초월해 전력망을 서로 잇는 사업을 추진함. →러시아와 몽골의 풍부한 신재생 에너지원을 수요가 많은 한국, 중국, 일본에 공급하여 상호 보완적인 협력이 됩니다.
문화 교류	• 한·중·일 합작 만화 영화가 만들어져 개봉됨. • 중국과 일본에서 많은 유학생들이 우리나라에 옴. • 러시아 발레단이 한국에 와서 공연을 함.
정치 교류	• 한국, 중국, 일본의 환경 장관들이 만나 미세 먼지 해결 방안을 공동 논의함. • 한국과 러시아가 정상 회담을 개최함.

❹ 우리나라와 관계 깊은 나라의 자연환경과 인문 환경

미국 자료 5	• 영토 면적은 한반도 면적의 약 45배 정도로 넓어서 다양한 지형과 기후가 나타남. • 서부 지역과 동부 지역 사이에 세 시간 차이가 남. →땅의 모양이 동서로 넓기 때문입니다. • 풍부한 자원과 인적 자원을 바탕으로 농업, 상업, 공업 등 수많은 산업이 발달했음. →미국은 국토가 넓은 만큼 각종 지하자원이나 에너지 자원이 풍부합니다. • 우리나라와 다양한 물자와 서비스를 주고받고 있음.
사우디 아라비아	• 면적은 한반도 면적의 약 열 배이지만 인구는 우리나라의 약 2/3이고, 연평균 기온이 30℃ 이상으로 덥고 건조함. • 세계에서 손꼽히는 원유 생산 국가로, 석유 자원의 수출을 바탕으로 우리나라를 비롯한 세계 각국에서 여러 기술을 도입해 국가 발전을 이루고 있음. • 우리나라가 산업 발달에 필요한 원유를 수입하는 대표적인 나라임.
베트남	• 동남아시아 동부에 있는 국가로 면적은 남한의 약 세 배이고, 인구는 대략 두 배 정도임. →기후는 대체로 덥고 습한 편입니다. • 남부의 넓은 평야를 중심으로 벼가 많이 재배되어 세계에서 두 번째로 쌀을 많이 수출하는 나라임. • 노동력이 풍부하여 섬유 산업 등 경공업이 발달했음.

┗ 베트남 사람들은 일자리를 찾거나 결혼하기 위해 우리나라에 많이 들어와 살고 있습니다.

❺ 우리나라와 세계 여러 나라의 교류 모습 자료 6

① 우리나라는 세계 여러 나라와 정치, 경제, 문화적으로 활발하게 교류하며 깊은 관계를 맺고 있습니다. →동남아시아 지역에서는 한국의 대중음악, 드라마, 공연 등이 선풍적인 인기를 끌고 있으며, 캐나다에서는 우리나라의 태권도가 널리 퍼졌습니다.

정치	국가 간 각종 협약을 체결하고 정상 회담을 개최함.
경제	각종 자원을 수입하고 제품과 기술 등을 수출함.
문화	한류 열풍이 일어나고, 한국 문화를 수출함.

② 우리나라와 세계 여러 나라가 활발하게 교류할수록 서로에게 미치는 영향은 더욱 커질 것입니다.

자료 4 우리나라와 이웃 나라의 무역 현황

구분	수출 비중	수입 비중
중국	1위 (25.9%)	1위 (23.3%)
일본	5위 (4.9%)	3위 (9.8%)
러시아	11위 (1.3%)	9위 (2.3%)

• 중국은 우리나라와 수입·수출하는 비중이 모두 1위입니다.
• 일본은 우리나라 무역 규모에서 큰 비중을 차지합니다.
• 러시아로 수출하는 것보다 수입하는 비중이 더 큽니다.

자료 5 미국의 지형적 특징

▲ 50개 주로 이루어진 미국

자료 6 우리나라와 다른 나라와의 교류 사례

▲ 우리나라에서 큰 인기를 얻고 있는 미국 할리우드 영화

▲ 우리나라 기업이 건설한 두바이의 부르즈 칼리파

우리나라와 이웃 나라가 함께 해결해야 할 문제

- 황사는 서쪽에서 불어오는 바람을 타고 우리나라와 이웃 나라에 영향을 주고 있습니다.
- 우리나라와 이웃 나라를 연결하는 아시안 하이웨이를 완공하기 위한 협력이 필요합니다.
- 우리나라와 이웃 나라와의 영토 분쟁, 역사 왜곡 문제를 해결하기 위한 다양한 노력이 필요합니다.

우리나라의 자연환경과 인문 환경

면적	약 22만 km²
지형	동쪽이 높고 서쪽이 낮음.
인구	약 5,181만 명
주요 산업	반도체 산업, 자동차 산업, 조선업, 휴대 전화 관련 산업, 철강 산업 등
기후	• 사계절이 뚜렷함. • 여름에는 덥고 비가 많이 내리며, 겨울에는 춥고 건조함.

우리나라와 세계 여러 나라 간의 교류 사례

- 서남아시아 지역: 우리나라 전체 석유 수입량의 85%를 이곳에서 수입합니다.
- 동남아시아 지역: 한국의 대중음악, 드라마, 공연 등이 인기를 끌면서 한류가 발생하고 있습니다.
- 미국: 우리나라 밀의 33%를 이곳에서 수입합니다.
- 캐나다: 우리나라 태권도가 선풍적인 인기를 끌고 있습니다.

용어 풀이

- ❹ 교류 서로 다른 개인, 지역, 나라 사이에서 물건이나 문화, 사상 등을 서로 주고받는 것.
- ❺ 미세 먼지 눈에 보이지 않을 정도로 입자가 작은 먼지.
- ❻ 경공업 섬유, 식품, 고무 등 부피에 비해 무게가 가벼운 물건을 만드는 공업.

✏️ 개념을 확인해요

1 단원

11 우리 주변을 살펴보면 우리나라와 이웃 나라가 다양한 분야에서 ☐☐ 하는 사례를 쉽게 찾아볼 수 있습니다.

12 우리나라의 무역에서 수입·수출 비중이 가장 높은 나라는 ☐☐ 입니다.

13 학문적인 교류를 위해 중국이나 일본에서 우리나라에 오는 ☐☐☐ 이 많습니다.

14 한국, 중국, 일본의 환경 장관들이 모여 최근 논란이 되고 있는 ☐☐☐ 문제에 함께 대처하고 해결을 위해 노력하기로 약속했습니다.

15 ☐☐ 은 풍부한 자원과 인적 자원을 바탕으로 농업, 상업, 공업 등 수많은 산업이 골고루 발달했습니다.

16 사우디아라비아는 세계에서 손꼽히는 ☐☐ 생산 국가입니다.

17 베트남은 넓은 평야에서 벼가 많이 재배되어 세계에서 두 번째로 ☐ 을 많이 수출합니다.

18 베트남 사람들은 ☐☐ 등에서 일하려고 우리나라에 많이 들어와 살고 있습니다.

19 캐나다에서 우리나라의 ☐☐☐ 가 선풍적인 인기를 끌고 있습니다.

20 우리나라와 이웃 나라와의 ☐☐ 분쟁, 역사 왜곡 문제를 해결하기 위한 다양한 노력이 필요합니다.

핵심 1 이웃 나라의 자연환경과 인문 환경

중국	• 세계에서 인구가 가장 많음. • 서쪽에서 동쪽으로 갈수록 지형이 낮아지며 동부 지역 바닷가에 항구, 대도시가 분포함.
일본	• 네 개의 큰 섬과 3,000개가 넘는 작은 섬으로 이루어졌음. • 화산이 많고 지진 활동이 활발함. • 원료 수입과 제품 수출에 유리한 태평양 연안을 따라 공업 지역이 발달함.
러시아	• 세계에서 영토가 가장 넓음. • 냉대 기후가 널리 나타나고 동부는 고원과 산악 지대이며, 서부는 평원이 넓게 자리하고 있음. • 풍부한 천연자원을 바탕으로 한 산업이 발달함.

1 이웃 나라와 그 나라의 특징적인 자연환경을 바르게 선으로 이으시오.

(1) 중국 ・ ・㉠ 세계에서 영토가 가장 넓음.

(2) 일본 ・ ・㉡ 화산이 많고 지진 활동이 활발함.

(3) 러시아 ・ ・㉢ 서쪽에는 고원과 산지가 발달함.

2 이웃 나라의 인문 환경에 대한 설명입니다. 알맞은 것에 ○표 하시오.

(1) 중국은 동부 지역 바닷가에 주요 항구와 대도시가 있다. (   )

(2) 러시아는 대부분의 인구가 동북부 지역에 집중되어 있다. (   )

(3) 일본은 원료 수입과 제품 수출에 유리한 태평양 연안을 따라 공업 지역이 발달했다. (   )

핵심 2 이웃 나라 사람들의 생활 모습

문자	• 우리나라, 중국, 일본은 지리적으로 가까이 위치해 오래전부터 활발하게 교류했기 때문에 한자의 영향을 많이 받음. • 러시아 문자는 그리스 문자에 바탕을 둔 키릴 문자가 변형된 것으로 영어 알파벳처럼 대문자와 소문자가 있음.
식생활	• 우리나라, 중국, 일본은 식사 때 젓가락을 사용한다는 공통점이 있지만 젓가락은 각 나라 문화의 영향을 받아 그 모양이 조금씩 다름. • 러시아는 빵을 주식으로 하며, 포크, 나이프, 숟가락을 이용해 식사를 함.

3 다음 세 나라의 표지판에서 공통적으로 보이는 문자는 무엇인지 쓰시오.

▲ 우리나라의 표지판　　▲ 중국의 표지판

▲ 일본의 표지판

(　　　　　　　)

4 우리나라, 중국, 일본 중 다음과 같은 젓가락을 사용하는 나라는 어디인지 쓰시오.

> 둥글고 큰 식탁에 빙 둘러앉아 음식을 한가운데 두고 먹기 편하도록 젓가락이 길다. 또 뜨겁고 기름진 음식이 미끄러지지 않도록 젓가락 끝이 뭉툭하다.

(　　　　　　　)

핵심 3 우리나라와 관계 깊은 나라의 자연환경과 인문 환경

미국	• 면적이 한반도의 약 45배 정도로 넓어서 한 나라 안에서 다양한 지형과 기후가 나타남. • 풍부한 자원과 인적 자원을 바탕으로 농업, 상업, 공업 등 수많은 산업이 골고루 발달했음.
사우디 아라비아	• 면적은 한반도의 약 열 배이지만 인구는 우리나라의 약 2/3이고, 대부분이 사막 지역임. • 연평균 기온이 30℃ 이상으로 덥고 건조함. • 세계에서도 손꼽히는 원유 생산 국가임.
베트남	• 동남아시아 동부에 있는 국가로, 기후는 대체로 덥고 습한 편임. • 세계에서 두 번째로 쌀을 많이 수출하는 나라이며, 노동력이 풍부해 섬유 산업 등 경공업이 발달함.

5 다음에서 설명하고 있는 나라는 어디인지 쓰시오.

> 우리나라와 무역을 많이 하는 나라 중 하나로 풍부한 자원과 인적 자원을 바탕으로 농업, 상업, 공업 등 수많은 산업이 골고루 발달했다.

(   )

6 베트남의 자연환경과 인문 환경을 잘못 말한 친구는 누구인지 쓰시오.

> • 준호: 세계에서 두 번째로 쌀을 많이 수출하는 나라야.
> • 민아: 우리나라와 활발하게 교류하는 대표적인 동남아시아 국가야.
> • 민재: 세계에서도 손꼽히는 원유 생산국으로 석유 수출을 통해 나라를 발전시켰어.
> • 서연: 베트남 사람들은 기업 등에서 일하려고 우리나라에 많이 들어와 살고 있어.

(   )

핵심 4 우리나라와 세계 여러 나라의 교류 모습

경제 교류	자유 무역 협정(FTA)을 맺어 활발하게 교류하며, 자기 나라에서 많이 생산되는 것은 수출하고 부족한 것은 수입하고 있음.
문화 교류	한국의 대중음악, 드라마, 공연 등이 해외에서 선풍적인 인기를 끌어 한류 열풍이 일어나고 있음.
정치 교류	미세 먼지 공동 해결 방안을 논의하고 정상 회담 개최, 국가 간 각종 협약을 체결함.

▲ 한국 문화 열풍(한류)   ▲ 한국−칠레 정상 회담

7 선생님의 다음 질문에 대한 알맞은 답은 무엇인지 쓰시오.

> 한국의 대중음악, 드라마 등 한국 문화가 해외로 전파되어 인기리에 소비되고 있는 현상을 일컫는 말은 무엇인가요?

(   )

8 우리나라와 세계 여러 나라의 교류 모습 중 경제 교류에 해당하는 것은 어느 것입니까? (   )

① 한류 열풍
② 정상 회담 개최
③ 자동차, 반도체 수출
④ 자유 무역 협정(FTA) 체결
⑤ 미세 먼지 해결 방안 공동 논의

✿ 다음 지도를 보고 물음에 답하시오. [1~2]

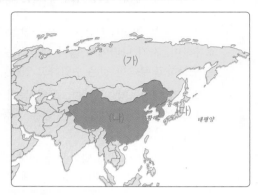

1 위 지도의 (가)~(다)에 해당하는 나라를 쓰시오.

(가): (   )
(나): (   )
(다): (   )

2 위 지도의 (나) 나라를 여행하면서 볼 수 있는 모습으로 알맞지 <u>않은</u> 것은 어느 것입니까? (   )

①
▲ 상하이

②
▲ 고비 사막

③
▲ 오이먀콘

④
▲ 시짱고원

3 다음 빈칸에 들어갈 알맞은 말을 쓰시오.

> 일본은 원료 수입과 제품 수출에 유리한 ☐☐ 연안을 따라 공업 지역이 발달했다.

(   )

중요★

4 러시아의 자연환경과 인문 환경에 대한 설명으로 알맞은 것은 어느 것입니까? (   )

① 온대 기후가 넓게 나타난다.
② 세계에서 인구가 가장 많은 나라이다.
③ 섬나라이기 때문에 습하고 비가 많이 내린다.
④ 풍부한 천연자원을 바탕으로 한 산업이 발달했다.
⑤ 국토 대부분이 산지이며 화산이 많고 지진 활동이 활발하다.

5 다음 도시들의 공통점으로 알맞은 것은 어느 것입니까? (   )

> • 일본의 도쿄
> • 중국의 베이징
> • 러시아의 모스크바

① 냉대 기후가 나타난다.
② 해안에 위치한 도시이다.
③ 사계절 내내 비가 많이 내린다.
④ 각 나라의 수도로 인구가 밀집해 있다.
⑤ 농업이 발달하여 쌀과 밀이 많이 생산된다.

중요★

6 다음 자료를 통해 알 수 있는 사실로 바른 것은 어느 것입니까? (   )

한글		學校		중국어	일본어
학교	→	배울(학) 학교(교)	→	学校	学校

① 일본은 한글과 한자를 함께 사용한다.
② 한국, 중국, 일본은 한자 문화권에 속한다.
③ 각 나라의 문자는 독자적으로 발전해 왔다.
④ 우리나라의 문자는 중국의 영향을 전혀 받지 않았다.
⑤ 중국은 일본의 문자인 가나를 변형하거나 간단하게 만들어 사용하고 있다.

7 다음 빈칸에 들어갈 알맞은 나라는 어디입니까?
( )

> 러시아 문자는 [   ] 문자에 바탕을 둔 키릴 문자가 변형된 것이다.

① 중국　　　　　② 일본
③ 한국　　　　　④ 그리스
⑤ 프랑스

8 한국의 젓가락에 대한 설명이면 '한', 중국의 젓가락에 대한 설명이면 '중', 일본의 젓가락에 대한 설명이면 '일'이라고 쓰시오.

(1) 젓가락으로 집는 반찬이 무게가 있고, 절임 음식이 많아 국물이 스며들지 않는 금속 젓가락을 사용한다. ( )

(2) 섬나라 특성상 쉽게 녹슬지 않는 나무로 젓가락을 만들고, 생선 요리가 많아 가시를 바르기 적합하게 젓가락의 끝이 뾰족하다.
( )

(3) 둥글고 큰 식탁에 빙 둘러앉아 음식을 한가운데 두고 먹기 편하도록 젓가락이 길고, 뜨겁고 기름진 음식이 미끄러지지 않도록 끝이 뭉툭하다. ( )

9 오른쪽 모습을 통해 알 수 있는 러시아 사람들의 식생활은 무엇입니까? ( )

① 유교 문화의 영향을 받았다.
② 고대 중국에서 사용하던 젓가락이 전해졌다.
③ 빵을 주식으로 하고 포크, 칼, 숟가락을 이용해 식사를 한다.
④ 더운 날씨 때문에 차례로 음식을 내는 코스 요리 문화가 생겼다.
⑤ 중국, 일본과 예전부터 활발하게 교류하여 식생활 모습이 서로 비슷하다.

10 다음 ㉠, ㉡에 들어갈 알맞은 말을 쓰시오.

> 우리나라는 설날 아침이 되면 나이와 복을 삼키는 의미로 ⓐ ㉠ 을/를 먹는 반면, 중국은 복을 싸서 먹는다는 의미로 ㉡ 을/를 먹기도 한다.

㉠: (　　　　　　) ㉡: (　　　　　　)

11 다음 사진을 통해 알 수 있는 교류의 모습은 무엇인지 **보기**에서 찾아 쓰시오.

> **보기**
> 경제 교류　　　문화 교류　　　정치 교류

( )

12 우리나라와 이웃 나라의 문화 교류 사례를 바르게 이야기한 친구는 누구인지 쓰시오.

> • 지아: 관광객들이 와서 쇼핑을 해.
> • 도현: 물건을 수입하거나 수출을 해.
> • 나정: 러시아 발레단이 우리나라에서 공연을 해.

( )

서술형
13 미세 먼지가 이웃 나라와 함께 노력해야 할 문제인 까닭은 무엇인지 쓰시오.

_____

_____

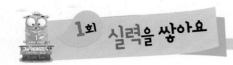

14 다음 신문 기사의 제목을 통해 알 수 있는 사실은 무엇입니까? (   )

○○신문   ○월 ○일
한·중·일 3국,   미세 먼지   해결 방안 공동 논의

○○신문   ○월 ○일
한국·러시아,   정상 회담 개최

① 이웃 나라와 문화적 교류가 활발하다.
② 중국과 일본은 미세 먼지 문제에 관심이 없다.
③ 자국의 경제 이익을 중요시하는 교류를 하고 있다.
④ 정상 회담 이후 러시아와 우리나라의 관계는 더욱 멀어질 것이다.
⑤ 다양한 문제를 해결하기 위해 이웃 나라와 정치적으로 교류하고 있다.

15 이웃 나라와 함께 해결해야 할 문제로 알맞지 않은 것은 어느 것입니까? (   )

① 황사 문제   ② 영토 분쟁
③ 해양 오염   ④ 인터넷 중독
⑤ 역사 왜곡 문제

16 다음에서 설명하는 나라는 어디인지 쓰시오.

> • 우리나라와 무역을 많이 하는 나라 중 하나로 다양한 물자와 서비스를 주고받고 있다.
> • 국토가 크고 넓은 만큼 각종 지하자원이나 에너지 자원이 풍부하고 옥수수, 밀 생산량이 많다.

(   )

 중요

17 사우디아라비아에 대한 설명으로 알맞지 않은 것은 어느 것입니까? (   )

① 국토의 대부분이 사막이다.
② 쌀과 고구마의 생산량이 많다.
③ 세계에서도 손꼽히는 원유 생산 국가이다.
④ 연평균 기온이 30℃ 이상으로 덥고 건조하다.
⑤ 세계 각국에서 여러 기술을 도입해 발전을 이루고 있다.

18 다음 ㉠, ㉡에 들어갈 알맞은 말을 쓰시오.

베트남은 세계에서 두 번째로 ㉠을/를 많이 수출해.

그리고 노동력이 풍부해서 섬유 산업과 같은 ㉡이/가 발달했어.

㉠: (   ) ㉡: (   )

19 우리나라와 세계 여러 나라와의 교류 모습으로 알맞지 않은 것은 어느 것입니까? (   )

① 캐나다: 우리나라의 태권도가 선풍적인 인기를 끌고 있다.
② 미국: 우리나라에서는 밀의 33%를 미국에서 수입하고 있다.
③ 칠레: 양국의 정상이 만나 경제적 협력을 강화할 수 있는 방안을 논의했다.
④ 아프리카 지역: 우리나라 전체 석유 생산량의 약 85% 정도를 이곳에서 수입하고 있다.
⑤ 동남아시아 지역: 한국의 대중음악, 음악, 드라마, 공연 등이 수출되어 인기를 끌고 있다.

 중요

20 우리나라 기업이 두바이에 건설한 최고층 건물의 이름은 무엇입니까? (   )

① 에펠탑   ② 피라미드
③ 상하이 타워   ④ 부르즈 칼리파
⑤ 오페라 하우스

1 다음 보기 에서 우리나라와 국경을 마주하고 있는 나라를 모두 골라 기호를 쓰시오.

> 보기
> ㉠ 미국   ㉡ 중국   ㉢ 일본
> ㉣ 베트남   ㉤ 러시아   ㉥ 프랑스

(   )

중요

2 다음 나라의 자연환경과 인문 환경에 대해 바르게 이야기한 친구는 누구인지 쓰시오.

- 준오: 우리나라보다 인구가 적어.
- 수아: 서부 지역에 대도시가 분포해 있어.
- 지훈: 영토가 넓어서 다양한 지형과 기후가 나타나지.
- 민서: 동쪽에는 고원과 산지가, 서쪽에는 평야가 분포해 있어.

(   )

3 이웃 나라 중 일본에 대해 조사하여 정리한 표입니다. ㉠, ㉡에 들어갈 알맞은 말을 쓰시오.

국가	일본
지형	섬나라로 국토 대부분이 산지이며 화산이 많아 ㉠ 이/가 발달함.
기후	습하고 비나 눈이 많이 내림.
자연재해	태풍과 ㉡ 의 영향을 많이 받음.

㉠: (   ) ㉡: (   )

4 아시아와 유럽을 구분하는 경계가 되는 것은 무엇인지 다음 러시아 지도에서 찾아 쓰시오.

(   )

❀ 다음 인구분포도를 보고 물음에 답하시오. [5~6]

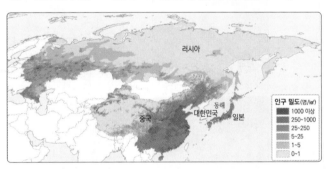

5 위 지도에서 인구가 많이 분포한 곳의 지형으로 알맞은 것을 두 가지 고르시오. (,   )

① 평야   ② 산지
③ 고원   ④ 화산
⑤ 해안가

중요

6 위의 인구분포도를 보고 알 수 있는 사실로 바른 것에 ○표 하시오.

(1) 일본은 전 국토에 골고루 인구가 분포해 있다.   (   )
(2) 중국은 동부 지역보다 서부 지역에 인구가 밀집해 있다.   (   )
(3) 러시아는 유럽에 가까운 서남부 지역에 인구가 밀집해 있다.   (   )

7 모둠별로 주제를 정해 이웃 나라의 생활 모습을 조사하려고 합니다. 조사 주제로 알맞지 <u>않은</u> 것은 어느 것입니까? (   )

① 인권　　　　　② 문자
③ 의생활　　　　④ 식생활
⑤ 주생활

8 다음에서 설명하고 있는 젓가락은 무엇입니까?

(   )

> 젓가락으로 집는 반찬이 무게가 있고, 김치처럼 절인 음식이 많아 국물이 스며들지 않는 금속 젓가락을 사용한다.

① 　②

③ 　④

서술형

9 중국과 일본의 생활 모습은 우리나라와 비슷한 부분이 많습니다. 그 까닭은 무엇인지 쓰시오.

_____

_____

10 다음 나라와 새해를 맞이하는 명절이 바르게 짝지어진 것은 어느 것입니까? (   )

① 한국 – 춘절　　　② 일본 – 설날
③ 미국 – 추석　　　④ 중국 – 오쇼가쓰
⑤ 러시아 – 노비 고트

중요

11 우리나라와 이웃 나라의 경제 교류 모습으로 알맞지 <u>않은</u> 것은 어느 것입니까? (   )

① 물건을 수입하거나 수출한다.
② 기술이나 자원을 수입하고 수출한다.
③ 관광객들이 우리나라에 와서 쇼핑을 한다.
④ 이웃 나라들과 협력해 전력망을 잇는 사업을 추진한다.
⑤ 경제 발전을 위해 수입 제품을 쓰지 않고 국산 제품만 소비한다.

주의

12 다음 그래프를 보고 바르게 말한 친구는 누구인지 쓰시오.

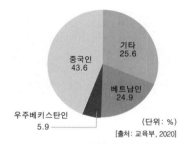

우주베키스탄인
5.9　　　　　(단위: %)

[출처: 교육부, 2020]

▲ 국내 외국인 유학생 비율

> • 연아: 우리나라에 오는 유학생은 일본이 가장 많아.
> • 서준: 우리나라로 오는 유학생 수는 앞으로 감소할거야.
> • 준수: 베트남에서 온 유학생이 중국에서 온 유학생보다 많아.
> • 아라: 우리나라가 이웃 나라와 문화·교육 교류를 활발하게 한다는 것을 알 수 있어.

(   )

13 다음 빈칸에 들어갈 알맞은 말을 쓰시오.

> [   ] 문제 해결을 위해 이웃 나라와 함께 노력해야 하는 까닭은 원인이 되는 오염 물질이 바람을 타고 이동해 이웃 나라에 서로 영향을 주기 때문이다.

(   )

14 모의 정상 회의에서 우리나라와 이웃 나라가 함께 해결해야 문제에 대해 이야기하고 있습니다. 빈칸에 들어갈 알맞은 말을 쓰시오.

서쪽에서 불어오는 바람을 타고 와서 우리나라와 이웃 나라에 영향을 주는 [ ]을/를 주제로 이야기해 보자.

( )

 다음 지도를 보고 물음에 답하시오. [15~16]

15 위 지도가 나타내는 나라는 어디인지 쓰시오.

( )

16 위 지도의 나라는 몇 개의 주로 이루어져 있습니까? ( )

① 49개 ② 50개
③ 51개 ④ 52개
⑤ 55개

중요

17 오른쪽 지도의 나라에서 생산되는 대표적인 자원은 무엇인지 쓰시오.

( )

중요

18 다음에서 설명하는 나라는 어디인지 쓰시오.

• 우리나라와 활발하게 교류하는 대표적인 동남아시아 국가로, 우리나라가 수출을 많이 하는 나라 중 하나이다.
• 이 나라 사람들은 기업 등에서 일하려고 우리나라에 많이 들어와 살고 있고, 우리나라 사람과 결혼해 정착한 경우도 많다.

( )

19 우리나라와 다른 나라 간의 교류가 활발하게 이루어지는 까닭은 무엇입니까? ( )

① 각 나라의 문화와 풍습이 똑같기 때문에
② 교류를 통해 지구촌 환경 문제를 쉽게 해결할 수 있기 때문에
③ 우리나라의 우수한 문화를 독자적으로 발전시킬 수 있기 때문에
④ 각 나라마다 환경이 달라 서로 필요한 도움을 주고받을 수 있기 때문에
⑤ 지리적으로 가까운 나라들끼리만 교류를 통해 이익을 얻을 수 있기 때문에

20 우리나라와 세계 여러 나라 간의 교류 사례를 나타낸 것입니다. 빈칸에 들어갈 알맞은 말은 무엇입니까? ( )

동남아시아 전역을 휩쓴 한국 문화 열풍

• 한국의 대중음악, 드라마, 공연 등이 동남아시아 지역에서 선풍적인 인기를 끌고 있다.
• 동남아시아 지역은 [ ] 문화의 주요 수출 시장이다.

① 한류 ② 역사
③ 학습 ④ 해양
⑤ 에너지

1 다음 지도를 보고 물음에 답하시오.

(1) 위 지도가 나타내는 이웃 나라는 어디인지 쓰시오.

( )

(2) 위 지도에 나타난 나라의 기후, 지형, 산업의 특징은 무엇인지 쓰시오.

기후	
지형	
산업	

관련 핵심 개념

러시아의 자연환경

러시아는 세계에서 영토가 가장 넓은 나라이며, 위도가 높아 연중 기온이 낮은 편입니다. 또 영토가 넓어서 다양한 지형을 볼 수 있고, 천연자원이 풍부합니다.

2 우리나라, 중국, 일본의 표지판을 나타낸 다음 사진을 보고 물음에 답하시오.

▲ 우리나라 표지판   ▲ 중국 표지판   ▲ 일본 표지판

(1) 위 세 나라의 표지판에서 공통적으로 쓰이는 문자는 무엇인지 쓰시오.

( )

(2) 위 표지판과 같이 우리나라, 중국, 일본이 공통적인 문자를 사용한 까닭은 무엇인지 쓰시오.

_____

_____

관련 핵심 개념

한자 문화권

한국, 중국, 일본의 표지판을 보면 서로 비슷한 문자를 쓰고 있음을 알 수 있는데 이는 공통적인 문화의 영향을 받았기 때문입니다.

3 우리나라와 이웃 나라의 교류 모습을 나타낸 다음 사진을 보고 물음에 답하시오.

(가)

▲ 한국·러시아 정상 회담

(나)
▲ 상점에서 판매되는 이웃 나라의 물품

(다)

▲ 러시아 발레단의 한국 공연 포스터

(1) 위의 (가)~(다)는 경제, 문화, 정치 교류 중 어디에 속하는지 쓰시오.

경제 교류	문화 교류	정치 교류

(2) 주변에서 우리나라와 이웃 나라가 교류·협력하고 있는 사례를 더 찾아보고 무엇이 있는지 쓰시오.

관련 핵심 개념

우리나라와 이웃 나라의 교류 모습

우리나라와 이웃 나라 사이에는 인적·물적 교류는 물론, 갈등을 겪고 있는 외교 문제나 환경 문제를 해결하려고 서로 교류하기도 합니다.

4 다음 지리 신문을 보고 물음에 답하시오.

> 지리 신문   20○○년 ○월 ○일
>
> 세계 주요 원유 수출국, ____
>
> 나라의 면적은 한반도 면적의 약 열 배이지만 인구는 우리나라의 약 2/3이다. 이곳은 연평균 기온이 30℃ 이상으로 덥고 건조하다.
> 세계에서도 손꼽히는 원유 생산 국가로, 석유 자원의 수출을 바탕으로 우리나라를 비롯한 세계 각국에서 여러 기술을 도입해 국가 발전을 이루고 있다.

(1) 위 지리 신문의 빈칸에 들어갈 나라 이름을 쓰시오.

(   )

(2) 우리나라가 (1)번의 나라와 활발하게 교류하는 까닭은 무엇인지 쓰시오.

관련 핵심 개념

사우디아라비아와의 교류

사우디아라비아는 세계에서도 손꼽히는 원유 생산 국가로, 우리나라와 지리적으로는 멀지만 활발하게 교류하고 있는 대표적인 나라입니다.

1 다음 지도를 보고 물음에 답하시오.

(가)   (나)

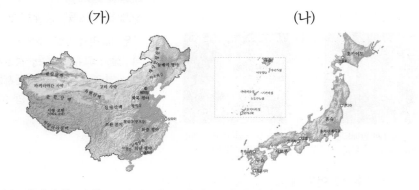

(1) 위의 (가), (나)는 각각 어느 나라를 나타낸 것인지 쓰시오.
① (가): (   ) ① (나): (   )

(2) 위의 (가), (나) 지도를 살펴보고 각 나라의 자연환경의 특징은 무엇인지 쓰시오.

(가)	
(나)	

2 우리나라와 이웃 나라의 식생활 모습을 나타낸 다음 사진을 보고 물음에 답하시오.

▲ 우리나라   ▲ 중국   ▲ 일본   ▲ 러시아

(1) 위 사진을 참고하여 우리나라, 중국, 일본의 식생활 모습에서 나타나는 공통점은 무엇인지 쓰시오.

_____

(2) 러시아는 우리나라와 이웃한 나라이지만 중국, 일본과 달리 식생활에서 포크와 나이프를 사용합니다. 그 까닭은 무엇인지 쓰시오.

_____

관련 핵심 개념
중국과 일본의 자연환경
　중국과 일본은 우리나라와 국경을 마주하고 있는 이웃 나라로, 지형도 등 다양한 자료를 통해 자연환경을 살펴볼 수 있습니다.

관련 핵심 개념
이웃 나라의 식생활
　한국, 중국, 일본의 젓가락 사용 문화와 러시아의 포크와 나이프 사용 문화 오래전부터 주변국들과 교류하면서 영향을 받은 대표적인 예입니다.

3 다음 신문 기사를 읽고 물음에 답하시오.

○○신문　　　　　　　　　　　20○○년 ○월 ○일

한·중·일 3국, ▢▢▢▢▢ 해결 방안 공동 논의

　한국, 중국, 일본의 환경 장관들이 모여 최근 논란이 되고 있는 ▢▢▢ 문제에 함께 대처하고 노력하기로 약속했다. 각 나라는 앞으로 협력 기구를 만들고, 대기질 관리, 환경 정보 수집 등 관련된 정책과 기술을 공유할 예정이다.

▲ 한중일 환경 장관 회의

(1) 위 신문 기사의 빈칸에 공통으로 들어갈 알맞은 말을 쓰시오.

(　　　　　　　　　　　　)

(2) 위 신문 기사와 같이 우리나라와 이웃 나라가 공동으로 해결해야 할 문제를 대할 때에는 어떤 태도가 필요한지 쓰시오.

_____

_____

관련 핵심 개념

우리나라와 이웃 나라의 정치 교류

　우리나라와 이웃 나라는 갈등을 겪고 있는 외교 문제나 환경 문제 등을 해결하려고 서로 교류하기도 합니다.

1 단원

4 다음은 우리나라와 관계 깊은 두 나라를 정리한 것입니다. 빈 곳에 알맞은 내용을 써 넣어 완성하시오.

구분	(가)	(나)
위치		
나라 이름		
많이 생산되는 작물		
발달한 산업		

관련 핵심 개념

미국, 베트남과 우리나라의 관계

　미국은 우리나라와 정치, 경제, 사회 전반에 걸쳐 깊은 관계를 맺고 있으며, 베트남은 우리나라가 수출을 세 번째로 많이 하는 나라입니다.

1 다음 ㉠, ㉡에 들어갈 알맞은 말을 쓰시오.

> 세계 지도와 지구본에는 위치를 쉽게 나타내기 위해 ㉠ (가로선)과/와 ㉡ (세로선)이/가 그려져 있다. ㉠ 과 ㉡ 에는 숫자가 쓰여 있는데 이를 위도와 경도라고 한다.

㉠: (   ) ㉡: (   )

2 지구본의 특징으로 알맞지 <u>않은</u> 것은 어느 것입니까? (   )

① 가지고 다니기에 불편하다.
② 지구의 실제 모습과 비슷하다.
③ 세계 여러 나라의 위치를 한눈에 볼 수 있다.
④ 지구상에서 특정 나라, 나라 간의 위치 관계를 파악하기에 좋다.
⑤ 세계 여러 나라의 위치와 영토 등의 지리 정보를 세계 지도보다 정확하게 담고 있다.

3 다음 중 인도양의 위치와 범위를 나타낸 것은 어느 것입니까? (   )

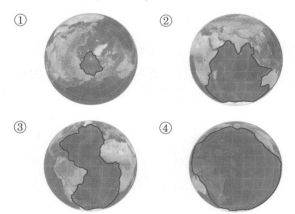

①   ②   ③   ④

4 대륙과 대양을 설명한 다음 글에서 잘못된 내용을 찾아 기호를 쓰시오.

> 대륙은 바다로 둘러싸인 ㉠큰 땅덩어리를 말하는 데 세계에서 가장 큰 섬인 ㉡뉴질랜드보다 면적이 크면 대륙이라고 한다.
> 대양은 세계의 바다 가운데 특히 ㉢큰 바다를 말하는데 지구 넓이의 ㉣약 70%를 차지하고 있다.

(   )

5 다음 중 아프리카 대륙에 위치한 나라는 어디입니까? (   )

① 터키   ② 이란
③ 이집트   ④ 이라크
⑤ 사우디아라비아

6 세계에서 영토의 면적이 가장 넓은 나라와 가장 좁은 나라는 어디인지 쓰시오.

(1) 가장 넓은 나라: (   )
(2) 가장 좁은 나라: (   )

7 다음 ㉠, ㉡에 들어갈 알맞은 자료를 보기에서 찾아 쓰시오.

> • 지혜: ㉠ 에 방문할 도시를 표시하고 선으로 이어 보니 세계 일주 경로를 한눈에 볼 수 있어 좋았어.
> • 재민: ㉡ 을/를 활용해서 각 나라의 주요 관광지와 가는 방법을 미리 찾아보고 정리할 수 있어 좋았어.

보기

> 디지털 영상 지도, 세계 지도, 지구본

㉠: (   ) ㉡: (   )

8 열대 기후의 특징을 바르게 말한 것은 어느 것입니까? (   )

① 온대 기후보다 겨울이 더 춥고 길다.
② 여름에는 기온이 낮고 겨울에는 기온이 높다.
③ 일 년 동안의 강수량을 모두 합쳐도 400mm가 채 안 된다.
④ 일 년 내내 평균 기온이 낮으며, 가장 높은 달도 10℃보다 낮다.
⑤ 일 년 내내 강수량이 많으며, 건기와 우기가 나타나는 곳도 있다.

9 다음과 같은 생활 모습을 볼 수 있는 기후는 무엇입니까? (   )

▲ 사파리 관광 산업

▲ 화전 농업

① 열대 기후
② 건조 기후
③ 온대 기후
④ 냉대 기후
⑤ 한대 기후

10 건조 기후에 따른 사람들의 생활 모습을 바르게 말한 것은 어느 것입니까? (   )

① 주로 밀농사를 지으며 살아간다.
② 넓은 지역에 올리브를 재배하고 있다.
③ 바나나, 기름야자, 커피를 대규모로 재배한다.
④ 극지방의 자연환경 연구를 위해 여러 나라의 연구소나 과학 기지가 세워지고 있다.
⑤ 초원 지역에서는 전통적으로 물과 풀을 찾아 가축과 함께 이동하는 유목 생활을 한다.

11 선생님의 다음 질문에 바르게 대답한 친구는 누구인지 쓰시오.

온대 기후가 나타나는 지역에 사는 사람들의 생활 모습에 대해 발표해 보세요.

• 상미: 펄프용 목재를 많이 생산하고 있어요.
• 성준: 전통적으로 초원 지대에서 가축을 기르는 유목 생활을 하고 있어요.
• 민지: 유럽에서는 주로 밀을 재배하고 아시아에서는 벼농사를 지어요.

(   )

12 그리스에서 오른쪽과 같은 하얀 벽 집을 지은 까닭을 두 가지 고르시오. (,   )

▲ 그리스의 하얀 벽 집

① 석회암과 대리석을 쉽게 구할 수 있기 때문에
② 그리스 사람들은 흰색을 행운의 색이라고 믿기 때문에
③ 먼 바다에 나간 배에서 보면 하얀색이 눈에 잘 띄기 때문에
④ 법적으로 집의 벽은 흰색으로 칠하라는 규정이 있기 때문에
⑤ 강한 햇볕을 반사시켜 집 안이 더워지는 것을 막아주기 때문에

13 세계 여러 나라 사람들의 생활 모습과 환경 간의 관계를 조사하려고 합니다. 조사 계획서에 들어갈 내용으로 알맞지 <u>않은</u> 것은 어느 것입니까?

(   )

① 주제 정하기
② 조사할 내용
③ 자료 수집 방법
④ 모둠 내 역할 분담
⑤ 모둠원의 가족 나이

서술형

14 세계 여러 나라 사람들의 의생활 모습을 보고 알 수 있는 사실은 무엇인지 쓰시오.

_____

_____

15 중국의 자연환경과 인문 환경에 대한 설명으로 바른 것에 ○표 하시오.

(1) 서쪽에서 동쪽으로 갈수록 지형이 높아진다.
( )

(2) 동부 지역 바닷가에 주요 항구와 대도시가 있다.
( )

(3) 세계에서 영토가 가장 넓은 나라이며, 대부분의 인구가 서남부 지역에 집중해 있다.
( )

16 우리나라, 중국, 일본 문화의 비슷한 점이 <u>아닌</u> 것은 무엇입니까? ( )

① 식사할 때 젓가락을 사용한다.
② 각 나라의 문자에 한자가 쓰인다.
③ 유교 문화의 영향으로 웃어른을 공경한다.
④ 불교 문화의 영향으로 만들어진 절이 있다.
⑤ 길고 넓은 천 한 장으로 만들어진 사리를 입는다.

17 우리나라와 수출과 수입을 가장 많이 하는 나라는 어디입니까? ( )

① 일본　　　　② 중국
③ 미국　　　　④ 러시아
⑤ 베트남

18 다음과 같은 특징이 있는 나라는 어디입니까?
( )

- 주요 도시: 워싱턴 디시(D. C.), 뉴욕 등
- 주요 산업: 밀 농사, 반도체, 스마트폰 제조, 금융, 영화 등 다양하게 나타남.
- 특징: 50개의 주로 구성됨. 동부와 서부 중 동부 쪽에 인구 밀도가 높은 편임.

① 중국　　　　② 미국
③ 일본　　　　④ 러시아
⑤ 베트남

19 다음 나라에 대한 설명으로 알맞지 <u>않은</u> 것은 어느 것입니까? ( )

① 기후가 대체로 덥고 습하다.
② 세계에서도 손꼽히는 원유 생산 국가이다.
③ 세계에서 두 번째로 쌀이 많이 수출하는 나라이다.
④ 노동력이 풍부해서 섬유 산업 등 경공업이 발달했다.
⑤ 기업 등에서 일하려고 우리나라에 많이 들어와 살고 있는 이 나라 사람들이 많다.

20 우리나라 전체 원유 수입량의 약 85% 정도를 수입하는 지역은 어디입니까? ( )

① 유럽　　　　② 아프리카
③ 오세아니아　　④ 동남아시아
⑤ 서남아시아

1 세계 지도에 대한 설명으로 알맞은 것을 모두 고르시오. (   )

① 확대와 축소가 자유롭다.
② 실제 지구의 모습을 작게 줄인 모형이다.
③ 세계 여러 나라의 위치를 한눈에 알 수 있다.
④ 인터넷 사용이 불가능한 곳에서 사용하기 편리하다.
⑤ 나라와 바다의 모양, 거리가 실제와 다르게 표현되기도 한다.

🌸 다음 지도를 보고 물음에 답하시오. [2~4]

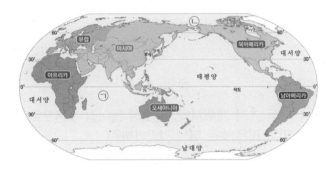

2 위 지도의 ㉠, ㉡에 들어갈 대양은 무엇인지 쓰시오.

㉠: (   ) ㉡: (   )

3 다음에서 설명하는 대륙은 어디입니까? (   )

> 다른 대륙에 비해 면적은 좁지만 많은 나라가 있다.

① 유럽   ② 아시아
③ 북아메리카   ④ 남아메리카
⑤ 오세아니아

4 위 지도의 남아메리카 대륙에 있는 나라를 세 곳만 쓰시오.

(   )

5 다음은 어느 나라의 위치 정보를 나타낸 것입니까? (   )

위치한 대륙	오세아니아
위도와 경도 범위	남위 34°~47°, 동경 166°~179°
주변에 있는 대양	북쪽에 태평양이 있다.
주변에 있는 나라	북서쪽에 오스트레일리아가 있다.

① 필리핀   ② 베트남
③ 캐나다   ④ 뉴질랜드
⑤ 인도네시아

6 다음 나라들의 공통점은 무엇입니까? (   )

> 캐나다, 미국, 이집트, 사우디아라비아

① 국경선이 단조롭다.
② 해안선이 복잡하다.
③ 수많은 섬들로 이루어져 있다.
④ 영토의 모양이 위아래로 길쭉하다.
⑤ 영토의 모양이 동서로 길게 뻗어 있다.

7 다음에서 민재는 어떤 지리 정보를 통해 알게 된 점을 이야기하고 있습니까? (   )

아르헨티나가 우리나라의 반대편에 위치한다는 것을 쉽게 알 수 있었어.

① 지구본   ② 세계 지도
③ 관광 지도   ④ 역사 지도
⑤ 디지털 영상 지도

8 다음 지도의 색칠한 지역에 나타나는 기후는 무엇입니까? (   )

① 열대 기후　　② 건조 기후
③ 온대 기후　　④ 냉대 기후
⑤ 한대 기후

9 온대 기후의 자연환경과 생활 모습으로 알맞은 어느 것입니까? (   )

①
▲ 벼농사

②
▲ 침엽수림

③
▲ 사파리 관광 산업

④
▲ 오아시스 마을

10 다음과 같이 순록을 기르는 유목 생활 모습을 볼 수 있는 기후는 무엇인지 쓰시오.

(   )

11 얇게 썬 고기 조각을 구워 먹는 터키의 대표적인 요리는 무엇인지 쓰시오.

(   )

서술형
12 몽골의 초원 지역에서 유목 생활을 하는 사람들이 다음과 같은 집을 짓는 까닭은 무엇인지 쓰시오.

▲ 몽골의 게르

_____

_____

13 다음 조사 계획서의 빈 곳에 들어갈 내용으로 알맞지 않은 것은 어느 것입니까? (   )

몽골의 게르	
주제 정하기	몽골 사람들은 왜 게르에 살까?
결과 예상하기	• 게르는 몽골 지역의 지형, 기후와 같은 자연환경의 영향을 받아 나타난 주거 형태이다. • 게르는 몽골 지역 사람들의 유목 생활과 관련이 있을 것이다.
조사 계획 세우기	조사할 내용:
	자료 수집 방법: • 인터넷 검색하기 • 관련 책과 사회과 부도에서 찾아보기

① 몽골의 지형, 기후
② 게르의 구조, 재료, 특징
③ 몽골 사람들의 유목 생활
④ 게르에 사는 사람들의 생활 모습
⑤ 게르를 만드는 회사와 게르의 가격

14 다음 빈칸에 들어갈 알맞은 말을 쓰시오.

> 자연환경과 인문 환경의 영향을 받아 세계 여러 나라의 생활 모습이 매우 다양하게 나타나며 이는 고유한 가치를 가지고 있다. 따라서 서로 다른 생활 모습을 이해하고 [ ] 하려는 마음가짐이 필요하다.

(   )

15 다음은 이웃 나라 중 어느 나라에 대한 설명인지 쓰시오.

> • 해안선이 매우 복잡하다.
> • 대부분의 국토가 산지이고 화산이 많다.
> • 네 개의 큰 섬과 3,000개가 넘는 작은 섬들로 이루어졌다.

(   )

⟨서술형⟩

16 우리나라, 중국, 일본은 식사할 때 모두 젓가락을 사용하지만 젓가락의 모양은 조금씩 다릅니다. 그 까닭은 무엇인지 쓰시오.

_____

_____

17 우리나라와 이웃 나라가 경제 교류를 하는 모습에 해당하지 않는 것은 어느 것입니까? (   )

① 이웃 나라에서 자원을 수입한다.
② 이웃 나라에서 기술을 수입한다.
③ 이웃 나라에서 우리나라로 유학을 온다.
④ 관광객들이 우리나라에 와서 쇼핑을 한다.
⑤ 이웃 나라에 우리나라의 전자 제품을 수출한다.

18 미국에 대한 설명으로 알맞지 <u>않은</u> 것은 어느 것입니까? (   )

① 우리나라와 무역을 하지 않는다.
② 각종 지하자원과 에너지 자원이 풍부하다.
③ 농업, 상업, 공업 등 수많은 산업이 골고루 발달했다.
④ 서부 지역과 동부 지역 사이에 세 시간 차이가 난다.
⑤ 한반도보다 약 45배 정도로 넓어서 한 나라 내에서도 다양한 지형과 기후가 나타난다.

19 다음 빈칸에 들어갈 나라는 어디입니까? (   )

> 우리나라는 원유가 거의 생산되지 않기 때문에 산업 발달에 필요한 원유를 다른 나라로부터 수입해야 한다. [ ]은/는 우리나라가 원유를 수입하는 대표적인 나라이다. 면적은 한반도 면적의 약 열 배이지만 인구는 우리나라의 약 2/3이다.

① 일본   ② 중국
③ 베트남   ④ 러시아
⑤ 사우디아라비아

⟨서술형⟩

20 다음과 같은 모습을 통해 알 수 있는 사실은 무엇인지 쓰시오.

▲ 우리나라에서 큰 인기를 얻고 있는 미국 할리우드 영화   ▲ 우리나라 기업이 건설한 두바이의 부르즈 칼리파

_____

_____

1 디지털 영상 지도의 특징으로 알맞은 것을 두 가지 고르시오. (,   )

① 세계 여러 나라의 위치를 한눈에 볼 수 있다.
② 세계 여러 나라의 모습을 더 자세하게 살펴볼 수 있다.
③ 인터넷이 사용이 불가능한 곳에서 사용하기 편리하다.
④ 나라와 바다의 모양, 거리가 실제와 다르게 표현되기도 한다.
⑤ 다양한 기능을 활용해 알고 싶은 지역의 정보를 쉽게 얻을 수 있다.

2 오른쪽 대륙에 대한 설명으로 알맞은 것은 어느 것입니까? (   )

① 대륙 중 가장 작고, 남반구에 위치해 있다.
② 북반구에 속해 있으며, 북극해와 접해 있다.
③ 대부분 남반구에 속해 있고, 동쪽에 대서양이 있다.
④ 대륙 중 가장 크고 세계 육지 면적의 약 30%를 차지한다.
⑤ 아시아 다음으로 가장 큰 대륙이며, 북반구와 남반구에 걸쳐 있다.

🖐 서술형

3 다음 지도를 보고 태평양의 위치와 범위를 정리하여 쓰시오.

_____

_____

4 다음 ㉠, ㉡에 들어갈 대륙과 대양을 쓰시오.

나라	프랑스
위치한 대륙	㉠
위도와 경도 범위	북위 41°~51°, 서경 5°~동경 8°
주변에 있는 대양	서쪽에 ㉡ 이/가 있다.
주변에 있는 나라	동쪽에 독일이 있다.

㉠: (   ) ㉡: (   )

5 다음 중 우리나라와 영토의 면적이 비슷한 나라는 어디입니까? (   )

① 인도   ② 알제리
③ 라오스   ④ 캄보디아
⑤ 베트남

6 오른쪽 지도를 보고 아이슬란드의 영토 모양을 바르게 말한 것은 어느 것입니까? (   )

① 해안선이 복잡하다.
② 국경선이 단조롭다.
③ 영토의 모양이 장화와 비슷하다.
④ 영토의 모양이 사각형을 닮았다.
⑤ 영토의 모양이 위아래로 길게 뻗어 있다.

7 다음 글에서 서루는 어떤 지리 정보를 활용하여 옛집을 찾을 수 있었는지 쓰시오.

성인이 된 서루는 자신이 기차에 머문 시간과 당시의 기차 속력을 이용해 이동한 거리를 계산한 뒤, 자신의 고향으로 추측되는 지역 주변을 영상 지도로 조사하기 시작했다. 물탱크가 있던 기차역의 모습, 어린 시절 놀던 강가와 동네에 대한 기억을 위성 사진으로 확인해 가면서 4년 만에 자신의 고향을 찾아내었고 가족들을 만나게 되었다.

(   )

8 다음에서 설명하는 기후를 보기 에서 찾아 기호를 쓰시오.

> 보기
> ㉠ 열대 기후　　　㉡ 건조 기후
> ㉢ 온대 기후　　　㉣ 냉대 기후
> ㉤ 한대 기후　　　㉥ 고산 기후

(1) 일 년 내내 기온이 높고 강수량이 많으며, 건기와 우기가 나타나는 곳도 있다.

　　　　　　　　　　（　　　　　）

(2) 일 년 내내 평균 기온이 매우 낮은 기후로 평균 기온이 가장 높은 달도 10℃보다 낮다.

　　　　　　　　　　（　　　　　）

9 다음 지역과 관계 깊은 기후는 무엇입니까?
　　　　　　　　　　　　　（　　　）

> 아프리카 사하라처럼 강수량이 매우 적어 사막이 널리 나타나는 곳도 있고, 중앙아시아처럼 약간의 비나 눈이 내려 초원이 넓게 나타나는 곳도 있다.

① 열대 기후　　　　② 건조 기후
③ 온대 기후　　　　④ 냉대 기후
⑤ 한대 기후

10 온대 기후가 나타나는 지역 사람들의 생활 모습으로 알맞지 <u>않은</u> 것은 어느 것입니까? （　　　）

① ▲ 목화 재배
② ▲ 벼농사

③ ▲ 올리브 재배
④ ▲ 땅 위를 지나는 송유관

11 한대 기후 지역의 생활 모습으로 알맞은 것을 모두 고르시오. （　　　　　）

① 많은 포도 재배로 포도주 생산이 활발하다.
② 넓은 평야에 대규모의 밀재배가 이루어진다.
③ 석유와 천연가스 등 자원이 풍부해 자원 개발이 활발하게 이루어지고 있다.
④ 얼음이 녹은 짧은 여름 동안에 이끼나 풀이 자라는 땅에서는 순록을 기르는 유목 생활이 이루어진다.
⑤ 최근에는 극지방의 자연환경을 연구하기 위해 여러 나라에서 연구소와 과학 기지를 세워 극지방 연구에 힘을 쏟고 있다.

12 다음에서 설명하는 인도의 전통 복장은 무엇인지 쓰시오.

> 길고 넓은 천 한 장으로 만들어졌다. 천의 한쪽은 허리를 감아 매고, 다른 한쪽은 어깨에 걸쳐 밑으로 늘어뜨려 입으며, 두르는 방법에 따라 입는 방법이 다양하다. 이 옷이 한 장의 천으로 만들어진 것은 힌두교에서 옷감을 자르고, 바느질하는 것을 바람직하지 않게 여기기 때문이다.

　　　　　　（　　　　　　　　　　　）

서술형

13 다음 자료를 보고 이누이트족이 사는 지역의 자연환경의 특징을 예상하여 쓰시오.

동물 가죽과 털로 만든 장갑을 끼고 여러 겹의 신발을 신는다.

순록 등의 동물 가죽과 털로 만든 모자가 달린 긴소매의 외투와 바지를 입는다.

손록의 힘줄로 꿰매어 옷을 튼튼하게 만든다.

14 에스파냐에서 '시에스타'라는 풍습이 생긴 요인과 가장 관계 깊은 것은 무엇입니까? ( )

① 기후　　　　② 지형
③ 정치　　　　④ 종교
⑤ 인종

15 러시아의 자연환경에 대한 설명으로 알맞은 것은 무엇인지 기호를 쓰시오.

> ⊙ 천연 자원이 풍부하다.
> ⓒ 위도가 높아서 온대 기후가 주로 나타난다.
> ⓒ 서부는 주로 고원과 산지 지대이며, 동부에 평원이 넓게 자리한다.

( )

✿ 새해 첫날에 하는 이웃 나라의 풍습을 정리한 것입니다. 물음에 답하시오. [16~17]

> • 중국의 [　　　] : 대문에 '복(福)' 자를 거꾸로 붙여 놓고, 만두를 먹는다.
> • 일본의 오쇼가쓰: 신사나 절을 찾아 한 해의 행운을 빌고, 아침 식사로 '조니'를 먹는다.
> • 러시아의 노비 고트: 러시아 국가 연주와 불꽃놀이로 새해의 시작을 알리면 러시아인들은 샴페인을 터트리고 덕담과 함께 선물을 주고받는다.

16 위의 빈칸에 들어갈 명절은 무엇인지 쓰시오.

( )

17 위의 이웃 나라 풍습에 담긴 공통된 마음을 바르게 말한 것에 ○표 하시오.

(1) 새해를 축하하고 복을 기원하는 마음이 담겨 있다. ( )
(2) 자신이 믿는 신에게 헌신하겠다는 다짐의 마음이 담겨 있다. ( )

18 다음 신문 기사를 읽고, 바르게 말한 친구는 누구인지 쓰시오.

> ○○일보　　　　20△△년 △△월 △△일
> 한·중·일 3국, 미세 먼지 해결 방안 공동 논의
> 　한국, 중국, 일본의 환경 장관들이 모여 최근 논란이 되고 있는 미세 먼지 문제에 함께 대처하고 해결을 위해 노력하기로 약속했다. 각 나라는 협력 기구를 만들고, 대기 질 관리, 환경 정보 수집 등 관련된 정책과 기술을 공유할 예정이다.

> • 민지: 자기 나라의 경제적 이익을 위해 장관들이 많은 노력을 하고 있어.
> • 영랑: 공동 문제 해결을 위해 이웃 나라와 정치적으로 교류하고 있어.

( )

19 우리나라가 사우디아라비아와 활발하게 교류하는 까닭은 무엇입니까? ( )

① 지리적으로 우리나라와 가깝기 때문에
② 역사적으로 우리나라와 같은 민족이기 때문에
③ 정치적인 면에서 우리나라와 비슷하기 때문에
④ 우리나라에서 생산되지 않는 원유가 생산되기 때문에
⑤ 예전부터 우리나라에 많은 원조를 해 주었기 때문에

20 베트남을 설명한 ⊙~ⓒ에서 내용이 바르지 않은 것은 무엇인지 기호를 쓰시오.

> 　베트남은 ⊙산맥이 남북 방향으로 이어져 있고 북부와 남부에는 넓은 평야가 발달했다. 넓은 평야를 중심으로 ⓒ밀이 많이 재배되어 세계에서 두 번째로 밀을 많이 수출하는 나라이기도 하다. 또한 ⓒ노동력이 풍부해서 섬유 산업 등 경공업이 발달해 있다.

( )

생태계의 보물, 습지

습지는 마른 땅과 물의 중간 지대라고 말합니다. 그 이유는 물의 특성과 땅의 특성을 모두 가지고 있으며, 아울러 습지만의 고유한 특성도 가지고 있기 때문입니다.

습지의 몇 가지 중요한 기능과 가치를 살펴보면 홍수기에 일시적으로 물을 저장하거나 흐름을 느리게 하여 피해를 줄입니다. 또한 오염된 물을 깨끗하게 정화하는 구실을 하며, 물새나 곤충 등 많은 동식물이 살고 있는 터전이 되기도 합니다. 그리고 습지는 체험 학습이나 관찰을 통한 교육이 이루어지며, 관광 자원으로도 활용됩니다.

이런 습지를 예전에는 쓸모없는 땅, 버려진 땅으로 생각하여 농토로 바꾸거나 마구 메워 보통 땅으로 개발했으며, 이 때문에 많은 습지들이 없어지고 말았습니다. 그래서 국제 연합(UN)이나 각 나라에서는 사라져가는 습지를 보호하고 관리하며 현명하게 이용하기 위해 노력하고 있습니다. 그 중 하나로 '람사 협약'에서는 일정한 기준에 따라 각 나라를 대표하는 중요한 습지를 '람사 습지'로 등록, 이를 국제적으로 보호하도록 정하고 있습니다.

우포늪

약 1억 4천만 전에 형성된 우리나라 최대의 원시 자연 늪으로, 경상남도 창녕군에 있습니다. 크기는 여의도보다 약간 적은 70만 평입니다. 우포늪은 인근의 목포늪, 사지포, 쪽지벌과 더불어 4개의 늪으로 구성되어 있습니다. 우리나라 전체 식물 종의 약 10%, 특히 수생 식물 종의 50~60%가 살고 있으며 많은 철새들이 찾아오는 곳으로 '생태 박물관'이라 불립니다. 1998년 3월 람사 협약 보존 습지로 지정되었습니다.

대암산 용늪

강원도 인제군 서화면 대암산의 해발 1,260m 높이에 있는 이 습지는 남한에 하나뿐인 '높은 산 위의 습지'입니다. 약 4,000~5,000년 전에 형성되었으며, 면적은 약 2,270평이고 층의 두께가 평균 1m 정도나 됩니다. 용늪에는 작은 벌레를 잡아먹는 끈끈이주걱 등 총 191종의 식물과 복숭아 순나방붙이를 비롯한 224종의 곤충이 서식하고 있습니다. 생태학적인 보존 가치가 커 1997년 3월 우리나라 람사 습지 1호로 지정되었습니다.

❶ 한반도의 미래와 통일 (1)

❶ 우리 땅 독도

① 독도의 위치 →독도는 우리나라 동쪽 끝에 위치한 섬입니다.

- 우리나라의 동쪽 끝에 있는 섬으로, 동도와 서도인 두 개의 큰 섬과 그 주위에 크고 작은 바위섬 89개로 이루어졌습니다.
- 동해의 한가운데에 자리 잡고 있어 선박의 항로뿐만 아니라 군사적으로도 중요한 위치에 있습니다. 자료 1 →맑은 날씨에 울릉도와 독도가 서로 바라볼 수 있습니다.

② 독도가 우리나라의 영토임을 알 수 있는 역사적 자료

옛 지도	•「팔도총도」: 현존하는 우리나라 옛 지도 중에서 우산도(독도)가 표기된 가장 오래된 지도임. 자료 2 •「대일본전도」: 주변 섬들을 포함해 일본 영토를 자세히 그려 놓았지만 독도는 어디에도 없음. →대일본전도를 만들 때 일본 사람들은 독도를 일본 영토로 생각하지 않았기 때문입니다.
옛 기록	•『세종실록지리지』: 지금의 독도인 우산과 지금의 울릉도인 무릉이 동쪽 바다에 있다는 사실이 나와 있음. • 대한 제국 칙령 제41호 제2조: 울릉도에 울릉 군청을 두고 독도까지 맡도록 함. →연합국 최고 사령관 각서 제 677호에는 일본의 영토에서 울릉도와 독도를 제외한다고 명기되어 있습니다.

③ 독도의 자연환경: 독특한 지형과 경관을 지닌 화산섬입니다.

지형	삼형제굴 바위, 한반도 바위, 독립문 바위, 천장굴, 코끼리 바위, 탕건봉 등 →봉우리의 모양이 옛날 관리가 갓 아래 받쳐 쓰던 탕건과 닮아서 붙여진 이름입니다.
동식물	괭이갈매기, 사철나무, 섬기린초 등

④ 독도 주변 바다

- 차가운 바닷물과 따뜻한 바닷물이 만나 먹이가 풍부해 여러 해양 생물이 살기 좋은 환경을 갖추고 있습니다. →해양 생물로는 실오징어, 부채뿔산호, 도화새우 등이 있습니다.
- 바다의 밑바닥에는 미래 에너지원으로 주목받는 가스 하이드레이트가 묻혀 있습니다.

❷ 독도를 지키려는 노력

① 독도를 지키려고 노력한 사람들

- 조선 시대 안용복은 일본에 가서 울릉도와 독도가 우리 영토임을 확인받았습니다. →안용복은 조선 숙종 때 부산 동래에 살던 어부였습니다.
- 현재 독도 경비대원, 등대 관리원 등 약 50여 명이 거주하며 독도를 지키고 있습니다.

② 독도를 지키기 위한 정부와 민간단체의 노력 자료 3

정부	• 독도에 등대, 선박 접안 시설, 경비 시설 등을 설치함. • 독도의 생태계를 보호할 수 있도록 여러 법령을 시행하고 있음.
민간단체	• 외국에 독도를 알릴 수 있도록 다양한 홍보 활동을 함. • 독도를 잘못 소개한 정보와 자료를 찾아 수정을 요구함.

자료 1 독도의 위치

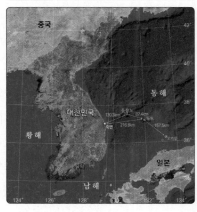

- 독도는 북위 37°, 동경 132°에 가까이 있습니다.
- 독도에서 울릉도까지의 거리가 일본 오키섬까지의 거리보다 약 70 km 정도 더 가깝습니다.

자료 2 「팔도총도」(1531년)

당시 지도에는 우산도(독도)를 실제와 달리 울릉도의 서쪽에 그렸습니다.

자료 3 사이버 외교 사절단 '반크'

반크는 인터넷에서 대한민국과 관련된 잘못된 사실을 바로 잡는 데 노력하고 있습니다. 반크의 외교 사절단 단원들은 독도에 관한 사실을 전 세계 사람들에게 알리고, 일본의 억지 주장을 바로 잡는 데 힘쓰고 있습니다.

「팔도총도」와 「대일본전도」를 통해 알 수 있는 사실

- 옛날 우리 조상들은 독도를 우리 땅이라고 생각하고 있었으나 일본 사람들은 독도를 자신들의 영토라고 생각하지 않았습니다.
- 예부터 독도는 우리나라 땅이라고 우리 조상들이나 일본 사람들 모두 생각했습니다.

대한 제국 칙령 제41호 제2조(1900년)

"(울릉) 군청의 위치는 태하동으로 정하고 구역은 울릉전도(鬱陵全島)와 죽도(지금의 대섬), 석도(지금의 독도)를 관할할 것"이라는 내용이 적혀 있습니다.

연합국 최고 사령관 각서 제677호(1946년)

"일본은 일본의 4개 본도(홋카이도, 혼슈, 시코쿠, 규슈)와 약 1,000개의 더 작은 인접 섬들을 포함한다. (인접 섬 중에서) 제외되는 것을 울릉도, · 리앙쿠르암(지금의 독도) 등이다."

독도를 천연기념물로 지정한 까닭

- 우리나라는 독도를 천연기념물 제366호로 지정해 보호하고 있습니다.
- 독도가 매우 아름답기 때문입니다.
- 우리나라에서 가장 오래된 화산섬이기 때문입니다.
- 독특한 지형과 자연경관을 가지고 있기 때문입니다.
- 독도에는 다양한 동식물이 서식하고 있기 때문입니다.

용어 풀이

❶ 칙령 임금이 내린 명령.
❷ 가스 하이드레이트 천연가스와 물이 결합된 고체 상태의 물질로 불을 붙이면 타는 성질이 있어 '불타는 얼음'이라고도 부름.
❸ 접안 배를 안벽이나 육지에 댐.

개념을 확인해요

1 ☐ ☐ 는 우리나라의 동쪽 끝에 위치한 섬입니다.

2 독도에서 ☐ ☐ ☐ 까지의 거리가 일본 오키 섬까지의 거리보다 가깝습니다.

3 현존하는 우리나라 옛 지도 중에서 독도가 표기된 가장 오래된 지도는 ☐ ☐ ☐ ☐ 입니다.

4 독도는 독특한 지형과 경관을 지닌 ☐ ☐ ☐ 입니다.

5 우리나라는 독도를 ☐ ☐ ☐ ☐ ☐ 제366호로 지정해 보호하고 있습니다.

6 독도에 있는 바위 중 ☐ ☐ ☐ 은 봉우리의 모양이 옛날 관리가 갓 아래 받쳐 쓰던 탕건과 닮아서 붙여진 이름입니다.

7 독도 주변 바다의 밑바닥에는 미래 에너지원으로 주목받는 ☐ ☐ 하이드레이트가 묻혀 있습니다.

8 조선 숙종 때 부산 동래에 살던 어부로, 일본에 가서 울릉도와 독도가 우리 영토임을 확인받고 돌아온 인물은 ☐ ☐ ☐ 입니다.

9 현재 독도는 ☐ ☐ ☐ ☐ ☐ 라는 경찰이 지키고 있습니다

10 독도에 관한 사실을 전 세계 사람들에게 알리는 데 힘쓰고 있는 사이버 외교 사절단은 ☐ ☐ 입니다

❶ 한반도의 미래와 통일 (2)

③ 남북통일이 필요한 까닭

① 남북 분단으로 겪는 어려움 →우리 국토를 효율적으로 활용하지 못하고 있습니다.

- 남북 갈등으로 전쟁이 일어날 수 있다는 공포가 있습니다.
- 이산가족들이 고향을 못가거나 부모형제가 서로 만날 수 없어서 슬픔에 빠져 있습니다.
- 분단으로 남한과 북한이 각각 사용하는 국방비의 비율이 높아 경제적으로 손실을 보고 있습니다.
- 분단이 계속되면서 언어와 문화가 달라졌습니다.

② 남북통일이 필요한 까닭 〔자료 4〕→철도를 이용해서 외국과 더욱 활발하게 교류할 수 있습니다.

- 전쟁의 공포에서 벗어날 수 있습니다.
- 이산가족끼리 서로 만나고 고향에도 갈 수 있습니다.
- 국방비를 줄여서 남는 비용을 국민들의 삶의 질을 높이는 곳에 사용할 수 있습니다.
- 북한의 풍부한 자원과 남한의 높은 기술력을 이용하면 경쟁력 있는 제품을 만들 수 있습니다.

④ 남북통일을 위한 다양한 노력 →앞으로 남북한이 서로에 대한 믿음을 바탕으로 뜻을 같이하는 기회를 늘린다면 남북통일은 평화롭게 진행될 수 있을 것입니다.

정치적 노력	• 1991년에는 남북 화해, 교류, 협력 등의 내용이 담긴 남북 기본 합의서가 채택됨. • 2000년, 2007년, 2018년에는 남북 정상이 만나 한반도 평화를 위해 노력하기로 뜻을 모았음. 〔자료 5〕
경제적 노력	• 남한의 자본과 기술력에 북한의 노동력이 결합한 개성 공단이 활발하게 운영되었던 적이 있음. • 남과 북은 끊어진 도로와 철도를 연결하고 시설을 개선해 교류와 협력을 확대하고자 노력하고 있음.
사회·문화적 노력	• 남과 북은 단일팀을 구성해 올림픽에서 한반도기를 들고 공동 입장함으로써 통일에 대한 희망의 메시지를 전했음. • 2018년 남한의 예술단이 함께 무대를 꾸며 한반도의 평화를 기원했음.

⑤ 지구촌 평화에 기여하는 통일 한국의 모습 →통일 한국은 동북아시아의 평화와 발전을 이끄는 국가가 될 것입니다.

① 통일 한국의 미래 모습 생각해 보기 →평화 통일의 과정을 전 세계에 보여 주어 많은 사람들에게 평화의 중요성을 알릴 수 있습니다.

- 북한 지역의 풍부한 지하자원을 사용할 수 있습니다.
- 중국, 러시아를 지나 유럽의 여러 나라까지도 육로로 갈 수 있습니다.
- 전통문화를 체계적으로 관리하고 계승할 수 있습니다. 〔자료 6〕

② 남북통일이 된다면 북한에서 살던 또래 친구들과 같은 교실에서 공부할 수 있고 백두산이나 금강산으로 여행을 갈 수 있습니다.

〔자료 4〕 **남북통일로 얻을 수 있는 경제적 이익**

- 남는 국방비로 국민들의 삶의 질 향상

남한의 국방비 + 북한의 국방비 = 통일 한국의 국방비 + 남는 비용

- 제품의 국제 경쟁력 향상

북한의 철광석 + 남한의 기술력 = 값싸고 질 좋은 철강 제품

- 철도를 이용한 활발한 교류

유럽   아시아

〔자료 5〕 **남북 정상 회담 개최(2018년)**

남한의 문재인 대통령과 북한의 김정은 국무 위원장이 판문점에서 정상 회담을 했습니다.

〔자료 6〕 **유네스코 인류 무형 문화유산 최초 남북 공동 등재된 '씨름'**

남한과 북한이 공동 등재를 위해 서로 협력하고 국제기구와 국제 사회를 설득한 결과 2018년 11월 26일 유네스코는 인류 무형 문화유산에 남한과 북한이 각각 신청한 '씨름'을 공동 등재하기로 결정했습니다. 이에 따라 씨름은 '씨름, 한국의 전통 레슬링'이란 이름으로 인류 무형유산 목록에 올랐습니다.

남북통일을 위한 노력 조사 방법
- 인터넷 누리집(통일부, 통일 교육원 등), 관련 책이나 신문 기사 등으로 통일을 위한 다양한 노력을 조사합니다.
- 통일을 위해 노력한 사람이나 단체 또는 활동이나 시기에 따라 조사한 내용을 분류합니다.
- 분류한 내용을 바탕으로 알게 된 사실을 정리합니다.

베트남, 예멘, 독일의 통일 과정

베트남	무력으로 통일되었고, 통일 이후에도 이웃 나라들과 전쟁을 치렀다.
예멘	대화로 평화롭게 통일되었으나 내전을 겪으면서 많은 사람이 희생되었다.
독일	교류와 협력을 바탕으로 평화롭게 통일되었고, 주변 국가들과 함께 잘살기 위해 노력했다.

세 나라의 통일 사례를 통해 남북 교류를 확대하고 협력하는 경험을 바탕으로 상대를 존중하고 신뢰해 평화적으로 통일해야 함을 알 수 있습니다.

통일 한국의 모습을 표현하는 방법
- 통일 한국의 모습이 담긴 신문을 만들 수 있습니다.
- 통일 한국에 관한 다양한 모습을 예측한 통일 나무를 만들 수 있습니다.
- 지구촌 평화에 기여하는 통일 한국의 모습을 역할극으로 나타낼 수 있습니다.

용어 풀이
❹ 합의서 당사자들이 합의를 보았음을 증명하는 서류.
❺ 계승 조상의 전통이나 문화유산, 업적 따위를 물려받아 이어 나감.

개념을 확인해요

11 광복 이후 우리나라의 남과 북에는 서로 다른 정부가 수립되었고 6·25 전쟁을 겪으면서 남한과 북한으로 ☐☐ 되었습니다.

12 우리나라는 남북 분단으로 ☐☐ 에 대한 공포, 이산가족의 아픔 등을 겪고 있습니다.

13 남북통일이 되면 북한의 풍부한 ☐☐ 과 남한의 높은 기술력을 이용하여 경쟁력 있는 상품을 만들 수 있습니다.

14 2018년에는 ☐☐☐☐ 이 만나 한반도 평화를 위해 노력하기로 뜻을 모았습니다.

15 남한의 자본과 기술력에 북한의 노동력이 결합한 ☐☐☐☐ 이 활발하게 운영되었던 적이 있습니다.

16 ☐☐☐ 은 무력으로 통일되었고 통일 이후에도 이웃 나라들과 전쟁을 치렀습니다.

17 남과 북은 통일 이전부터 ☐☐ 를 확대하고 서로 협력해서 평화적으로 통일을 이루어야 합니다.

18 남북통일이 되면 중국, 러시아를 지나 유럽의 여러 나라까지도 ☐☐ 로 갈 수 있습니다.

19 남북통일이 되면 주변 국가 사람들도 ☐☐ 롭게 살 수 있습니다.

20 통일 한국은 ☐☐☐☐☐ 의 평화와 발전을 이끄는 국가가 될 것입니다.

핵심 1 우리 땅 독도

🌸 **독도의 위치**
- 우리나라의 동쪽 끝에 있는 섬입니다.
- 동도와 서도인 두 개의 큰 섬과 그 주위에 크고 작은 바위섬 89개로 이루어졌습니다.

🌸 **독도가 우리나라의 영토임을 알 수 있는 자료**

옛 지도	「팔도총도」, 「대일본전도」
옛 기록	『세종실록지리지』 대한 제국 칙령 제41호 제2조

🌸 **독도의 자연환경**

지형	삼형제굴 바위, 한반도 바위, 독립문 바위, 천장굴, 코끼리 바위, 탕건봉 등
동식물	괭이갈매기, 사철나무, 섬기린초 등

- 독특한 지형과 경관을 지닌 화산섬입니다.
- 다양한 동식물이 서식하고 있는 생태계의 보고로, 천연기념물로 지정해 보호하고 있습니다.

1 독도에 있는 두 개의 큰 섬의 이름은 무엇인지 쓰시오.

( )

2 다음과 같은 기록이 나타나 있는 역사적 자료는 무엇입니까? ( )

> "우산(지금의 독도)과 무릉(지금의 울릉도), 두 섬이 울진현의 정동쪽 바다에 있다. 두 섬은 거리가 멀지 않아 날씨가 맑으면 서로 바라볼 수 있다."

① 「팔도총도」
② 「대일본전도」
③ 『세종실록지리지』
④ 대한 제국 칙령 제41호 제2조
⑤ 연합국 최고 사령관 각서 제677호

핵심 2 독도를 지키려는 노력

🌸 **독도를 지키려고 노력한 사람들**

조선 시대	안용복이 일본에 가서 울릉도와 독도가 우리 영토임을 확인받고 돌아옴.
현재	독도 경비대원, 등대 관리원 등 약 50여 명이 거주하며 독도를 지키고 있음.

🌸 **독도를 지키기 위한 정부와 민간단체의 노력**

정부	• 경찰에게 독도를 지키도록 함. • 독도에 등대, 선박 접안 시설, 경비 시설 등을 설치함. • 독도의 생태계를 보호하고 독도를 지속적으로 이용할 수 있도록 여러 법령을 시행함.
민간 단체	• 외국에 독도를 알릴 수 있는 다양한 홍보 활동을 함. • 독도를 잘못 소개한 정보와 자료를 찾아 수정을 요구함.

3 조선 시대에 안용복이 한 일로 옳은 것에 ○표, 옳지 않은 것에 X표 하시오.

(1) 독도에 등대, 선박 접안 시설 등을 설치했다.
( )

(2) 울릉도 인근에서 고기잡이를 하다가 일본에게 쫓겨났다. ( )

(3) 일본에 가서 울릉도와 독도가 우리 영토임을 확인받고 돌아왔다. ( )

4 독도를 지키기 위한 민간단체의 노력으로 알맞은 것을 두 가지 고르시오. (,)

① 독도 경비대를 운영한다.
② 독도에 경비 시설을 설치한다.
③ 독도를 알리는 다양한 홍보 활동을 한다.
④ 독도를 지키기 위한 여러 법령을 시행한다.
⑤ 독도를 잘못 소개한 자료를 찾아 수정을 요구한다.

핵심 3 남북통일이 필요한 까닭

남북 분단으로 겪는 어려움
- 전쟁에 대한 공포
- 이산가족의 아픔
- 높은 국방비 지출로 인한 경제적 손실
- 남북 간의 언어와 문화 차이 발생

남북통일이 필요한 까닭
- 국방비를 줄여서 남는 비용을 국민들의 삶의 질을 높이는 곳에 사용할 수 있습니다.
- 북한의 풍부한 자원과 남한의 높은 기술력을 이용하면 경제력 있는 상품을 만들 수 있습니다.
- 철도를 이용해서 더욱 활발하게 외국과 교류할 수 있습니다.

5 다음 신문 기사를 통해 알 수 있는 문제는 무엇입니까? (   )

> ○○신문   20△△년 △△월 △△일
>
> **올해 설도 임진각에서 합동 차례,**
> **기약 없는 소식에 북녘땅만 바라봐**

① 6·25 전쟁 당시의 상황
② 남한과 북한의 빈부 격차
③ 남북통일을 하면 좋은 점
④ 남북 분단으로 겪는 어려움
⑤ 남북 간의 언어와 문화 차이

6 다음 빈칸에 들어갈 알맞은 말을 쓰시오.

> 남북이 [   ]되면 철도를 이용해서 외국과 더욱 활발하게 교류할 수 있다.

(   )

핵심 4 남북통일을 위한 다양한 노력

정치적 노력	• 남북 화해, 교류, 협력 등의 내용이 담긴 남북 기본 합의서 채택(1991년) • 남북 정상 회담 개최(2000년, 2007년, 2018년)
경제적 노력	• 남한의 자본과 기술력에 북한의 노동력이 결합한 개성 공단 가동(2005년) • 경의선·동해선 연결, 현대화 착공식 (2018년)
사회·문화적 노력	• 남북한 평창 동계 올림픽 선수단 공동 입장(2018년) • 남북 예술단 합동 공연(2018년)

7 남북통일을 위한 경제적 노력에 해당하는 것은 어느 것입니까? (   )

①
▲ 개성 공단 가동

②
▲ 남북 정상 회담 개최

③
▲ 남북 기본 합의서 채택

④
▲ 남북 예술단 합동 공연

8 바람직한 남북통일의 방향으로 알맞지 <u>않은</u> 것을 **보기**에서 골라 기호를 쓰시오.

> **보기**
> ㉠ 평화적 통일을 이룬다.
> ㉡ 남북이 서로 협력한다.
> ㉢ 통일 준비를 철저히 한다.
> ㉣ 통일 이후부터 교류를 확대한다.

(   )

❀ 다음 지도를 보고 물음에 답하시오. [1~2]

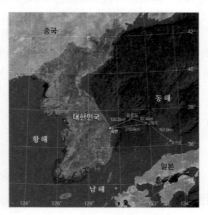

중요✦

1 위 지도에서 우리나라의 동쪽 끝에 있는 섬을 찾아 쓰시오.

(   )

2 위 **1**번 답의 섬은 우리나라의 울릉도와 일본의 오키섬 중 어느 곳과 더 가까운지 쓰시오.

(   )

❀ 다음 옛 지도를 보고 물음에 답하시오. [3~4]

(가)

▲ 「팔도총도」(1531년)

(나)

▲ 「대일본전도」(1877년)

3 위 (가), (나) 지도 중에서 독도가 표기되어 있는 것은 무엇인지 쓰시오.

(   )

서술형

4 앞의 (가), (나) 지도를 보고 독도에 대해 알 수 있는 사실은 무엇인지 쓰시오.

_____

_____

_____

주의

5 독도의 자연환경에 대한 설명으로 옳지 <u>않은</u> 것은 어느 것입니까? (   )

① 독특한 지형과 경관을 지니고 있다.
② 경사가 급하고 봉우리와 동굴 등이 있다.
③ 동도와 서도라고 하는 두 개의 큰 섬이 있다.
④ 섬이 암석으로 이루어져 있어 동식물이 살지 못한다.
⑤ 독도 주변 바다는 차가운 바닷물과 따뜻한 바닷물이 만나 먹이가 풍부하다.

6 독도에서 볼 수 있는 오른쪽 바위의 이름은 무엇입니까? (   )

① 탕건봉
② 독립문 바위
③ 코끼리 바위
④ 한반도 바위
⑤ 삼형제굴 바위

중요✦

7 다음에서 설명하는 것은 무엇인지 쓰시오.

- 독도 주변 바다의 밑바닥에 묻혀 있는 자원이다.
- 천연가스와 물이 결합한 고체 상태의 물질로, 미래 에너지원으로 주목받고 있다.

(   )

8 조선 시대의 어부로, 일본에 가서 울릉도와 독도가 우리 영토임을 확인받고 온 사람은 누구입니까? (　　)

① 이사부
② 안용복
③ 정약용
④ 박지원
⑤ 안정복

9 현재 우리나라의 독도를 지키고 있는 다음 사람들은 누구인지 쓰시오.

(　　　　　　)

10 독도를 지키기 위해 민간단체에서 하고 있는 일을 두 가지 고르시오. (　,　)

① 독도에 놀이 시설을 설치한다.
② 무장을 하고 독도를 직접 지킨다.
③ 외국에 독도를 알리기 위해 다양한 홍보 활동을 한다.
④ 독도의 어업 활동을 할 수 있도록 여러 법령을 시행한다.
⑤ 독도를 잘못 소개한 정보와 자료를 찾아 수정을 요구한다.

서술형

11 다음 신문 기사와 같은 사회 현상이 발생하는 까닭은 무엇 때문인지 쓰시오.

○○신문　　20△△년 △△월 △△일

올해 설도 임진각에서 합동 차례, 기약 없는 소식에 북녘땅만 바라봐

낮과 밤을 가리지 않는 휴전선의 경계

12 남북 분단으로 겪고 있는 어려움이 아닌 것은 어느 것입니까? (　　)

① 전쟁에 대한 공포가 있다.
② 이산가족이 고통을 겪고 있다.
③ 남한과 북한의 언어와 문화가 비슷해지고 있다.
④ 국방비로 쓰이는 비용이 많아 경제적 손실이 크다.
⑤ 남한과 북한의 자원을 효율적으로 이용하지 못하고 있다.

13 남북이 통일되면 좋은 점을 나타낸 것입니다. 다음 ㉠, ㉡에 들어갈 알맞은 말을 쓰시오.

㉠의 철광석 + ㉡의 기술력 = 값싸고 질 좋은 철강 제품

㉠: (　　　　) ㉡: (　　　　)

14 다음 빈칸에 공통으로 들어갈 말을 쓰시오.

> 2018년 11월 26일 유네스코 인류 무형 문화유산에 남한과 북한이 각각 신청한 □□을/를 공동 등재하기로 결정했다. 이에 따라 □□은/는 '한국의 전통 레슬링'이란 이름으로 인류 무형 문화유산 목록에 올랐다.

(   )

15 한반도 평화를 위해 2000년, 2007년, 2018년에 남북 정상이 만나 회담했던 것은 무엇인지 쓰시오.

(   )

16 남북통일을 위한 경제적 노력의 사례로 알맞은 것을 두 가지 고르시오. (,   )

① 개성 공단 가동
② 경의선·동해선 연결
③ 남북 예술단 합동 공연
④ 남북한 평창 동계 올림픽 선수단 공동 입장
⑤ 남북 화해, 교류, 협력 등의 내용이 담긴 남북 기본 합의서 채택

17 다음과 같은 과정을 통해 통일을 이룬 나라를 보기 에서 찾아 쓰시오.

> 보기
>
> 독일   예멘   베트남

(1) 무력으로 통일했고, 통일 이후에도 이웃 나라들과 전쟁을 치렀다. (   )

(2) 교류와 협력을 바탕으로 평화롭게 통일했고, 주변국들과 함께 잘살기 위해 노력했다.

(   )

18 바람직한 남북통일의 방향을 잘못 말한 친구는 누구입니까? (   )

① 통일 이전부터 교류를 확대하고 서로 협력해야 해.
② 통일 준비를 철저히 해야 해.
③ 평화적으로 통일이 이루어져야 해.
④ 전쟁을 통해 북한을 없애는 형식으로 통일을 이루어야 해.

19 다음 그림과 관계 깊은 통일 한국의 미래 모습은 무엇인지 쓰시오.

_____

_____

20 다음은 미래 한국의 모습을 나타낸 신문 기사입니다. 빈칸에 공통으로 들어갈 말은 무엇인지 쓰시오.

> 통일 한국 신문   20△△년 △△월 △△일
>
> □□□ 이후에 우리나라를 찾는 해외 관광객 수가 매년 큰 폭으로 증가하고 있다. 통일 한국 관광청은 지난해 같은 시기에 비해 올해 우리나라를 찾은 관광객이 20%가량 증가했다고 발표했다.
> □□□ 이후 한반도에 전쟁의 위험이 사라지자 더 많은 사람이 한반도의 아름다움을 즐기고자 우리나라를 찾는 것으로 보인다.

(   )

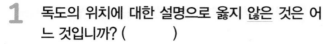

1 독도의 위치에 대한 설명으로 옳지 <u>않은</u> 것은 어느 것입니까? (　　　)

① 울릉도의 동쪽에 위치한다.
② 우리나라의 동쪽 끝에 있다.
③ 북위 37°, 동경 132° 가까이에 위치한다.
④ 행정 구역은 경상북도 울릉군 독도리이다.
⑤ 독도와 가장 가까운 지역은 일본의 오키섬이다.

2 우리나라의 옛 지도인 다음 「팔도총도」를 보고 울릉도의 주변에 있는 우산도는 지금의 어디인지 쓰시오.

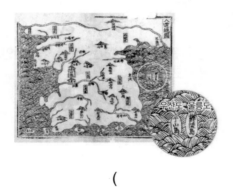

(　　　　　　　　　)

서술형

3 다음 기록을 통해 알 수 있는 사실은 무엇인지 쓰시오.

연합국 최고 사령관 각서 제677호(1946년)

"일본은 일본의 4개 본도(홋카이도, 혼슈, 시코쿠, 규슈)와 약 1,000개의 더 작은 인접 섬들을 포함한다. (인접 섬 중에서) 제외되는 것은 울릉도·리앙쿠르암(지금의 독도) 등이다."

_____

_____

중요

4 우리나라가 독도를 천연기념물로 지정해 보호하고 있는 까닭을 두 가지 고르시오. (　　, 　　)

① 사람이 살지 않는 무인도이기 때문에
② 우리나라에서 가장 큰 섬이기 때문에
③ 일본이 자기네 땅이라고 우기고 있기 때문에
④ 독특한 지형과 자연 경관을 지니고 있기 때문에
⑤ 다양한 동식물이 서식하는 생태계의 보고이기 때문에

2단원

5 오늘날 독도에서 볼 수 있는 지형이나 동식물이 <u>아닌</u> 것은 어느 것입니까? (　　　)

▲ 삼형제굴 바위

▲ 괭이갈매기

▲ 섬기린초

▲ 강치

6 다음 해저 지형도의 ㉠, ㉡에 들어갈 알맞은 지명을 쓰시오.

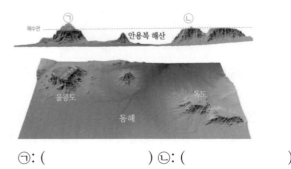

㉠: (　　　　　　　) ㉡: (　　　　　　　)

7 인터넷에서 다음 인물을 검색했을 때 나오는 내용으로 알맞은 것을 두 가지 고르시오. (　　,　　)

안용복

① 독도에 처음으로 주민 등록을 했다.
② 신라의 장군으로 우산국을 신라의 땅으로 병합시켰다.
③ 독도 의용 수비대를 결성하여 독도 경비 활동을 펼쳤다.
④ 일본에 가서 울릉도와 독도가 우리 영토임을 확인받았다.
⑤ 울릉도 인근에서 고기잡이를 하던 일본 어민들을 쫓아냈다.

8 독도를 지키기 위해 정부가 하는 일이 <u>아닌</u> 것은 무엇입니까? (　　　)

① 경찰에게 독도를 지키도록 한다.
② 독도에 여러 가지 시설을 설치한다.
③ 독도를 지속적으로 이용할 수 있도록 여러 법령을 시행한다.
④ 독도의 생태계를 보호하기 위해 사람들이 살지 못하게 한다.
⑤ 독도와 관련된 올바른 정보를 다른 나라 사람들에게 알리려고 노력한다.

9 독도가 우리 영토임을 알리는 다양한 활동 중 다음과 관계 깊은 것은 무엇입니까? (　　　)

① 독도 캐릭터 만들기
② 독도 홍보 포스터 그리기
③ 독도 홍보 동영상 만들기
④ 독도를 지키려고 노력하는 사람 소개하기
⑤ 독도를 지키려고 노력하는 단체 소개하기

10 다음에서 설명하는 민간단체는 무엇인지 쓰시오.

> • 1999년 설립된 사이버 외교 사절단이다.
> • 독도에 관한 사실을 전 세계 사람들에게 알리고, 일본의 억지 주장을 바로 잡는 데 힘쓰고 있다.

(　　　　　　　　　)

❀ 다음 그림을 보고 물음에 답하시오. [11~12]

11 위와 같은 문제가 발생하는 공통적인 원인은 무엇인지 쓰시오.

_____

12 위와 같은 문제를 해결하기 위해 우리 민족이 반드시 이루어야 할 것은 무엇인지 쓰시오.

(　　　　　　　　　)

13 남북통일이 되었을 때의 좋은 점이 <u>아닌</u> 것은 어느 것입니까? (　　　)

① 국방비가 더욱 늘어난다.
② 전쟁의 공포에서 벗어날 수 있다.
③ 남북한의 자원을 효율적으로 사용할 수 있다.
④ 이산가족끼리 서로 만나고 고향에도 갈 수 있다.
⑤ 철도를 이용해서 외국과 더욱 활발하게 교류할 수 있다.

주의

14 독일의 통일에 대한 설명으로 옳은 것은 어느 것입니까? (   )

① 전쟁으로 통일을 이루었다.
② 통일 이전에는 교류가 전혀 없었다.
③ 통일 이후에 전 국토를 골고루 발전시켰다.
④ 경제력이 앞선 동독이 서독을 흡수하는 형식으로 통일이 이루어졌다.
⑤ 통일이 완벽하게 이루어지지 않은 상태에서 경제 상황이 나빠져 내전이 일어났다.

15 남북통일을 위한 정치적 노력의 사례입니다. 일어난 순서대로 바르게 정리된 것은 어느 것입니까?
(   )

> ㉠ 남북 교류의 움직임이 나타나기 시작했다.
> ㉡ 남북 화해, 교류, 협력 등의 내용이 담긴 남북 기본 합의서가 채택되었다.
> ㉢ 남한의 문재인 대통령과 북한의 김정은 국무 위원장이 판문점에서 정상 회담을 했다.

① ㉠ → ㉡ → ㉢   ② ㉠ → ㉢ → ㉡
③ ㉡ → ㉠ → ㉢   ④ ㉡ → ㉢ → ㉠
⑤ ㉢ → ㉠ → ㉡

16 다음에서 설명하고 있는 것은 무엇인지 쓰시오.

• 남북 경제 협력의 대표적인 사례이다.
• 남한의 자본과 기술력에 북한의 노동력을 결합해 조성된 공업 단지이다.

(   )

서술형

17 다음과 같은 모습을 통해 알 수 있는 사실은 무엇인지 쓰시오.

▲ 남북한 평창 동계 올림픽 선수단 공동 입장

▲ 남북 예술단 합동 공연

_____

_____

18 남과 북이 단일팀을 구성해 올림픽 개막식에서 공동 입장할 때 들었던 깃발은 무엇인지 쓰시오.

(   )

중요

19 통일 한국의 모습과 거리가 먼 것은 어느 것입니까? (   )

① 전쟁에 대한 두려움이 커질 것이다.
② 북한의 풍부한 지하자원을 사용할 수 있을 것이다.
③ 동북아시아의 평화와 발전을 이끄는 나라가 될 것이다.
④ 전통문화를 체계적으로 관리하고 계승할 수 있을 것이다.
⑤ 중국, 러시아를 지나 유럽의 여러 나라까지도 육로로 갈 수 있을 것이다.

20 통일이 되면 자유롭게 갈 수 있는 우리나라에서 가장 높은 산은 어디입니까? (   )

① 금강산   ② 묘향산
③ 백두산   ④ 한라산
⑤ 지리산

1 다음과 같은 독도에 대한 옛 지도와 옛 기록을 통해 알 수 있는 사실은 무엇인지 쓰시오.

「팔도총도」(1531년)

우산도(지금의 독도)가 표기되어 있음.

대한 제국 칙령 제41호 제2조(1900년)

"(울릉) 군청의 위치는 태하동으로 정하고 구역은 울릉전도(鬱陵全島)와 죽도(지금의 대섬), 석도(지금의 독도)를 관할할 것."

_____

_____

2 다음 글을 읽고 물음에 답하시오.

> 안용복은 조선 숙종 때 부산 동래에서 살았다. 어느 날 안용복은 울릉도 인근에서 고기잡이를 하던 중 일본 어민을 발견하고, 이를 꾸짖다가 일본으로 잡혀갔다. 그는 울릉도와 독도가 우리나라 영토임을 주장하고, 이를 확인하는 문서를 일본으로부터 받아 냈다. 그러나 돌아오면서 쓰시마섬 도주에게 그 문서를 빼앗기고 말았다. 이후 울릉도 인근에서 고기잡이를 하던 일본 어민을 발견하고, 일본에 건너가 울릉도와 독도가 우리나라의 영토임을 일본으로부터 다시 확인하고 돌아왔다.

(1) 안용복이 일본 정부로부터 확인받은 사실은 무엇인지 쓰시오.

_____

_____

(2) 오늘날에 정부와 민간단체는 독도를 지키려고 어떤 노력을 하고 있는지 쓰시오.

① 정부: _____

_____

② 민간단체: _____

_____

관련 핵심 개념

독도에 대한 옛 지도와 옛 기록

• 「팔도총도」: 현존하는 우리나라 옛 지도 중 우산도(지금의 독도)가 표기된 가장 오래된 지도입니다.

• 대한 제국 칙령 제41호 제2조: 칙령이란 임금이 내린 명령이라는 뜻으로, 울릉도에 울릉 군청을 두고 독도까지 맡도록 하게 한다고 쓰여 있습니다.

관련 핵심 개념

독도를 지키려는 노력

조선 시대	안용복이 일본에 가서 울릉도와 독도가 우리 영토임을 확인받았음.
오늘날	• 독도 경비대가 독도를 지키고 있음. • 사이버 외교 사절단 반크가 독도에 관한 사실을 전 세계 사람들에게 알리고, 일본의 억지 주장을 바로 잡는 데 힘쓰고 있음.

3 다음 그림을 보고 남북 분단으로 인해 어떤 어려움을 겪고 있는지 쓰시오.

(1)

(2)

_____

_____

_____

_____

관련 핵심 개념 ▶

남북통일이 필요한 까닭

• 전쟁의 공포에서 벗어날 수 있습니다.

• 이산가족끼리 서로 만나고 고향에도 갈 수 있습니다.

• 국방비를 줄여 삶의 질을 높이는 데 사용할 수 있습니다.

• 전통문화와 역사를 함께 발전시켜 나갈 수 있습니다.

2 단원

4 남북통일을 위한 다양한 노력을 보고 물음에 답하시오.

(가)

▲ 남북 예술단 합동 공연 (2018년)

(나)

▲ 남북 정상 회담 개최 (2018년)

(다)

▲ 개성 공단 가동 (2005년)

(라)

▲ 남북한 평창 동계 올림픽 선수단 공동 입장(2018년)

(마)

▲ 남북 기본 합의서 채택 (1991년)

(바)

▲ 경의선·동해선 연결, 현대화 착공식(2018년)

(1) 위의 (가)~(바)를 다음과 같이 구분하여 기호를 쓰시오.

정치적 노력	경제적 노력	사회·문화적 노력

(2) 남북통일을 위한 위의 다양한 노력을 보고 알 수 있는 사실은 무엇인지 쓰시오.

_____

_____

관련 핵심 개념 ▶

남북통일을 위한 노력

• 1991년에 남북 화해, 교류, 협력 등의 내용이 담긴 남북 기본 합의서가 채택되었습니다.

• 2000년, 2007년, 2018년에 남북 정상 회담이 개최되었습니다.

• 남과 북의 도로와 철도를 연결했습니다.

• 남한의 자본과 기술력에 북한의 노동력이 결합된 개성 공단이 가동되었습니다.

• 2018년에 남북한 예술단이 강릉, 서울, 평양에서 공연을 했습니다.

• 남북한의 선수단이 하나가 되어 국제 대회에 출전했습니다.

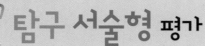
1 다음은 독도에서 볼 수 있는 지형과 동식물입니다. 물음에 답하시오.

(가)

(나)

(다)

(라)

(마)

(바)

(1) 위의 (가)~(바)는 무엇인지 다음 **보기** 에서 찾아 쓰시오.

> **보기**
>
> 탕건봉, 섬기린초, 사철나무, 괭이갈매기, 코끼리 바위, 삼형제굴 바위

(2) 위의 자료를 바탕으로 독도를 천연기념물로 지정한 까닭을 쓰시오.

_____

_____

관련 핵심 개념

독도의 자연환경

• 우리나라에서 가장 오래된 화산섬으로 독특한 지형과 경관을 지니고 있습니다.

• 경사가 급하고 대부분 암석으로 이루어져 있지만 다양한 동식물이 서식하는 생태계의 보고입니다.

2 다음 글을 읽고 지리적·역사적 증거를 제시하여 독도가 우리 땅이라는 사실을 설명하시오.

> 일본의 시네마현은 2005년부터 2월 22일을 '죽도의 날'로 정해, 매년 독도에 대한 여론을 불러일으키기 위한 행사를 개최하고 있다. 또한 일본의 초중등학교 교과서에는 독도가 자국 영토라는 잘못된 주장이 실려 있기도 하다.

(1) 지리적 증거: _____

_____

(2) 역사적 증거: _____

_____

관련 핵심 개념

독도는 우리 땅

• 옛 지도와 옛 기록에는 독도가 우리나라의 영토라는 사실이 나타나 있습니다.

• 우리나라의 소중한 영토의 한 부분인 독도에 관심을 갖고 독도를 소중히 지키고자 노력해야 합니다.

3 다음 그림을 보고 남북통일이 필요한 까닭은 무엇인지 쓰시오.

(1)

남한의 국방비 + 북한의 국방비 = 통일 한국의 국방비 + 남는 비용

_____

_____

_____

(2)

북한의 철광석 + 남한의 기술력 = 값싸고 질 좋은 철강 제품

_____

_____

_____

관련 핵심 개념

남북 분단으로 겪는 어려움

• 전쟁에 대한 공포

• 이산가족의 아픔

• 국방비 과다 지출 및 남북의 자원을 효율적으로 이용하지 못함으로써 발생하는 경제적 손실

• 남북 간의 언어와 문화 차이

2
단원

4 다음 세 나라의 통일 사례를 보고 물음에 답하시오.

- (가) : 남북 사이의 치열한 전쟁을 거쳐 1976년에 통일을 공식 선언했다. 그러나 통일 후에도 5년 동안 캄보디아, 중국과 전쟁을 계속해 많은 사람이 다치거나 죽고 시설들이 파괴되었다.

- (나) : 남북 정상 회담과 통일 협상을 거쳐 1990년에 통일을 공식 선언했다. 그러나 남북 통합이 완전하게 되지 않은 상태에서 경제 상황이 나빠지자 내전이 일어나 많은 사람이 큰 피해를 입었다.

- (다) : 경제력이 앞선 서독이 동독을 흡수하는 형식으로 1990년에 통일을 공식 선언했다. 동·서독은 통일 이전에도 비교적 활발히 교류하고 협력했다. 통일 이후에 전 국토를 골고루 발전시키고, 이웃 나라들과 함께 평화롭게 잘살려고 노력해 유럽의 중심 국가로서 그 역할을 다하고 있다.

(1) 위의 (가)~(다) 사례에 해당하는 나라는 어디인지 쓰시오.

(가)	(나)	(다)

(2) 위 세 나라의 통일 사례를 참고하여 바람직한 남북통일의 방향은 어떠해야 하는지 쓰시오.

_____

_____

관련 핵심 개념

통일을 위한 노력

남북한이 서로에 대한 믿음을 바탕으로 교류와 협력을 늘려 나간다면 남북통일이 평화롭게 진행될 수 있을 것입니다.

❷ 지구촌의 평화와 발전 (1)

❶ 지구촌 갈등의 원인과 문제점

① 지구촌의 다양한 갈등 사례

시리아 내전❶	독재 정치와 종교❷ 문제로 국내에 크고 작은 전쟁이 계속되면서 대규모 난민이 발생하고 있음.
이스라엘과 팔레스타인의 갈등	유대교를 믿는 이스라엘과 이슬람교를 믿는 팔레스타인의 다툼은 1948년 이후 계속되어 왔는데 하나의 지역을 서로 자기 땅이라고 주장하고 있음. 자료 1
나이지리아 내전	언어, 민족, 종교가 서로 다른 250여 개의 종족들이 협력하지 못해 독립 이후 38년 동안 전쟁이 일곱 번 발생하는 등 불안정한 상태가 지속되고 있음. 자료 2
메콩강 유역 갈등	중국, 미얀마, 라오스, 타이, 캄보디아, 베트남을 흐르는 메콩강 상류에 중국이 거대한 댐을 건설해 물의 양을 조절하자 주변 나라들이 크게 반발함. 자료 3

② 지구촌 갈등의 원인과 해결 노력 → 다른 곳의 갈등으로 영향을 받게 된 사례에는 유럽의 난민 문제, 르완다 내전이 주변 나라 전쟁으로 확대된 경우 등이 있습니다.

갈등의 원인	영토, 자원, 종교, 언어, 인종, 민족, 역사, 정치 등의 다양한 원인이 복합적으로 얽혀 있음.
해결 노력	갈등을 겪는 지역뿐만 아니라 다른 여러 국가와 연결되어 있어 짧은 시간에 해결되기 어렵고, 문제를 해결하려면 여러 사람이 노력해야 함.

❷ 지구촌의 갈등을 평화롭게 해결하는 방법

① 지구촌 갈등이 사라지지 않고 지속되는 까닭

- 국가들이 지켜야 하는 강력한 법이 없기 때문입니다.
- 다양한 사람들이 서로 다른 생각을 하고 자기 이익을 먼저 생각하기 때문입니다.
- 강대국이 과거의 잘못을 책임지지 않고 오히려 어려운 나라를 이용해 이익만 얻으려고 하기 때문입니다.
- 역사적으로 오랫동안 쌓여 온 미움과 갈등이 커져서 화해하려는 의지가 없기 때문입니다.

지구촌 문제 해결에 관심을 갖도록 누리 소통망 서비스로 여러 나라에 요청할 수도 있습니다.

② 지구촌의 갈등을 평화롭게 해결하는 방법을 토의하고 실천하기 예

- 지구촌 갈등 해결을 위한 홍보 동영상 만들기
- 지구촌 갈등으로 어려움을 겪는 친구들을 돕는 모금 활동 하기
- 지구촌 문제에 관심을 갖고 지구촌 문제에 대한 정보 찾아보기

③ 지구촌 갈등은 관련 있는 국가만의 문제가 아니라 지구촌 전체의 문제이기도 합니다. 우리가 지구촌 갈등을 해결하기 위해 서로 노력한다면 평화로운 지구촌을 만들 수 있습니다.

자료 1 이스라엘과 팔레스타인의 갈등

이스라엘   팔레스타인

지중해 동쪽에 있는 팔레스타인은 약 3,000여 년 전 유대교 국가인 이스라엘 왕국이 세워졌다가 로마 제국에 멸망되었습니다. 로마가 무너지자 이슬람교를 믿는 팔레스타인 사람들이 들어와 살았고, 1800년대 후반부터 유대인들이 팔레스타인 땅을 되찾고자 모여들기 시작하면서 갈등이 시작되었습니다.

자료 2 나이지리아의 언어 민족 구분

나이지리아는 1960년 영국으로부터 독립했지만 언어, 민족, 종교가 서로 다른 250여 개의 종족들이 각자의 이익을 추구하면서 국가 내 협력이 이루어지지 않고 있습니다.

자료 3 메콩강 유역에서 갈등이 발생한 까닭

▲ 메콩강의 위치

- 여러 나라에 속한 물 자원을 어느 한 국가가 많이 가지려고 하기 때문입니다.
- 주로 벼농사를 짓고 사는 나라들인데 물이 부족하면 식량난에 처할 수 있기 때문에 서로 양보할 수 없는 문제가 되었습니다.

🍀 한 나라 안에서 일어난 문제가 지구촌 전체의 문제가 될 수 있는 까닭

문제가 심해지면 살 곳을 잃은 사람들이 다른 나라에 도움을 청하는 등 갈등 상황이 주변으로 번지기도 하기 때문입니다.

🍀 전쟁을 겪고 있는 지역 어린이들의 어려움

• 폭격으로 건물이 무너져 목숨을 잃거나 부모를 잃고 고아가 되기도 합니다.
• 먹을 것과 깨끗한 물이 부족해 질병에 걸리고, 집을 잃어 헤매거나 학교에 갈 수도 없게 됩니다.

🍀 다른 나라의 갈등으로 우리나라가 영향을 받은 사례

• 우리나라에도 난민이 들어오고 있습니다.
• 전쟁 중인 나라에 군인을 파견하거나 구호품을 보냅니다.
• 테러 문제가 심각한 경우 해외여행을 갈 때 검사를 철저히 합니다.

🍀 지구촌 분쟁을 줄이자는 의미를 담은 공익 광고

▲ 광고 포스터　　▲ 설치 모습

총을 쏘면 결국 자신도 피해를 보게 된다는 의미로, 전쟁을 일으키면 모두가 피해를 보게 된다는 것을 알리고자 하는 공익 광고입니다.

용어 풀이

❶ 내전　한 나라 안에서 일어나는 전쟁을 말함.
❷ 난민　전쟁, 재해 등으로 자기 나라를 떠나 머물 곳을 찾아 헤매는 사람.

✏️ 개념을 확인해요

1 세계 여러 나라에서는 다양한 이유로 ☐☐이 일어나고 있습니다.

2 유대교를 믿는 ☐☐☐☐과 이슬람교를 믿는 ☐☐☐☐의 다툼은 1948년 이후 지금까지 계속 되어 왔습니다.

3 ☐☐☐☐☐는 250여 개의 종족들이 대립하면서 내전이 발생하고 있습니다.

4 ☐☐☐은 중국, 미얀마, 라오스, 타이, 캄보디아, 베트남을 흐르는 강인데 상류에 중국이 거대한 댐을 건설하면서 갈등이 생겼습니다.

5 ☐☐☐ 갈등의 문제는 갈등을 겪는 지역뿐만 아니라 다른 여러 나라 국가들과 연결되어 있습니다.

6 시리아 내전으로 살 곳을 잃고 머물 곳을 찾아 헤매는 ☐☐이 대규모로 발생했습니다.

7 전쟁이 일어나면 가장 큰 피해를 입는 사람은 어린이나 노인, 여자들과 같이 ☐☐☐ 사람들입니다.

8 ☐☐이 일어나면 폭격으로 건물이 무너지고 어린이들이 목숨을 잃거나 고아가 되기도 합니다.

9 지구촌 갈등이 지속되는 까닭은 국가들이 지켜야 하는 강력한 ☐이 없기 때문입니다.

10 지구촌 평화는 ☐☐☐들의 끊임없는 노력으로 지속될 수 있습니다.

❷ 지구촌의 평화와 발전 (2)

국가들이 모여서 문제를 함께 해결하려고 만든 조직입니다.

③ 지구촌 갈등 해결을 위한 국제기구와 국가들의 노력

① 1945년 설립된 국제 연합(UN)은 지구촌의 평화 유지, 전쟁 방지, 국제 협력 활동을 하는 단체입니다. 자료 4

② 국제 연합(UN) 산하 전문 기구 → 유엔 난민 기구(UNHCR)는 전쟁으로 살 곳을 잃은 난민들을 돕고 있습니다.

국제 노동 기구(ILO)	전 세계적인 노동 문제를 다루고 있음.
유네스코 (UNESCO)	교육, 과학, 문화 분야 등에서 다양한 국제 교류를 하면서 국제 평화를 추구하고 있음.
국제 원자력 기구(IAEA)	원자력 에너지를 평화적이고 안전한 방법으로 이용할 수 있도록 노력하고 있음.

③ 우리나라가 지구촌 평화를 위해 하는 일 자료 5

▲ 한국 국제 협력단의 봉사 활동

▲ 국제 연합의 평화 유지군 파견

▲ 국제기구 활동 참여

④ 지구촌 갈등 해결을 위한 개인과 비정부 기구의 노력

① 지구촌 갈등을 해결하고자 노력한 사람들

간디	인도인 인종 차별과 억압에 대해 비폭력적 방법으로 투쟁함으로써 인류 평화에 이바지했음.
이태석 신부	남수단에서 의료 봉사와 교육에 헌신하여 '한국의 슈바이처'라고 불렸음.
조디 윌리엄스	국제 지뢰 금지 운동 단체를 설립하고 123개 나라가 더는 지뢰를 사용하지 않겠다는 약속을 이끌어 내었음.

② 비정부 기구: 뜻이 같은 개인들이 모여 지구촌 갈등과 문제를 해결하려고 활동하는 조직입니다. 자료 6 → 스스로 생각하는 것을 국가나 다른 단체의 간섭을 받지 않고 자유롭게 해 보기 위해 만들었습니다.

국경 없는 의사회	인종이나 종교, 성별 등과 관계없이 의료 도움이 필요한 사람들을 돕는 단체
그린피스	지구 환경과 평화를 지키고자 다양한 방법으로 핵 실험 반대, 자연 보호 운동 등을 하는 단체

⑤ 지구촌 평화와 발전을 위해 비정부 기구를 만들어 실천하기

1단계	2단계	3단계
친구들과 비정부 기구 조직하기	어린이 비정부 기구 활동 계획 세우기	실천하기

자료 4 국제 연합(UN)을 만든 까닭

▲ 평화를 상징하는 유엔기

제1, 2차 세계 대전으로 많은 사람이 다치거나 죽고 전쟁에 참여한 나라들은 큰 피해를 입었습니다. 이를 계기로 세계는 평화로운 방법으로 갈등을 해결하는 것이 중요하다는 점을 깨닫고 국제 연합을 만들었습니다.

자료 5 지구촌 평화를 위한 정부의 활동

- 전쟁이나 환경 파괴를 막고자 관련 조약에 가입합니다.
- 다른 나라를 돕고 여러 나라들과 관계를 우호적으로 유지할 수 있도록 다양한 외교 활동을 펼치고 있습니다.

자료 6 다양한 비정부 기구

- **세이브 더 칠드런**: 아동의 생존과 보호를 돕고 이를 시민들의 참여를 실현하고자 활동합니다.
- **해비타트**: 가난한 지역과 전쟁, 자연재해 등으로 터전을 잃어버린 사람들에게 집을 지어 주고 있습니다.
- **핵무기 폐기 국제 운동(ICAN)**: 유엔 핵무기 금지 협약을 끌어내 2017년 노벨 평화상 수상자로 선정되었습니다.
- **지뢰 금지 국제 운동(ICBL)**: 전 세계에 지뢰의 위험성을 알려 지뢰를 제거하고 희생자들의 인권을 보호하려고 노력하고 있습니다.
- **국제 앰네스티**: 국제 인권 단체로, 각 국가 정부에 범죄가 아닌 종교나 민족, 차별 때문에 감옥에 있는 사람들을 석방하라는 편지를 쓰는 활동을 하고 있습니다.

국제기구

국가들이 모여서 지구촌 문제를 함께 해결하려고 만든 조직으로 국제 연합(UN), 국제 올림픽 위원회(IOC), 유럽 연합(EU), 세계 무역 기구(WTO) 등이 대표적인 국제기구입니다.

한국 국제 협력단(KOICA)

1991년 4월 설립된 외교통상부 산하 정부 출연 기관입니다. 우리나라와 개발 도상국과의 우호 협력 관계 및 상호 교류를 증진하고 이들 국가들의 경제 사회 발전을 지원함으로써 국제 협력을 증진하는 것을 그 목적으로 합니다.

군대 없는 나라 '코스타리카'

1949년에 발표한 헌법에서 군대 창설을 금지하는 법령을 발표하고, 군대 비용을 줄이기 시작했습니다. 군사비를 줄인 돈을 아이들의 교육과 복지에 투자해 모든 아이가 무료로 의료 진료를 받을 수 있게 되었습니다.

국제기구와 비정부 기구의 차이점

- 비정부 기구는 정부나 국가와 상관이 없어서 국가 이익과 관계없이 활동할 수 있습니다.
- 각 나라 정부들이 모인 국제기구와 달리 비정부 기구는 인권, 환경, 보건, 빈곤 퇴치, 성 평등 등 특정 분야에 관심 있는 사람들이 스스로 모여서 국경을 넘어 문제를 해결하려고 노력하고 있습니다.

용어 풀이

- ❸ 지뢰 땅속에 묻어 두고, 그 위를 사람이나 차량 따위가 지나가면 폭발하도록 만든 폭약.
- ❹ 조약 국가 간의 권리와 의무를 국가 간의 합의에 따라 법적 구속을 받도록 규정하는 행위.
- ❺ 외교 다른 나라와 정치적, 경제적, 문화적 관계를 맺는 일.

개념을 확인해요

11 ☐☐☐☐ (UN)은 지구촌의 평화 유지, 전쟁 방지, 국제 협력을 하는 단체입니다.

12 ☐☐☐☐ 는 교육, 과학, 문화 분야에서 다양한 교류를 하면서 국제 평화를 추구하고 있습니다.

13 우리나라는 전쟁이나 환경 파괴 등을 막고자 관련 ☐☐ 에 가입합니다.

14 우리나라는 지구촌의 평화를 위해 국제 연합(UN)에 ☐☐☐☐☐ 을 파견하기도 합니다.

15 ☐☐ 는 인도인 인종 차별과 억압에 대해 비폭력적 방법으로 투쟁함으로써 인류 평화에 이바지했습니다.

16 ☐☐☐ 신부는 남수단에서 의료 봉사와 교육에 헌신해 '한국의 슈바이처'로 불렸습니다.

17 ☐☐☐☐☐ 는 뜻이 같은 개인들이 모여 지구촌의 여러 문제를 해결하고자 활동합니다.

18 ☐☐☐ 는 지구 환경과 평화를 지키고자 다양한 방법으로 핵 실험 반대, 자연 보호 운동 등을 합니다.

19 ☐☐☐☐☐☐☐ 은 아동의 생존과 보호, 발달을 추구하고 이를 위한 시민들의 참여를 실천하고자 활동하는 비정부 기구입니다.

20 국제 앰네스티는 1962년 각 국가 정부에 범죄가 아닌 종교나 민족, 차별 때문에 감옥에 있는 사람들을 석방하라는 ☐☐ 를 쓰기 시작했습니다.

개념을 다져요

핵심 1 지구촌 갈등의 원인과 문제점

시리아 내전	독재 정치와 종교 문제로 국내에 크고 작은 전쟁이 계속 되고 있어 대규모 난민이 발생함.
이스라엘과 팔레스타인의 갈등	유대교를 믿는 이스라엘과 이슬람교를 믿는 팔레스타인의 다툼은 1948년 이후 계속되어 왔는데 계속된 갈등으로 많은 사람이 다치거나 죽었음.
나이지리아 내전	언어, 민족, 종교가 서로 다른 250여 개의 종족들은 협력하지 못해 독립 이후 38년 동안 전쟁이 일곱 번 발생하는 등 불안정한 상태가 지속되고 있음.
메콩강 유역 갈등	중국, 미얀마, 라오스, 타이, 캄보디아, 베트남을 흐르는 메콩강 상류에 중국이 거대한 댐을 건설해 물의 양을 조절하자 주변 나라들이 크게 반발함.

1 다음과 같은 갈등을 겪고 있는 두 나라는 어디인지 쓰시오.

역사적으로 이곳은 우리가 살던 곳이고 유대교 성서에도 기록되어 있으니 우리 땅이 맞습니다.

지금 우리가 살고 있는 곳인데 갑자기 유대인이 주인이라니요? 그리고 우리는 이슬람교를 믿어요.

(   )

2 여러 나라에 속한 물 자원을 한 국가가 많이 가지려고 하기 때문이 갈등이 발생하고 있는 ㉠ 강의 이름을 쓰시오.

(   )

핵심 2 지구촌 갈등을 평화롭게 해결하는 방법

🌸 지구촌 갈등이 지속되는 까닭

• 강력한 국제법이 없기 때문입니다.
• 사람들이 자기 이익을 먼저 생각하기 때문입니다.
• 강대국이 어려운 나라를 이용해 이익만 얻으려고 하기 때문입니다.
• 오랫동안 쌓여 온 미움과 갈등이 커져서 화해하려는 의지가 없기 때문입니다.

🌸 지구촌 갈등을 평화롭게 해결하는 방법을 토의하고 실천하기

▲ 지구촌 갈등으로 어려움을 겪는 친구들을 돕는 모금 활동 하기   ▲ 지구촌 문제에 관심을 갖고 지구촌 문제에 대한 정보 찾아보기

3 지구촌 갈등이 사라지지 않고 지속되는 까닭으로 옳은 것에 ○표, 옳지 않은 것에 ✕표 하시오.

(1) 강력한 국제법이 있기 때문이다. (   )
(2) 각 나라가 다른 나라의 이익을 먼저 생각하기 때문이다. (   )
(3) 역사적으로 오랫동안 쌓여 온 미움과 갈등이 커져서 화해하려는 의지가 없기 때문이다. (   )

4 지구촌 갈등을 평화롭게 해결하는 방법을 모둠별로 토의한 후 실천하려고 합니다. 실천 방법으로 알맞은 것을 다음에서 모두 찾아 기호를 쓰시오.

> ㉠ 지구촌 갈등 해결을 위한 홍보 동영상 만들기
> ㉡ 지구촌 갈등으로 어려움을 겪는 친구들을 돕는 모금 활동 하기
> ㉢ 지구촌 문제보다는 연예인 문제에 관심을 갖고 개인 정보 찾아보기

(   )

핵심 3 지구촌 갈등 해결을 위한 국제기구의 노력

🌸 국제 연합(UN)

- 지구촌의 평화 유지, 전쟁 방지, 국제 협력 활동을 하는 국제기구입니다.
- 평화로운 방법으로 갈등을 해결하는 것이 중요하다는 점을 깨닫고 국제 연합을 만들었습니다.
- 국제 연합에는 국제 노동 기구(ILO), 유엔 난민 기구(UNHCR), 유네스코(UNESCO), 국제 원자력 기구(IAEA) 등 다양한 전문 기구들이 설립되어 있습니다.

🌸 우리나라가 지구촌 평화를 위해 하는 일

▲ 한국 국제 협력단의 봉사 활동　▲ 국제 연합의 평화 유지군 파견

5 1945년에 설립되어 지구촌의 평화 유지, 전쟁 방지, 국제 협력을 하는 국제기구는 무엇인지 쓰시오.

(　　　　　)

6 우리나라와 개발 도상 국가와의 협력 및 교류를 증진하고 이들 국가의 경제 사회 발전을 위해 다음과 같은 활동을 하는 곳은 어디인지 쓰시오.

(　　　　　)

핵심 4 지구촌 갈등 해결을 위한 개인과 비정부 기구의 노력

🌸 지구촌 갈등을 해결하고자 노력한 사람들

간디	인도인 인종 차별과 억압에 대해 비폭력적 방법으로 투쟁함으로써 인류 평화에 이바지했음.
이태석 신부	남수단에서 의료 봉사와 교육에 헌신하여 '한국의 슈바이처'라고 불렸음.
조디 윌리엄스	국제 지뢰 금지 운동 단체를 설립하고 123개 나라가 더는 지뢰를 사용하지 않겠다는 약속을 이끌어 냈음.

🌸 비정부 기구의 활동

국경 없는 의사회	인종이나 종교, 성별 등과 관계없이 의료 도움이 필요한 사람들을 도움.
그린피스	핵 실험 반대, 자연 보호 운동 등을 함.
세이브 더 칠드런	아동의 생존과 보호를 돕고 이를 위한 시민들의 참여를 실현하고자 함.

7 인도인 인종 차별과 억압에 대해 비폭력적 방법으로 투쟁함으로써 인류 평화에 이바지한 인물은 누구인지 쓰시오.

(　　　　　)

8 전 세계 어린이의 생존과 보호를 돕고 이를 위한 시민들의 참여를 실현하고자 활동하는 비정부 기구는 무엇입니까? (　　)

① 그린피스
② 유네스코
③ 해비타트
④ 국경 없는 의사회
⑤ 세이브 더 칠드런

1 다음 자료에서 알 수 있는 이스라엘과 팔레스타인 갈등의 원인을 두 가지 고르시오. (,   )

역사적으로 이곳은 우리가 살던 곳이고 유대교 성서에도 기록되어 있으니 우리 땅이 맞습니다.

지금 우리가 살고 있는 곳인데 갑자기 유대인이 주인이라니요? 그리고 우리는 이슬람교를 믿어요.

이스라엘   팔레스타인

① 자원   ② 영토
③ 인종   ④ 종교
⑤ 경제

중요

2 다음과 같은 갈등을 겪고 있는 나라는 어디입니까? (   )

> 1960년 영국으로부터 독립했지만 언어, 민족, 종교가 서로 다른 250여 개의 종족들은 서로 협력하지 못했다. 독립 이후 38년 동안 전쟁이 일곱 번 발생하는 등 불안정한 상태가 지속되고 있다.

① 예멘   ② 시리아
③ 베트남   ④ 르완다
⑤ 나이지리아

3 메콩강을 둘러싼 갈등을 겪고 있는 나라가 <u>아닌</u> 곳은 어디입니까? (   )

① 타이   ② 인도
③ 중국   ④ 베트남
⑤ 캄보디아

4 지구촌 갈등에 대한 설명으로 옳지 <u>않은</u> 것은 어느 것입니까? (   )

① 짧은 시간에 해결되기 어렵다.
② 다양한 원인이 복합적으로 얽혀 있다.
③ 갈등이 일어난 지역에만 피해를 준다.
④ 갈등을 해결하려면 여러 사람이 노력해야 한다.
⑤ 한 나라 안에서 일어난 문제가 지구촌의 문제가 되기도 한다.

5 전쟁이 일어난 지역의 어린이들이 겪는 어려움으로 알맞지 <u>않은</u> 것은 어느 것입니까? (   )

① 부모를 잃고 고아가 되기도 한다.
② 학교에 갈 수 없고 친구를 만날 수 없다.
③ 폭격으로 엄청난 소음과 공포 속에 지낸다.
④ 어린이들은 부모님의 보호 아래 안전하게 지낸다.
⑤ 먹을 것과 깨끗한 물이 부족해 질병에 걸리기도 한다.

중요

6 지구촌 갈등이 사라지지 않고 지속되는 까닭을 <u>보기</u>에서 모두 골라 기호를 쓰시오.

> **보기**
> ㉠ 강력한 국제법이 있기 때문이다.
> ㉡ 지구촌 갈등은 한 가지 원인에 의해 발생하기 때문이다.
> ㉢ 다양한 사람들이 서로 다른 생각을 하고 자기 이익을 먼저 생각하기 때문이다.
> ㉣ 역사적으로 오랫동안 쌓여 온 미움과 갈등이 커져서 화해하려는 의지가 없기 때문이다.

(   )

주의

7 다음 모둠 친구들이 토의하고 있는 주제로 알맞은 것은 어느 것입니까? (　　　)

지구촌 갈등을 해결하자는 내용으로 홍보 동영상을 만들면 어떨까?

지구촌 갈등 문제로 어려움을 겪는 친구들을 도울 수 있게 모금을 하면 어떨까?

여러 나라에 지구촌 문제를 해결하는데 관심을 갖도록 요청하면 좋을 것 같아.

① 지구촌 갈등의 원인
② 지구촌 갈등 문제의 심각성
③ 지구촌 갈등이 잘 해결되지 않는 까닭
④ 지구촌 갈등을 평화롭게 해결하는 방법
⑤ 지구촌 갈등 해결을 위한 각 국가의 노력

중요

8 다음 빈칸에 공통으로 들어갈 말을 쓰시오.

지구촌 평화는 구성원들의 끊임없는 [　　　] 으로 지속될 수 있다. 세계 여러 나라들은 서로 연결되어 있으므로 우리가 지구촌 평화를 지키는 [　　　]을 시작한다면 지구촌 평화를 위한 힘이 될 수 있다.

(　　　　　　　　)

서술형

9 다음은 지구촌 갈등을 줄이자는 의미를 담은 공익 광고입니다. 이 광고가 의미하는 것은 무엇인지 쓰시오.

▲ 광고 포스터　　　▲ 설치 모습

_____

_____

중요

10 다음에서 밑줄 친 '이 단체'는 무엇인지 쓰시오.

　　제1, 2차 세계 대전으로 많은 사람이 다치거나 죽고 전쟁에 참여한 나라들은 큰 피해를 입었다. 이를 계기로 세계는 평화로운 방법으로 갈등을 해결하는 것이 중요하다는 점을 깨닫고 이 단체를 만들었다.

(　　　　　　　　)

2단원

11 전쟁 등으로 살 곳을 잃은 난민들을 돕고 있는 국제 연합 산하 전문 기구는 무엇입니까? (　　　)

① 유네스코(UNESCO)
② 국제 통화 기금(IMF)
③ 국제 노동 기구(ILO)
④ 국제 원자력 기구(IAEA)
⑤ 유엔 난민 기구(UNHCR)

12 지구촌 평화를 위해 우리나라가 노력하고 있는 일이 아닌 것은 어느 것입니까? (　　　)

① 핵무기 개발
② 국제기구 활동 참여
③ 평화를 위한 외교 활동
④ 국제 연합의 평화 유지군 파견
⑤ 환경 파괴를 방지하는 관련 조약 가입

13 다음에서 설명하는 것은 무엇인지 쓰시오.

• 1991년에 우리나라 정부가 설립한 단체이다.
• 해외 봉사단 파견, 물자 지원 등을 통해 개발 도상 국가의 경제 사회 발전을 지원한다.

(　　　　　　　　)

14 1949년에 헌법에서 군대 창설을 금지하는 법령을 발표했으며, 군사비를 줄인 돈을 아이들의 교육과 복지에 투자해 모든 아이가 무료로 진료를 받을 수 있게 된 나라는 어디인지 쓰시오.

( )

15 다음에서 설명하고 있는 인물은 누구입니까?

( )

> 남아프리카 공화국에서 일어났던 인도인 인종 차별과 억압에 대해 비폭력적 방법으로 투쟁함으로써 인류 평화에 이바지했다.

① 링컨　　　　　② 간디
③ 넬슨 만델라　　④ 마틴 루서 킹
⑤ 조디 윌리엄스

중요

16 비정부 기구에 대한 설명으로 옳지 않은 것은 어느 것입니까? ( )

① 국가의 간섭을 받지 않는다.
② 자기 나라의 이익을 위해 활동한다.
③ 국경을 넘어 문제를 해결하려고 노력한다.
④ 최근 국제 사회에서 비정부 기구의 활동이 중요해지고 있다.
⑤ 뜻이 같은 개인들이 모여 지구촌 여러 문제를 해결하고자 활동하는 조직이다.

17 다음에서 설명하는 비정부 기구는 어디인지 쓰시오.

> • 인종이나 종교, 성별 등과 관계없이 의료 도움이 필요한 사람들을 돕는 단체이다.
> • 의료 지원을 받지 못하거나 전쟁, 질병, 자연재해 등으로 고통받는 사람들을 돕고자 노력하고 있다.

( )

중요

18 다음 비정부 기구와 기구의 활동 내용을 바르게 선으로 이으시오.

(1) 해비타트 · · ㉠ 아동의 생존과 보호를 돕고 있음.

(2) 세이브 더 칠드런 · · ㉡ 유엔 핵무기 금지 협약을 이끌어 냄.

(3) 핵무기 폐기 국제 운동 · · ㉢ 터전을 잃어버린 사람들에게 집을 지어 줌.

19 규민이네 반 친구들은 어린이 비정부 기구를 만들어 실천할 수 있는 일을 찾아보기로 했습니다. 가장 먼저 해야 할 일은 무엇입니까? ( )

① 비정부 기구 로고를 만든다.
② 비정부 기구 활동 계획을 세운다.
③ 각자 어떤 역할을 맡을지 정한다.
④ 비정부 기구 활동 계획을 실천한다.
⑤ 비슷한 주제에 관심이 있는 친구들끼리 비정부 기구를 조직한다.

서술형

20 다음 글의 이트카는 국제기구 활동에 어떻게 도움을 주었는지 쓰시오.

> 제2차 세계 대전 직후 전쟁의 피해가 컸던 체코슬로바키아의 이트카 삼코바라는 일곱 살 소녀가 음식과 의료품을 보내주어 감사하다는 그림을 그려 유니세프에 보냈다. 유니세프 직원이 이트카의 그림을 포스터와 크리스마스 카드를 만들어서 사람들에게 보냈고 많은 사람들이 그 그림에 감동을 받아 유니세프의 활동에 동참했다.

1 지구촌에서 발생하고 있는 문제 중 다음과 가장 관계 깊은 것은 무엇입니까? (   )

① 인구
② 전쟁
③ 사막화
④ 환경 오염
⑤ 인종 차별

2 다음 빈칸에 공통으로 들어갈 강은 무엇입니까?
(   )

> ☐은 중국, 미얀마, 라오스, 타이, 캄보디아, 베트남을 흐르는 강이다. 그런데 2010년에 중국이 ☐ 상류에 거대한 댐을 건설해 흐르는 물의 양을 조절했다. 다른 나라들은 중국이 마음대로 물을 막았다며 크게 반발했다.

① 나일강
② 메콩강
③ 황허강
④ 아마존강
⑤ 유프라테스강

3 우리나라가 다른 나라의 갈등에 영향을 받은 사례와 거리가 먼 것은 어느 것입니까? (   )

① 전쟁 중인 나라에 군인을 파견한다.
② 전쟁 중인 나라에 구호품을 보낸다.
③ 우리나라에도 난민이 들어오고 한다.
④ 르완다 내전이 주변 나라 전쟁으로 확대되고 있다.
⑤ 테러 문제가 심각한 경우 해외여행을 갈 때 검사를 철저히 한다.

❋ 다음 글을 읽고 물음에 답하시오. [4~5]

> 내전이 벌어지고 있는 시리아 알레포에 사는 일곱 살의 바나 알라베드는 누리 소통망 서비스(SNS) 계정을 만들어 자신이 겪는 일들을 올렸다. 전쟁으로 폐허가 된 도시의 모습과 폭격이 시작될 때 두려워하며 집안 구석에 숨는 모습들을 누리 소통망 서비스에 올려 세계 모든 이들에게 도움을 호소했다.

4 위 글의 바나 알라베드가 알리고자 한 것은 무엇입니까? (   )

① 시리아의 역사
② 자신의 하루 일과
③ 시리아 내전의 원인
④ 지구촌 갈등의 해결 방법
⑤ 시리아 내전의 참혹한 상황

서술형

5 폭격이 계속 이어지고 하루 아침에 마을이 폐허가 된 지역에 살고 있는 어린이들의 마음은 어떠할지 쓰시오.

_____

_____

주요

6 다음 빈칸에 들어갈 알맞은 말을 쓰시오.

지구촌 갈등이 사라지지 않고 지속되는 까닭은 무엇일까?

국가들이 지켜야 하는 강력한 ☐이/가 없기 때문이야.

(   )

규민이가 세계 여러 나라의 갈등을 주제로 이모와 나눈 대화입니다. 다음 물음에 답하시오. [7~8]

지구촌 갈등이 일어나는 지역이 많군요.

지역마다 ⟨ ㉠ ⟩이/가 다른 경우가 많기 때문이야. 서로 이해하고 살면 좋겠지만 다툼이 시작되면 쉽게 끝나지 않지.

한 나라 안에서 일어난 문제가 지구촌 전체의 문제가 될 수 있나요?

문제가 심해지면 _____ _____

7 위의 ㉠에 들어갈 말로 알맞지 <u>않은</u> 것은 어느 것입니까? (   )

① 민족   ② 종교
③ 생각   ④ 인권
⑤ 믿음

서술형

8 위의 밑줄 친 곳에 들어갈 알맞은 대답은 무엇인지 쓰시오.

_____

_____

9 지구촌 갈등을 평화롭게 해결하는 방법을 모둠별로 토의하고 실천하는 모습입니다. 어떤 활동 모습인지 빈 곳에 알맞은 말을 써 넣어 완성하시오.

지구촌 갈등으로 어려움을 겪는
친구들을 돕는 ⟨   ⟩ 하기

10 다음에서 설명하는 것은 무엇인지 쓰시오.

- 국가들이 모여서 지구촌 문제를 함께 해결하려고 만든 조직이다.
- 대표적인 단체에는 국제 연합(UN), 국제 올림픽 위원회(IOC), 유럽 연합(EU) 등이 있다.

(   )

중요

11 국제 연합(UN)에 대한 설명으로 옳지 <u>않은</u> 것은 어느 것입니까? (   )

① 1945년 설립되었다.
② 미국 뉴욕에 본부가 있다.
③ 강대국의 이익을 위해 활동한다.
④ 국제 연합에는 다양한 전문 기구들이 설립되어 있다.
⑤ 지구촌의 평화 유지, 전쟁 방지, 국제 협력 활동을 한다.

12 교육, 과학, 문화 등에서 다양한 국제 교류를 하면서 국제 평화를 추구하고 있는 국제 연합 산하 전문 기구는 무엇입니까? (   )

① 유네스코
② 유니세프
③ 국제 노동 기구
④ 유엔 난민 기구
⑤ 국제 원자력 기구

서술형

13 우리나라가 지구촌 평화를 위해 노력하고 있는 사례에는 무엇이 있는지 쓰시오.

_____

_____

14 다음 ㉠, ㉡에 들어갈 알맞은 말을 쓰시오.

> 우리나라는 전쟁이나 환경 파괴를 막고자 관련 ┌─㉠─┐에 가입하거나 다른 나라를 돕고 여러 나라들과 관계를 우호적으로 유지할 수 있도록 다양한 ┌─㉡─┐ 활동을 펼치고 있다.

㉠: (   ) ㉡: (   )

중요

15 아프리카 남수단에서 의료 봉사와 교육에 헌신해 '한국의 슈바이처'로 불렸던 인물은 누구인지 쓰시오.

(   )

16 다음 중 비정부 기구에 속하지 않는 것은 어느 것 입니까? (   )

①
▲ 국경 없는 의사회

②
▲ 국제 원자력 기구

③
▲ 해비타트

④
▲ 그린피스

중요

17 다음 빈칸에 들어갈 비정부 기구는 무엇인지 쓰시오.

> 1970년 어빙 스토와 도로시 부부, 짐 볼린과 마리 부부 등 몇몇 사람들이 핵을 사용하면 위험하다는 공동의 의견을 모아 반핵 단체를 만들었다. 이 단체와 같은 의견을 가진 사람들은 '개인의 평화적 행동이 긍정적인 변화를 이끌어낼 수 있다.'는 신념으로 1971년 ┌──────┐을/를 설립했다. 이 단체는 지구 환경과 평화를 지키고자 다양한 방법으로 핵 실험 반대, 자연 보호 운동 등을 한다.

(   )

18 전 세계 어린이를 위해 활동하는 비정부 기구는 어느 것입니까? (   )

① 옥스팜   ② 해비타트
③ 국제 앰네스티   ④ 국경 없는 의사회
⑤ 세이브 더 칠드런

주의

19 오른쪽 로고를 사용하는 비정부 기구는 어떤 활동을 하는 단체입니까?

(   )

① 인권
② 보건
③ 성 평등
④ 동물 보호
⑤ 빈곤 퇴치

서술형

20 우리 어린이들이 비정부 기구의 활동에 참여할 수 있는 방법에는 무엇이 있는지 쓰시오.

_____

_____

탐구 서술형 평가 1 회

1 다음 그림을 보고 물음에 답하시오.

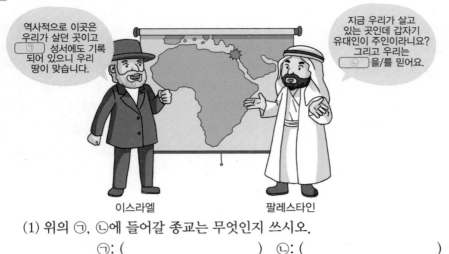

역사적으로 이곳은 우리가 살던 곳이고 ⊙ 성서에도 기록되어 있으니 우리 땅이 맞습니다.

지금 우리가 살고 있는 곳인데 갑자기 유대인이 주인이라니요? 그리고 우리는 ⓒ 을/를 믿어요.

이스라엘   팔레스타인

(1) 위의 ⊙, ⓒ에 들어갈 종교는 무엇인지 쓰시오.

⊙: (   )   ⓒ: (   )

(2) 위의 그림을 보고 이스라엘과 팔레스타인의 갈등이 발생한 까닭은 무엇인지 쓰시오.

_____

_____

관련 핵심 개념

이스라엘과 팔레스타인의 갈등

• 지중해 동쪽에 위치한 팔레스타인 지역에서는 수십 년간 전쟁이 계속되고 있습니다.

• 유대교를 믿는 이스라엘의 유대인과 이슬람교를 믿는 팔레스타인의 아랍인들이 이 지역을 차지하기 위해 싸움을 벌이고 있습니다.

• 이 갈등에는 정치, 역사, 종교 등 여러 가지 이유가 얽혀 있습니다.

2 지구촌 갈등을 줄이자는 의미를 담은 다음 공익 광고를 보고 물음에 답하시오.

▲ 광고 포스터   ▲ 설치 모습

(1) 위 광고를 보고 내가 생각한 공익 광고의 의미는 무엇인지 쓰시오.

_____

(2) 위 광고를 참고하여 내가 생각한 의미가 잘 드러나도록 광고의 문구를 만들어 쓰시오.

┌─────────────────────────────────────┐
│   │
└─────────────────────────────────────┘

관련 핵심 개념

지구촌 평화 유지

• 지구촌 평화는 구성원들의 끊임없는 노력으로 지속될 수 있습니다.

• 세계 여러 나라들은 서로 연결되어 있으므로 우리가 지구촌 평화를 지키는 노력을 시작한다면 지구촌 평화를 위한 힘이 될 수 있습니다.

3 다음은 국제기구에서 하는 일입니다. 물음에 답하시오.

전 세계의 노동 문제를 다루는 곳이랍니다.

교육, 과학, 문화 분야 등에서 다양한 국제 교류를 하면서 국제 평화를 추구하고 있어요.

원자력 에너지를 평화적이고 안전한 방법으로 이용할 수 있도록 노력하고 있지요.

국제 노동 기구   유엔 난민 기구   유네스코   국제 원자력 기구

(1) 위 기구들이 속해 있는 국제기구는 무엇인지 쓰시오.

(   )

(2) 위의 유엔 난민 기구에서 하는 활동은 무엇인지 쓰시오.

_____

4 다음 기구들의 활동 모습을 보고 물음에 답하시오.

(가)

▲ 국경 없는 의사회

(나)

▲ 그린피스

(다)

▲ 세이브 더 칠드런

(라)

▲ 해비타트

(1) 위와 같은 기구들을 통틀어 무엇이라고 하는지 쓰시오.

(   )

(2) 위의 기구들은 국제기구와 어떤 차이점이 있는지 쓰시오.

_____

관련 핵심 개념

국제 연합(UN)

· 1945년 설립된 단체로 지구촌의 평화 유지, 전쟁 방지, 국제 협력 활동을 하는 단체입니다.

· 국제 연합에는 다양한 전문 기구들이 설립되어 있으며, 세계 여러 나라가 서로 협력해 지구촌 갈등을 해결하려고 노력하고 있습니다.

2 단원

관련 핵심 개념

지구촌 갈등 해결을 위한 여러 단체의 노력

· **국경 없는 의사회**: 인종이나 종교, 성별 등과 관계없이 의료 도움이 필요한 사람들을 돕습니다.

· **그린피스**: 지구 환경과 평화를 지키려고 다양한 방법으로 핵 실험 반대, 자연 보호 운동 등을 합니다.

· **세이브 더 칠드런**: 아동의 생존과 보호, 발달을 추구하고 이를 위한 시민들의 참여를 실현하고자 활동합니다.

· **해비타트**: 가난한 지역과 전쟁, 자연재해 등으로 터전을 잃어버린 사람들에게 집을 지어 주고 있습니다.

❸ 지속 가능한 지구촌 (1)

❶ 지구촌에서 나타나는 다양한 환경 문제 [자료 1]

지속 가능한 미래를 위해서 환경을 지키고 보존해야 할 책임이 있지만, 지구촌 환경은 점점 황폐해져 가고 있습니다.

해양 오염	일상생활에서 사용하고 버리는 플라스틱 쓰레기 때문에 해양 동물과 생태계가 큰 피해를 입고 있음.
아마존 열대 우림 파괴	브라질은 경제 개발을 위해서 아마존 지역을 개발하려고 하고 그 과정에서 아마존 열대 우림의 파괴가 급속도로 진행되고 있음. →아마존 열대 우림은 지구의 허파라고 불립니다.
사라지는 산호초	산호가 하얗게 변하며 죽어가는 산호 백화 현상이 전 세계 바다 곳곳에서 진행되고 있음.
지구 온난화	화석 연료의 사용이 늘어나 이산화탄소 배출량이 증가하면서 지구의 평균 기온이 상승하고 있음.

❷ 지구촌 환경 문제를 해결하기 위한 노력

① 지구촌 환경 문제 해결을 위한 다양한 노력 [자료 2]

개인	기업
환경 캠페인 참여하기, 일회용품 줄이기, 친환경 제품 사용하기, 에너지 절약하기 등	친환경 제품 생산하기, 친환경 소재 개발하기, 쓰레기 감소 및 에너지 절약하기 등
국가	세계
전 세계 195개의 나라가 지구 온난화의 원인이 되는 온실가스 배출을 줄이는 '파리 기후 협정'에 동의함.	세계 자연 보호 기금은 기후 변화 문제의 심각성을 알리고자 세계인이 함께 참여하는 '지구촌 전등 끄기' 캠페인 활동을 매년 개최하고 있음.

② 지구촌 환경 문제를 해결하기 위해 필요한 자세: 나와 우리를 넘어서 미래의 세대를 위해 환경 문제에 관심을 가지고 서로 협력하며 실천하려는 노력이 필요합니다.

❸ 환경을 생각하는 생산과 소비 생활

① 환경을 생각하는 생산 활동 [자료 3]
- 인도에서는 숟가락을 쓰고 나서 먹을 수 있는 친환경 숟가락이 개발되어 판매되고 있습니다. └─수수, 쌀, 밀가루를 혼합해 만들어져서 다 쓰고 나면 먹을 수 있으며, 먹지 않고 버린다 하더라도 땅 속에서 분해가 됩니다.
- 플라스틱 쓰레기 문제를 줄이고자 밀, 고구마, 옥수수, 감자 전분, 해조류 등의 생분해성 재료로 만든 일회용품이 개발되고 있습니다.
- 환경을 생각하며 생산된 닭이나 달걀을 구입하면 건강을 해치지 않고 환경을 오염시키지 않는 음식을 먹을 수 있습니다.

② 환경과 조화를 추구하는 생산과 소비 활동의 좋은 점: 우리의 건강과 환경을 지킬 수 있으며, 자원을 절약하고 환경 오염을 줄임으로써 지속 가능한 미래를 이룰 수 있습니다.

[자료 1] 지속 가능한 미래

지구촌의 사람들이 오늘날의 발전뿐만 아니라 미래 세대의 환경과 발전을 위해 책임감 있게 행동해 지구촌의 지속 가능성을 높여 나가는 것입니다.

[자료 2] 일회용 비닐봉지 규제

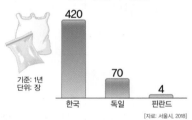

1인당 비닐봉지 사용량

기준: 1년
단위: 장

[자료: 서울시 2018]

비닐봉지로 인한 환경 문제를 해결하고 지속 가능한 미래를 만들고자 대형 할인점, 제과점, 슈퍼마켓 등에서 일회용 비닐봉지 사용이 금지되었습니다. 매장에서는 일회용 비닐봉지 대신 재사용 종량제 봉투, 장바구니, 종이봉투 등을 고객에게 제공해야 합니다.

[자료 3] 과자 생산이 생태계에 미치는 영향

1 평소에 쉽게 살 수 있는 과자

2 과자 생산에 필요한 팜유

3 많은 팜유를 생산하기 위해 열대 삼림과 초원 파괴

4 열대의 삼림과 초원이 줄어들어 살기 어려워진 동물들

파리 기후 협정

2015년 12월 12일, 프랑스 파리에서 '파리 기후 협정'이 이루어졌습니다. 전 세계 195개의 나라가 지구 온난화의 원인이 되는 온실가스 배출을 줄이기 위한 협정에 동의했습니다.

지구촌 환경 문제를 해결하기 위해 활동하는 국제기구나 환경 단체

유엔 환경 계획(UNEP), 국제 자연 보존 연맹(IUCN), 세계 자연 보호 기금(WWF), 그린피스 등이 있습니다.

친환경 상품의 생산과 소비 과정
(예) 무항생제 달걀과 친환경으로 키운 닭)

• 환경을 생각하는 생산
 – 좁은 닭장이 아닌 넓고 쾌적한 환경에서 보다 건강한 닭을 키울 수 있습니다.
 – 닭이 건강하기 때문에 병에 걸리지 않도록 항생제를 맞을 필요가 없습니다.
 – 닭의 배설물을 흙과 함께 처리해 퇴비로 활용할 수 있기 때문에 환경 오염을 줄일 수 있습니다.
• 환경을 생각하는 소비
 – 신선한 달걀과 건강한 닭을 먹을 수 있어서 우리 몸에 이롭습니다.
 – 친환경적으로 생산된 달걀이나 닭을 더 많이 소비할수록 친환경적으로 생산되는 달걀이나 닭의 수가 늘어날 것입니다.

용어 풀이

❶ 우림 적도에서 볼 수 있는 무성한 열대 식물이 이룬 숲.
❷ 소재 어떤 것을 만드는 데 바탕이 되는 재료.
❸ 생분해성 물질이 미생물에 의하여 분해되는 성질.

개념을 확인해요

1 무분별한 개발로 인해 지구의 허파라고 불리는 ☐ ☐ ☐ 열대 우림이 파괴되고 있습니다.

2 산호가 하얗게 변하며 죽어가는 산호 ☐ ☐ 현상이 전 세계 바다 곳곳에서 진행되고 있습니다.

3 지구 ☐ ☐ ☐ 때문에 지구의 평균 기온이 상승하고 있습니다.

4 지속 가능한 미래를 만들기 위해 대형 할인점, 제과점, 슈퍼마켓 등에서 ☐ ☐ ☐ 비닐봉지 사용이 금지되었습니다.

5 지구촌 환경 문제를 해결하기 위해 기업에서는 ☐ ☐ ☐ 소재를 개발합니다.

6 2015년 12월 12일, 전 세계 195개 나라가 온실가스 배출을 줄이는 ☐ ☐ ☐ ☐ ☐ ☐ 을 체결했습니다.

7 환경 문제는 어느 한 지역의 문제가 아니라 ☐ ☐ ☐ 모든 사람의 문제입니다

8 숟가락을 쓰고 나서 먹을 수 있는 ☐ ☐ ☐ 숟가락이 개발되어 판매되고 있습니다.

9 ☐ ☐ 을 생각하는 생산과 소비 활동으로 우리의 건강을 지킬 수 있습니다

10 자원을 절약하고 환경 오염을 줄임으로써 지속 가능한 ☐ ☐ 를 이룰 수 있습니다.

❸ 지속 가능한 지구촌 (2)

④ 빈곤과 기아 문제를 해결하기 위한 노력

① 빈곤과 기아에 시달리고 있는 세계 여러 나라 사람들의 모습 [자료 4]

- 여전히 많은 어린이가 영양을 제대로 공급받지 못해 발육 부진을 겪고 있습니다. [자료 5]
- 가족의 생계를 위해 학교에 못 가고 일을 해야 하는 어린이가 있습니다.
- 가뭄이 계속되어 물과 식량이 부족해서 빈곤 문제가 심각해집니다.

② 빈곤과 기아 문제를 해결하기 위한 지구촌 사람들의 노력

- 빈곤과 기아 문제에 처한 사람들을 돕고자 모금 활동을 하고 물건, 식량 등을 지원합니다. → 빈곤과 기아 문제는 그 지역만의 문제가 아니라 지구촌 모두와 연결된 문제임을 알고 서로 협력해 문제를 해결하려고 노력해야 합니다.
- 빈곤 때문에 교육을 받지 못하는 학생이 교육을 받을 수 있도록 힘씁니다.
- 가뭄에 강한 작물을 키울 수 있도록 돕습니다.

⑤ 문화적 편견과 차별이 없는 미래를 만들기 위한 노력

① 문화적 편견과 차별 사례 ㉡ → 다른 나라의 문화를 존중하지 못하고 자신의 기준에서 함부로 판단하고 있습니다.

우리는 종교적인 이유로 소고기를 먹지 않는데 사람들이 이를 가볍게 생각할 때가 있어요.	우리는 낮잠을 자는 문화가 있어요. 그런데 이 문화를 오해해 우리를 게으른 사람이라고 생각하는 사람들이 많아요.	우리는 즐겨 먹는 전통 음식인데 이 음식을 잘 모르는 사람들이 함부로 평가할 때가 있어요.

② 문화적 편견과 차별 문제를 해결하기 위한 노력

- 지구촌의 다양한 역사와 문화를 배우고 체험할 수 있는 행사를 엽니다.
- 편견과 차별을 함께 해결하기 위해 상담을 지원하고 필요한 도움을 제공합니다. → 편견과 차별을 극복하고 다양성을 존중하는 교육 활동을 합니다.
- 서로의 문화를 존중하고 공감하는 사회를 만들기 위해 캠페인, 홍보 활동 등을 합니다. [자료 6]

→ 전 세계의 평화와 발전을 생각하며 지구촌의 일원으로서 책임감을 가진 사람입니다.

⑥ 지속 가능한 미래를 위해 세계 시민으로서 갖춰야 할 태도

① 세계 시민: 지구촌 문제가 우리의 문제임을 알고 이를 해결하기 위해 협력하는 자세를 지닌 사람을 말합니다.

② 세계 시민으로서 지녀야 할 자세: 서로의 다름과 다양성을 존중해야 하며, 지구촌 문제 해결에 책임감을 갖고 적극적으로 동참해야 합니다.

③ 세계 시민으로서 우리가 일상생활에서 실천할 수 있는 일

- 친환경 표시가 있는 물건을 구입합니다.
- 빈곤과 기아 문제를 해결하기 위해 기부합니다.
- 문화가 다른 친구들을 이해하고 존중합니다.

자료 4 세계 기아 지도

전체 인구 중 영양 결핍 비율

- 각 나라의 전체 인구 중 영양실조 등 굶주림 문제를 겪고 있는 사람들의 비율을 파악해 지도에 나타낸 것입니다.
- 기아 문제가 주로 많이 나타나는 곳은 아프리카 지역, 인도 등입니다.
- 유럽이나 미국 등에서는 영양 결핍 비율이 낮게 나타나고 있습니다.
- 기아 문제로 고통을 겪고 있는 지역이 많음을 알 수 있습니다.

자료 5 기아 문제

어린 아이들이 영양을 공급받지 못해 제대로 성장하지 못하고 있습니다.

자료 6 세계 문화 다양성의 날

국제 연합은 매년 5월 21일을 '대화와 발전을 위한 세계 문화 다양성의 날'로 제정했습니다. 세계 문화 다양성의 날은 세계 각국의 다양한 문화적 가치를 이해하고 다양성을 존중하며 조화롭게 살아감으로써 민족 간 갈등과 대립을 극복하고자 제정되었습니다.

빈곤과 기아 문제를 해결하기 위한 지구촌 사람들의 노력

▲ 구호 활동

빈곤과 기아 문제를 해결하려고 지구촌 사람들은 모금 활동, 구호 활동, 캠페인, 교육 지원, 농업 기술 지원 등 다양한 노력을 하고 있습니다. 빈곤과 기아 문제가 그 지역의 문제가 아니라 지구촌 모두와 연결된 문제임을 알고 서로 협력하여 문제를 해결하려고 노력해야 합니다.

문화적 편견과 차별이 계속되는 까닭

서로 다른 문화를 존중하지 않고 자신의 문화를 기준으로 함부로 판단하기 때문입니다.

세계 시민으로서의 자세를 갖지 못했을 때 생길 수 있는 일

• 나, 우리 가족, 우리나라만 생각하게 되어 결국 모두가 피해를 받을 것입니다.
• 내가 무심코 한 행동으로 지구촌에 사는 어느 누군가가 큰 피해를 보게 될지 모릅니다.

용어 풀이

❹ **빈곤** 가난해 생활하는 것이 어려운 상태.
❺ **기아** 먹을 것이 없어 굶주리는 것.
❻ **편견** 공정하지 못하고 한쪽으로 치우친 생각.
❼ **공감** 남의 감정, 의견, 주장 따위에 대하여 자기도 그렇다고 느낌.

개념을 확인해요

11 가난해 생활하는 것이 어려운 상태를 □□ 이라고 합니다.

12 □□ 이 계속되어 물과 식량이 부족해서 빈곤 문제가 심각해지고 있습니다.

13 세계에서 기아 문제가 심각하게 나타나고 있는 곳은 □□□□ 대륙입니다.

14 빈곤과 기아 문제에 처한 사람들을 돕고자 모금 활동을 하고 물건, 식량 등을 □□ 합니다.

15 세계 곳곳에서는 문화가 다르다는 이유로 □ □ 과 차별에 고통받는 사람들이 있습니다.

16 문화적 편견과 차별이 계속되고 있는 까닭은 자신의 □□ 를 기준으로 함부로 판단하기 때문입니다.

17 편견과 차별 문제를 극복하기 위해 □□□ 을 존중하는 교육 활동을 합니다.

18 지구촌 문제가 우리의 문제임을 알고 이를 해결하기 위해 협력하는 자세를 지닌 사람을 □□□ 이라고 합니다.

19 세계 시민으로서 지구촌 문제 해결에 □□ □ 을 갖고 적극적으로 동참해야 합니다.

20 세계 시민으로서 우리는 □□□ 표시가 있는 물건을 구입합니다.

핵심 1   지구촌에서 나타나는 다양한 환경 문제

🌸 지구촌 환경 문제

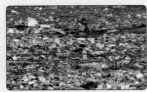

▲ 플라스틱 쓰레기로 인한 해양 오염   ▲ 파괴되고 있는 아마존 열대 우림

▲ 산호 백화 현상이 진행된 산호초   ▲ 중금속 발암 물질이 다량 함유된 초미세 먼지 증가

🌸 지구촌 환경 문제 해결을 위한 다양한 노력

개인	환경 캠페인 참여하기, 일회용품 줄이기, 친환경 빨대 사용하기 등
기업	친환경 제품 생산, 친환경 소재 개발, 에너지 절약 등
국가	전 세계 195개의 나라가 온실가스 배출을 줄이는 '파리 기후 협정'에 동의함.
세계	세계인이 참여하는 '지구촌 전등 끄기' 캠페인 활동을 매년 벌이고 있음.

1 지구촌에서 나타나고 있는 환경 문제로 알맞은 것에 ◯표 하시오.

(1) 사라지는 산호초   (   )

(2) 파괴되는 열대 우림   (   )

(3) 줄어드는 대기 오염, 살아나는 숲 (   )

2 지구촌 환경 문제를 해결하기 위한 개인의 노력으로 알맞지 <u>않은</u> 것은 어느 것입니까? (   )

① 물건을 아껴 쓴다.

② 대중교통을 이용한다.

③ 가까운 거리는 자동차를 타고 간다.

④ 환경 문제에 관심을 갖고 캠페인에 참여한다.

⑤ 적정 온도를 유지해 냉난방 에너지를 절약한다.

핵심 2   환경을 생각하는 생산과 소비 생활

🌸 친환경 상품의 생산과 소비 과정

㈎ 무항생제 달걀과 친환경으로 키운 닭

환경을 생각하는 생산	• 닭을 좁은 닭장이 아닌 넓고 쾌적한 환경에서 더 건강하게 키울 수 있음. • 닭의 배설물을 흙과 함께 처리해 퇴비로 활용할 수 있기 때문에 환경 오염을 줄일 수 있음.
환경을 생각하는 소비	• 신선한 달걀과 건강한 닭을 먹을 수 있어서 우리 몸에 이로움. • 친환경적으로 생산된 달걀이나 닭을 더 많이 소비할수록 친환경적으로 생산되는 달걀이나 닭의 수가 늘어날 것임.

🌸 환경과 조화를 추구하는 생산과 소비 활동의 좋은 점

• 우리의 건강과 환경을 지킬 수 있습니다.

• 자원을 절약하고 환경 오염을 줄임으로써 지속 가능한 미래를 이룰 수 있습니다.

3 환경을 생각하며 생산된 닭이나 달걀을 구입했을 때 좋은 점을 모두 고르시오. (   )

① 건강한 닭과 달걀을 얻을 수 있다.

② 건강을 해치지 않는 음식을 먹을 수 있다.

③ 배설물을 흙과 함께 처리해 땅이 오염된다.

④ 항생제가 환경을 오염시키는 문제를 줄일 수 있다.

⑤ 좁은 닭장에서 많은 닭을 키울 수 있어 가격이 싸진다.

4 다음 빈칸에 들어갈 알맞은 말을 쓰시오.

> ☐ 을/를 생각하는 생산과 소비 활동은 우리의 건강과 환경을 지킬 수 있다.

(   )

핵심 3 빈곤과 기아 문제를 해결하기 위한 노력

❀ 세계 여러 나라의 빈곤과 기아 문제

어린 아이들이 영양을 제대로 공급받지 못해 발육 부진을 겪고 있다.

가뭄이 계속되어 물과 식량이 부족해져서 빈곤 문제가 심각해지고 있다.

❀ 빈곤과 기아 문제를 해결하기 위한 노력

- 모금 활동, 구호 활동, 캠페인, 교육 지원, 농업 기술 지원 등 다양한 노력을 하고 있습니다.
- 지구촌 모두와 연결된 문제임을 알고 서로 협력하여 문제를 해결하려고 노력해야 합니다.

5 다음 지도의 빈칸에 들어갈 알맞은 말은 어느 것입니까? (   )

세계 [   ] 지도

전체 인구 중 영양 결핍 비율

| 1단계(5%) 미만, 국회 낮은 국가 | 2단계(5~9%), 아주 낮은 국가 | 3단계(10~19%), 비교적 낮은 국가 |
| 4단계(20~34%), 비교적 높은 국가 | 5단계(35% 이상, 아주 높은 국가 | 자료 없음 |

① 부자   ② 기아
③ 난민   ④ 내전
⑤ 환경 문제

6 빈곤과 기아 문제를 해결하기 위한 지구촌의 노력과 거리가 먼 것은 무엇입니까? (   )

① 구호 활동   ② 모금 활동
③ 화석 연료 사용   ④ 교육 여건 개선
⑤ 농업 기술 지원

핵심 4 세계 시민으로서의 태도

❀ 문화적 편견과 차별 문제를 해결하기 위한 노력

- 지구촌의 다양한 역사와 문화를 배우고 체험할 수 있는 행사를 엽니다.
- 편견과 차별을 함께 해결하기 위해 상담을 지원하고 필요한 도움을 제공합니다.
- 편견과 차별을 극복하고 다양성을 존중하는 교육 활동을 합니다.

❀ 지속 가능한 미래를 위한 세계 시민으로서의 태도

세계 시민	지구촌 문제가 우리의 문제임을 알고 이를 해결하기 위해 협력하는 사람
세계 시민의 자세	• 서로의 다름과 다양성을 존중해야 함. • 지구촌 문제 해결에 책임감을 갖고 적극적으로 동참해야 함.

7 문화적 편견과 차별 문제를 해결하기 위한 노력으로 알맞은 것에 ○표 하시오.

(1)

자기 문화의 우수성 강조하는 교육 활동을 한다.

(   )

(2)

지구촌의 다양한 문화를 체험할 수 있는 행사를 연다.

(   )

8 다음과 같은 태도를 지닌 사람을 무엇이라고 부르는지 쓰시오.

- 서로의 다름과 다양성을 존중한다.
- 지구촌 문제 해결에 책임감을 갖고 적극적으로 동참한다.

(   )

2
단원

❀ 다음 사진을 보고 물음에 답하시오. [1~2]

1 해양 동물과 생태계에 큰 피해를 입히고 있는 것은 무엇인지 위에서 찾아 쓰시오.

(　　　　)

서술형

2 위와 같은 일이 지속된다면 어떤 일이 일어날지 쓰시오.

＿＿＿＿＿＿＿＿＿＿＿＿＿＿＿＿＿＿＿

＿＿＿＿＿＿＿＿＿＿＿＿＿＿＿＿＿＿＿

중요

3 지구의 허파라고 불리는 곳으로, 사람들의 무분별한 개발로 파괴가 급속도로 진행되고 있는 곳은 어디인지 쓰시오.

(　　　　)

4 환경 문제에 관심을 갖고 해결을 위해 노력해야 하는 까닭으로 알맞지 <u>않은</u> 것은 어느 것입니까?
(　　)

① 환경을 보전하기 위해서
② 지속 가능한 미래를 위해서
③ 미래 세대에게 깨끗한 환경을 물려주기 위해서
④ 우리 모두 건강하고 행복하게 살아가기 위해서
⑤ 우리 세대만 깨끗하고 아름다운 환경 속에서 살아가기 위해서

5 다음 빈칸에 공통으로 들어갈 말을 쓰시오.

> 환경 문제를 해결하고 지속 가능한 미래를 만들고자 대형 할인점, 제과점, 슈퍼마켓 등에서 ☐☐☐☐ 사용이 금지되었다. 매장에서는 ☐☐☐ 대신 재사용 종량제 봉투, 장바구니, 종이봉투 등을 고객에게 제공해야 한다.

(　　　　)

중요

6 지구촌 환경 문제를 해결하기 위한 기업의 노력으로 알맞은 것을 두 가지 고르시오. (　 , 　)

① 플라스틱 용기를 사용한다.
② 에너지 절약을 위해 힘쓴다.
③ 친환경 소재로 제품을 개발한다.
④ 일회용 플라스틱 빨대를 생산한다.
⑤ 환경 문제 해결을 위한 법을 만든다.

7 다음에서 설명하는 국제 협정은 무엇인지 쓰시오.

> • 2015년 12월 12일, 프랑스 파리에서 채택되었다.
> • 전 세계 195개의 나라가 지구 온난화의 원인이 되는 온실가스의 배출을 줄는 이 협정에 동의했다.

(　　　　)

서술형

8 과자의 생산이 세계 여러 나라와 생태계에 미치는 영향은 무엇인지 쓰시오.

1 평소에 쉽게 살수 있는 과자

2 과자 생산에 필요한 팜유

3 많은 팜유를 생산하기 위해 열대 삼림과 초원 파괴

4 삼림과 초원이 줄어들어 살기 어려워진 동물들

_____

_____

9 다음과 같은 생산 활동을 할 때 생길 수 있는 일은 어느 것입니까? ( )

> 인도에서는 쓰고 나서 먹을 수 있는 친환경 숟가락이 개발되어 판매되고 있다. 이 숟가락은 수수, 쌀, 밀가루를 혼합해 만들어졌기 때문에 먹을 수 있다.

① 자원이 낭비된다.
② 쓰레기가 늘어난다.
③ 환경 문제가 줄어든다.
④ 토양 오염이 심각해진다.
⑤ 사람들의 건강에 좋지 않은 영향을 끼친다.

10 다음 ㉠, ㉡에 들어갈 알맞은 말을 쓰시오.

> 환경을 생각하는 생산과 소비 활동으로 우리의 [㉠] 과/와 환경을 지킬 수 있으며, 또한 [㉡] 을/를 절약하고 환경 오염을 줄임으로써 지속 가능한 미래를 이룰 수 있다.

㉠: ( ) ㉡: ( )

주의

11 다음과 같은 문제의 발생 원인과 거리가 먼 것은 어느 것입니까? ( )

> 여전히 많은 어린이가 영양을 제대로 공급받지 못해 발육 부진을 겪는다.

① 가뭄 ② 홍수
③ 저출산 ④ 오랜 내전
⑤ 지역 간 분쟁

🌸 다음 지도를 보고 물음에 답하시오. [12~13]

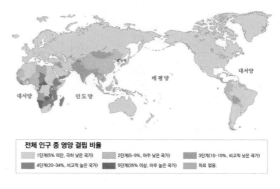

전체 인구 중 영양 결핍 비율
1단계(5% 미만, 극히 낮은 국가) 　2단계(5~9%, 아주 낮은 국가) 　3단계(10~19%, 비교적 낮은 국가)
4단계(20~34%, 비교적 높은 국가) 　5단계(35% 이상, 아주 높은 국가) 　자료 없음.

12 위 지도를 보고 알 수 있는 문제는 어느 것입니까? ( )

① 영토 문제 ② 난민 문제
③ 기아 문제 ④ 고령화 문제
⑤ 지구 온난화 문제

중요

13 기아 문제가 심각하게 나타나는 지역은 어디인지 두 곳을 고르시오. (,)

① 중국 ② 인도
③ 미국 ④ 아프리카
⑤ 북아메리카

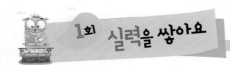
14 빈곤과 기아 문제를 해결하기 위한 지구촌 사람들의 노력으로 알맞지 <u>않은</u> 것은 어느 것입니까?
( )

① 구호 활동
② 모금 활동
③ 아동 노동 장려
④ 농업 기술 지원
⑤ 교육 여건 개선

15 문화적 편견과 차별의 사례로 알맞은 것에 ◯표 하시오.

(1) 종교적인 이유로 소고기를 먹지 않는데 사람들이 이를 가볍게 생각할 때가 있어요. ( )

(2) 우리는 낮잠을 자는 풍습이 있어요. 그런데 이 문화를 오해해 우리를 게으른 사람이라고 생각하는 사람들이 있어요. ( )

(3) 우리는 즐겨 먹는 전통 음식인데 이 음식을 잘 모르는 사람들이 함부로 평가할 때가 있어요. ( )

16 세계 곳곳에서 문화적 편견과 차별 문제가 계속되는 까닭을 두 가지 고르시오. (,)

① 세계가 점점 가까워지고 있기 때문에
② 문화가 점점 다양해지고 있기 때문에
③ 서로 다른 문화를 존중하지 않기 때문에
④ 자신의 문화를 기준으로 함부로 판단하기 때문에
⑤ 문화는 좋은 문화와 나쁜 문화로 나눠지기 때문에

서술형

17 지구촌 사람들이 다음과 같은 노력을 하는 까닭은 무엇인지 쓰시오.

> • 지구촌의 다양한 역사와 문화를 배우고 체험할 수 있는 여러 행사를 연다.
> • 서로의 문화를 존중하고 공감하는 사회를 만들기 위해 캠페인, 홍보 활동 등을 한다.

_____

_____

18 다음 빈칸에 들어갈 알맞은 말을 쓰시오.

> 문화적 편견과 차별 문제를 해결하기 위해서는 우리와 다른 문화를 이상하다고 생각할 것이 아니라 ☐☐을/를 존중하는 태도를 길러야 한다.

( )

19 지구촌 문제가 우리의 문제임을 알고 이를 해결하기 위해 협력하는 자세를 지닌 사람을 일컫는 말은 무엇인지 쓰시오.

( )

20 다음 중 세계 시민의 자세로 알맞은 것은 어느 것입니까? ( )

① 다른 문화권의 사람들과 어울리지 않는다.
② 지구에 물이 부족한 것은 나와 관련이 없다고 생각한다.
③ 지구촌의 문제를 해결하기 위해 자원봉사나 기부를 한다.
④ 외국인 친구와 같은 교실에서 공부할 때 우리나라 친구와 다르게 대한다.
⑤ 어떤 나라가 경제적으로 어려움을 겪는 것은 그 나라 사람들의 문제라고 생각한다.

1 지구촌에서 발생하는 환경 문제로 알맞지 <u>않은</u> 것은 어느 것입니까? (　　　)

① 초미세 먼지가 증가하고 있다.
② 아마존 열대 우림이 파괴되고 있다.
③ 지구의 평균 기온이 점점 낮아지고 있다.
④ 세계 각 지역에서 가뭄, 홍수, 태풍 등 자연재해가 자주 일어나고 있다.
⑤ 플라스틱 쓰레기가 바다로 흘러 들어가 해양 동물과 생태계가 큰 피해를 입고 있다.

2 오른쪽과 같은 환경 문제가 발생하는 까닭으로 가장 알맞은 것은 어느 것입니까? (　　　)

▲ 파괴되고 있는 열대 우림

① 오랜 가뭄
② 미세 먼지 증가
③ 플라스틱 쓰레기의 증가
④ 대기 중 온실가스 농도 증가
⑤ 사람들의 필요에 따른 무분별한 개발

3 다음 중 초미세 먼지가 증가할 때 발생할 수 있는 일은 무엇입니까? (　　　)

① 공기가 깨끗해진다.
② 쓰레기가 많아진다.
③ 해양 동물들이 살 곳이 늘어난다.
④ 천식과 폐 질환을 불러올 수 있다.
⑤ 극지방의 빙하가 녹고 해수면이 상승한다.

4 다음 빈칸에 들어갈 알맞은 말을 쓰시오.

　　　　□□□은/는 미래의 세대가 발전할 수 있는 가능성을 파괴하지 않으면서 오늘날의 모든 사람이 좀 더 나은 세계에 살아갈 수 있도록 실천할 때 이루어진다.

（　　　　　）

2 단원

5 지구촌 환경 문제를 해결하기 위한 개인의 노력 중 다음과 관계 깊은 것은 무엇인지 쓰시오.

（　　　　　）

6 다음 빈칸에 들어갈 알맞은 말은 무엇입니까?
（　　　）

　　　정부에서는 지속 가능한 미래를 위한 정책과 법령을 마련하고, 기업 등에서 배출되는 □□□의 양을 규제하는 등 파리 기후 협정의 목표를 실현하고자 노력하고 있다.

① 폐수　　　　　　② 비닐
③ 온실가스　　　　④ 미세 먼지
⑤ 플라스틱 쓰레기

7 지구촌 환경 문제를 해결하기 위해 활동하는 국제 기구나 단체를 두 군데 고르시오. (　　,　　)

① 그린피스　　　　　② 국경 없는 의사회
③ 세이브 더 칠드런　④ 국제 노동 기구(ILO)
⑤ 유엔 환경 계획(UNEP)

8 지구촌 환경 문제를 해결하기 위해 개인, 기업, 국가, 세계가 실천해야 할 일을 알맞게 선으로 이으시오.

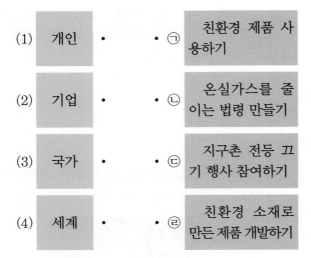

(1) 개인 · · ㉠ 친환경 제품 사용하기

(2) 기업 · · ㉡ 온실가스를 줄이는 법령 만들기

(3) 국가 · · ㉢ 지구촌 전등 끄기 행사 참여하기

(4) 세계 · · ㉣ 친환경 소재로 만든 제품 개발하기

9 오른쪽과 같은 해조류 물병의 좋은 점은 어느 것입니까? (   )

① 물맛이 좋아진다.
② 생산 비용이 들지 않는다.
③ 시간이 지나도 썩지 않는다.
④ 환경 오염을 일으키지 않는다.
⑤ 물을 다 마시고 나면 다양한 용도로 사용할 수 있다.

주의
10 환경을 생각하며 생산된 닭이나 달걀의 좋은 점이 아닌 것은 어느 것입니까? (   )

① 신선한 달걀과 건강한 닭을 먹을 수 있다.
② 닭이 병에 걸리지 않도록 항생제를 맞아야 한다.
③ 좁은 닭장이 아닌 넓고 쾌적한 환경에서 보다 건강한 닭을 키울 수 있다.
④ 닭의 배설물을 흙과 함께 처리해 퇴비로 활용할 수 있어서 환경 오염을 줄일 수 있다.
⑤ 친환경적으로 생산된 달걀을 더 많이 소비할수록 친환경적으로 생산되는 달걀의 수가 늘어날 것이다.

서술형
11 환경과 조화를 이루는 생산과 소비 활동은 어떤 좋은 점이 있는지 쓰시오.

_____

_____

12 다음과 같이 먹을 것이 없어 굶주리는 것과 관계 깊은 지구촌 문제는 무엇인지 쓰시오.

(   )

중요
13 다음 지도에 나타난 지구촌 문제에 대한 설명으로 바르지 <u>않은</u> 것은 어느 것입니까? (   )

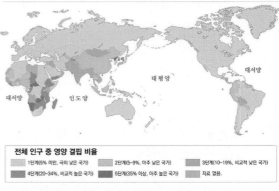

전체 인구 중 영양 결핍 비율
1단계(5% 미만, 극히 낮은 국가) 2단계(5~9%, 아주 낮은 국가) 3단계(10~19%, 비교적 낮은 국가)
4단계(20~34%, 비교적 높은 국가) 5단계(35% 이상, 아주 높은 국가) 자료 없음.

① 가뭄으로 인한 식량 부족도 원인 중 하나이다.
② 유럽, 북아메리카 대륙의 국가에서 영양 결핍 비율이 높다.
③ 분쟁 지역이 증가하면서 이 문제를 겪는 사람들이 늘어나고 있다.
④ 지구촌에는 식량 부족으로 충분한 영양을 섭취하지 못하는 사람들이 많다.
⑤ 아프리카의 어린 아이들이 영양을 공급받지 못해 제대로 성장하지 못하고 있다.

14 다음과 같은 노력은 지구촌의 어떤 문제를 해결하기 위한 것인지 두 가지 고르시오. (,)

> • 가뭄에 강한 작물을 키울 수 있도록 돕는다.
> • 식량이 없이 굶주리고 고통받는 사람들을 위해 모금 활동을 펼치고 물건, 식량 등을 지원한다.

① 빈곤 문제
② 난민 문제
③ 기아 문제
④ 저출산 문제
⑤ 삼림 파괴 문제

15 다음 빈칸에 들어갈 알맞은 말을 쓰시오.

> 빈곤과 기아 문제는 그 지역의 문제가 아니라 지구촌 모두와 연결된 문제임을 알고 서로 [   ] 해 문제를 해결하려고 노력해야 한다.

( )

❀ 다음 그림을 보고 물음에 답하시오. [16~17]

16 위 친구들이 공통으로 겪고 있는 문제는 무엇입니까? ( )

① 난민 문제
② 용돈 문제
③ 환경 문제
④ 종교 문제
⑤ 문화적 편견과 차별 문제

서술형

17 위와 같은 문제가 발생하는 까닭은 무엇인지 쓰시오.

_____

_____

18 문화적 편견과 차별 문제를 해결하기 위한 지구촌 사람들의 노력을 바르지 <u>않게</u> 이야기한 친구는 누구입니까? ( )

19 세계 시민의 자세가 필요한 까닭을 두 가지 고르시오. (,)

① 지구촌 문제는 나와 관련이 없기 때문에
② 지구촌 문제는 그 나라만의 문제이기 때문에
③ 지구촌은 우리 모두가 살아가고 있는 터전이기 때문에
④ 미래에는 전 세계가 하나의 나라로 통일될 것이기 때문에
⑤ 서로 힘을 합치면 지속 가능한 미래를 만들 수 있기 때문에

20 세계 시민으로서 우리가 일상생활에서 실천할 수 있는 일이 <u>아닌</u> 것은 어느 것입니까? ( )

① 친환경 표시가 있는 물건을 구입한다.
② 문화가 다른 친구들을 이해하고 존중한다.
③ 빈곤과 기아 문제를 해결하기 위해 기부한다.
④ 내전을 겪고 있는 지역에 직접 가서 난민 구조 활동을 한다.
⑤ 외국인 친구와 같은 교실에서 공부할 때 다른 친구와 똑같이 대한다.

탐구 서술형 평가 1회

1 세계 환경 문제 지도를 만들 때 사용한 다음 사진을 보고 물음에 답하시오.

(가) (나) (다) (라)

(1) 위의 (가)~(라)에 해당하는 지구촌의 환경 문제는 무엇인지 다음 **보 기** 에서 찾아 기호를 쓰시오.

> **보 기**
> ㉠ 지속되는 사막화   ㉡ 초미세 먼지 증가
> ㉢ 파괴되는 열대 우림   ㉣ 태평양 위 거대한 쓰레기 섬

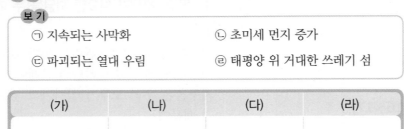

(가)	(나)	(다)	(라)

(2) 위와 같은 환경 문제가 발생하고 있는 까닭은 무엇인지 쓰시오.

_____

_____

(3) 위와 같은 지구촌의 환경 문제를 해결하기 위해 개인, 기업, 국가, 세계는 어떤 노력을 기울이고 있는지 쓰시오.

개인	
기업	
국가	
세계	

관련 핵심 개념

지구촌에서 나타나고 있는 다양한 환경 문제

• 플라스틱 쓰레기 증가
• 중금속 발암 물질이 다량 함유된 초미세 먼지 증가
• 지구의 허파라고 불리는 아마존 열대 우림 파괴
• 심각해지는 지구 온난화

2 다음 세계 기아 지도를 보고 물음에 답하시오.

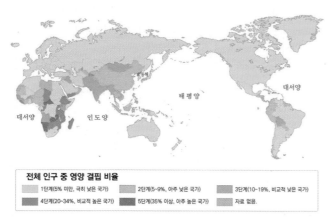

대서양

태평양

대서양   인도양

전체 인구 중 영양 결핍 비율
- 1단계(5% 미만, 극히 낮은 국가)
- 2단계(5~9%, 아주 낮은 국가)
- 3단계(10~19%, 비교적 낮은 국가)
- 4단계(20~34%, 비교적 높은 국가)
- 5단계(35% 이상, 아주 높은 국가)
- 자료 없음.

(1) 위 지도를 보고 영양 결핍 비율이 높은 지역과 낮은 지역은 각각 어디 인지 쓰시오.

영양 결핍 비율이 높은 지역	영양 결핍 비율이 낮은 지역

(2) 위의 세계 기아 지도를 보고 알 수 있는 사실은 무엇인지 쓰시오.

_____

_____

3 다음은 문화적 편견과 차별 사례를 나타낸 것입니다. 물음에 답하시오.

종교적인 이유로 소고기를 먹지 않는데 사람들이 이를 가볍게 생각할 때가 있어요.

우리는 낮잠을 자는 문화가 있어요. 그런데 이 문화를 오해해 우리를 게으른 사람이라고 생각하는 사람들이 있어요.

우리는 즐겨 먹는 전통 음식인데 이 음식을 잘 모르는 사람들이 함부로 평가할 때가 있어요.

(1) 위와 같이 문화적 편견과 차별이 발생하는 까닭은 무엇인지 쓰시오.

_____

_____

(2) 위와 같은 문화적 편견과 차별 문제를 극복하기 위해 지구촌 사람들 은 어떤 노력을 하고 있는지 쓰시오.

_____

_____

관련 핵심 개념

세계 기아 지도

- 각 나라의 전체 인구 중 영양실조 등 굶주림 문제를 겪고 있는 사람 들의 비율을 파악해 지도에 나타낸 것입니다.
- 기아 문제가 계속된다면 빈곤과 기 아로 고통받는 사람들이 점점 더 많이 늘어나게 될 것입니다.

2 단원

관련 핵심 개념

문화적 편견과 차별 사례

- 옷차림이 다르다고 이상하게 쳐다 봅니다.
- 다른 나라의 식사 문화를 존중하지 않고 자신의 기준에서 함부로 판단 합니다.
- 여러 종교가 갖는 다양성을 인정하 지 않고 편견을 갖고 판단합니다.

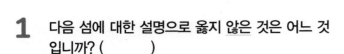
1 다음 섬에 대한 설명으로 옳지 <u>않은</u> 것은 어느 것입니까? (   )

① 우리나라 동쪽 끝에 있는 섬이다.
② 지금은 주민이 거주하고 있지 않다.
③ 섬 전체가 천연기념물로 지정되어 있다.
④ 다양한 동식물이 서식하는 생태계의 보고이다.
⑤ 주변 바다는 차가운 바닷물과 따뜻한 바닷물이 만나 먹이가 풍부하다.

서술형

2 다음 옛 지도를 통해 알 수 있는 사실은 무엇인지 쓰시오.

▲ 「팔도총도」(1531년)

_____

_____

3 독도에 서식하는 오른쪽 동식물의 이름은 무엇입니까? (   )

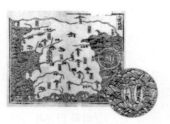

① 제비
② 강치
③ 독수리
④ 섬기린초
⑤ 괭이갈매기

4 1999년 설립된 사이버 외교 사절단으로, 독도에 관한 사실을 전 세계 사람들에게 알리는 데 힘쓰고 있는 민간단체는 무엇입니까? (   )

① 반크
② 유니세프
③ 독도 경비대
④ 동북아 역사 재단
⑤ 한국 국제 협력단

5 남북 분단이 우리 민족에게 미친 영향으로 옳지 <u>않은</u> 것은 어느 것입니까? (   )

① 국가 경쟁력 향상
② 전쟁에 대한 공포
③ 과도한 군사비 지출
④ 이산가족 문제 발생
⑤ 남북 간의 언어와 문화 차이 심화

6 남북통일을 위한 경제적 노력에 해당하는 것을 두 가지 고르시오. (,   )

① 개성 공단 가동
② 남북 정상 회담 개최
③ 남북 기본 합의서 채택
④ 끊어진 도로와 철도 연결
⑤ 남북한 평창 동계 올림픽 선수단 공동 입장

7 남북통일이 되었을 때 달라질 우리나라의 모습으로 알맞지 <u>않은</u> 것은 어느 것입니까? (   )

① 경제 규모가 커진다.
② 쓸 수 있는 지하자원이 늘어난다.
③ 유럽까지 기차를 타고 갈 수 있다.
④ 인구가 늘어나서 노동력이 풍부해진다.
⑤ 중국을 거쳐야만 백두산을 갈 수 있다.

8 다음 ㉠, ㉡에 들어갈 나라 이름을 쓰시오.

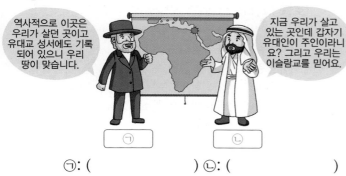

역사적으로 이곳은 우리가 살던 곳이고 유대교 성서에도 기록되어 있으니 우리 땅이 맞습니다.

지금 우리가 살고 있는 곳인데 갑자기 유대인이 주인이라니요? 그리고 우리는 이슬람교를 믿어요.

㉠

㉡

㉠: (   ) ㉡: (   )

9 메콩강을 둘러싼 갈등을 겪고 있는 나라가 아닌 곳은 어디입니까? (   )

① 중국   ② 미얀마
③ 라오스   ④ 브라질
⑤ 캄보디아

서술형

10 규민이네 모둠에서는 지구촌 갈등이 사라지지 않고 지속되는 까닭을 이야기하고 있습니다. 빈 곳에 들어갈 까닭은 무엇인지 쓰시오.

국가들이 지켜야 할 강력한 법이 없기 때문이야.

_____

_____

다음 기구들의 활동 모습을 보고 물음에 답하시오.
[11~12]

(가)
▲ 국제 연합(UN)

(나)
▲ 국경 없는 의사회

(다)
▲ 그린피스

(라)
▲ 세이브 더 칠드런

11 위 (가)~(라)를 국제기구와 비정부 기구로 구분하여 기호를 쓰시오.

(1) 국제기구: (   )
(2) 비정부 기구: (   )

12 지구 환경과 평화를 지키고자 핵 실험 반대, 자연 보호 운동 등을 하는 단체를 위에서 찾아 기호를 쓰시오.

(   )

13 지구촌 갈등을 해결하고자 노력한 인물과 그 활동이 바르게 연결된 것을 보기에서 찾아 기호를 쓰시오.

보기

㉠ 간디: 아프리카 남수단에서 의료 봉사와 교육에 헌신했다.
㉡ 이태석 신부: 인종 차별과 억압에 대해 비폭력적 방법으로 투쟁했다.
㉢ 조디 윌리엄스: 1992년 국제 지뢰 금지 운동 단체를 설립했다.

(   )

14 반 친구들과 지구촌 평화와 발전을 위해 비정부 기구를 만들어 실천하는 활동을 하려고 합니다. 가장 먼저 해야 할 일은 무엇입니까? (　　)

① 실천하기
② 활동 계획 세우기
③ 단체의 성격과 이름 정하기
④ 단체 특징을 살린 로고 만들기
⑤ 비슷한 관심 주제를 가진 친구들이 함께 모여 비정부 기구를 조직하기

🖋서술형
15 다음 신문 기사를 읽고 이와 같은 환경 문제가 발생하는 까닭은 무엇인지 쓰시오.

> **아마존 열대 우림 파괴 증가**
> 지구의 허파라고 불리는 아마존 열대 우림 파괴 현상이 심각하다. 2017년 8월부터 2018년 7월 사이 약 7,900 km²에 달하는 열대 우림이 파괴되었다.
>
> **사라지는 산호초**
> 전 세계 바다 곳곳에서 산호가 죽어가고 있다. 산호가 하얗게 변하며 죽어가는 현상을 산호 백화라고 하는데 이러한 산호 백화 현상이 전 세계 바다 곳곳에서 진행되고 있다.

_____

_____

_____

16 지구촌 환경 문제를 해결하기 위해 개인이 할 수 있는 노력으로 알맞지 <u>않은</u> 것은 어느 것입니까? (　　)

① 환경 캠페인에 참여한다.
② 일회용품 사용을 줄인다.
③ 친환경 빨대를 사용한다.
④ 친환경 제품을 개발한다.
⑤ 에너지를 절약하기 위해 노력한다.

17 다음에서 친환경 상품의 좋은 점을 모두 골라 기호를 쓰시오.

> ㉠ 상품을 빨리 개발할 수 있다.
> ㉡ 자원의 소비량을 줄일 수 있다.
> ㉢ 우리의 건강과 환경을 지킬 수 있다.
> ㉣ 환경에 미치는 영향을 최소화할 수 있다.

(　　　　　　　)

18 빈곤과 기아가 발생하는 원인으로 알맞은 것을 두 가지 고르시오. (　　,　　)

① 전쟁　　　　② 가뭄
③ 풍년　　　　④ 세계화
⑤ 교통사고

19 문화적 편견이나 차별의 사례가 <u>아닌</u> 것은 어느 것입니까? (　　)

① 히잡을 쓴 사람을 쳐다보고 수군거린다.
② 다문화 가정의 친구에게 다른 나라의 인사법을 배운다.
③ 음식점에서 맨손으로 식사를 하는 외국인을 이상하게 쳐다본다.
④ 내가 믿고 있는 종교를 이야기했더니 친구들이 무섭다고 이야기한다.
⑤ 외국 사람들이 우리나라 사람들에게 마늘 냄새가 난다고 함부로 이야기한다.

20 지속 가능한 미래를 위한 세계 시민으로서의 태도로 알맞지 <u>않은</u> 것은 어느 것입니까? (　　)

① 일회용품을 사용하지 않는다.
② 물은 필요한 만큼만 사용한다.
③ 사용하지 않는 물건은 기증한다.
④ 음식은 남기지 않을 정도만 덜어서 먹는다.
⑤ 가까운 곳도 반드시 대중교통을 이용한다.

1 독도에 대한 설명으로 알맞은 것은 어느 것입니까? (   )

① 지진에 의해 만들어진 섬이다.
② 하나의 섬으로 이루어져 있다.
③ 행정 구역상 강원도에 속한다.
④ 우리나라의 서쪽 끝에 있는 섬이다.
⑤ 맑은 날 울릉도에서 눈으로 관찰할 수 있다.

2 다음 수행 평가 문제를 해결하기 위한 활동으로 알맞지 <u>않은</u> 것은 어느 것입니까? (   )

> 독도가 우리나라의 영토인 근거를 찾아보자.

① 독도에 관한 옛 기록을 찾아본다.
② 독도를 나타낸 옛 지도를 찾아본다.
③ 독도와 관련한 미국인들의 의견을 조사한다.
④ 독도에 관한 일본측 주장의 문제점을 찾아본다.
⑤ 독도에서 울릉도, 독도에서 일본 오키섬까지의 거리를 확인한다.

3 독도 바다 아래에 묻혀 있는 자원으로, '불타는 얼음'이라고도 불리는 것은 무엇인지 쓰시오.

(   )

4 독도를 지키기 위한 정부와 민간단체의 노력으로 볼 수 <u>없는</u> 것은 어느 것입니까? (   )

① 경찰인 독도 경비대가 독도를 지킨다.
② 외국에 독도를 알리는 다양한 홍보 활동을 한다.
③ 독도를 잘못 소개한 정보를 찾아 수정을 요구한다.
④ 독도의 생태계를 보호하기 위해 설치된 시설을 없앤다.
⑤ 독도를 지속적으로 이용할 수 있도록 여러 법령을 시행한다.

5 다음 문제를 해결하기 위해 우리 민족이 해야 할 일은 무엇입니까? (   )

> 우리나라는 전쟁에 대한 공포, 이산가족의 아픔 등을 겪고 있다. 또 국방비 과다 지출 및 남북의 자원을 효율적으로 이용하지 못해 여러 가지 경제적 손실을 입고 있다.

① 남북통일   ② 경제 발전
③ 군비 축소   ④ 인권 신장
⑤ 정보화 구축

6 '통일을 향한 발걸음'이라는 주제로 사진전을 개최할 때 전시할 사진으로 알맞지 <u>않은</u> 것은 어느 것입니까? (   )

①
▲ 남북 정상 회담 개최

②
▲ 남북 예술단 합동 공연

③
▲ 낮과 밤을 가리지 않는 휴전선의 경계

④
▲ 경의선 · 동해선 연결

7 통일 이후 한반도 모습으로 옳지 <u>않은</u> 것은 어느 것입니까? (   )

① 유럽까지 철도, 도로를 통해 갈 수 있다.
② 중국이나 러시아와는 교류가 줄어들 것이다.
③ 백두산, 금강산, 개성 등으로 여행을 갈 수 있다.
④ 국방비를 줄여 삶의 질을 높이는 곳에 사용할 수 있다.
⑤ 북한의 풍부한 지하자원을 이용할 수 있어 경제 발전을 할 수 있다.

8 다음에서 설명하는 나라는 어디입니까? (   )

> • 아프리카 대륙에 위치한 나라로, 1960년 영국으로부터 독립했다.
> • 언어, 민족, 종교가 서로 다른 250여 개의 종족들이 서로 협력하지 못하고 있다.
> • 독립 이후 38년 동안 전쟁이 일곱 번 발생하는 등 불안정한 상태가 계속되고 있다.

① 시리아　　　　　② 라오스
③ 브라질　　　　　④ 나이지리아
⑤ 남아프리카 공화국

9 전쟁의 피해에 대해 잘못 이야기한 친구는 누구입니까? (   )

① 전쟁이 일어나면 인구가 크게 증가해.
② 전쟁 때는 먹을 것과 깨끗한 물이 부족해 질병에 걸릴 수 있어.
③ 전쟁이 일어나면 폭격으로 건물이 무너져 목숨을 잃을 수 있어.
④ 전쟁이 일어나면 어린이들이 부모님을 잃고 고아가 될 수도 있어.

10 국제 연합 평화 유지군에 대한 설명으로 옳은 것은 어느 것입니까? (   )

① 기아와 빈곤 문제 해결을 목표로 활동한다.
② 동물을 긴급 구조하고 안전한 피난처를 제공한다.
③ 분쟁 지역에 파견되어 주민들의 안전을 위해 노력한다.
④ 전쟁, 자연재해 등으로 터전을 잃어버린 사람들에게 집을 지어 준다.
⑤ 인종이나 종교, 성별 등과 관계없이 의료 도움이 필요한 사람들을 돕는다.

11 우리나라가 지구촌 평화를 위해 하는 일이 <u>아닌</u> 것은 어느 것입니까? (   )

① 군대를 없앤다.
② 다양한 외교 활동을 펼친다.
③ 여러 국제기구 활동에 참여한다.
④ 환경 파괴를 막고자 관련 조약에 가입한다.
⑤ 어려움을 겪고 있는 나라에 구조대를 보낸다.

12 다음 글의 밑줄 친 '이 기구'는 무엇인지 쓰시오.

> 제1, 2차 세계 대전으로 많은 사람이 다치거나 죽고 전쟁에 참여한 나라들은 큰 피해를 입었다. 이를 계기로 세계는 평화로운 방법으로 갈등을 해결하는 것이 중요하다는 점을 깨닫고 <u>이 기구</u>를 만들었다.

(　　　　　　　　)

13 다음과 같은 단체들을 통틀어 무엇이라고 하는지 쓰시오.

> • 그린피스　　　　• 국제 앰네스티
> • 세이브 더 칠드런　• 국경 없는 의사회

(　　　　　　　　)

서술형

14 다음 일기를 읽고 은서가 지구촌 평화에 이바지한 방법은 무엇인지 쓰시오.

> **은서의 실천**
> 아름다운 가게는 물건을 재사용함으로써 우리 사회의 변화와 발전을 돕는다고 한다. 나는 모둠 친구들과 함께 어린 시절 사용했던 인형, 장난감, 사용하지 않은 학용품을 모아 아름다운 가게에 기증했다.

15 일상생활에서 사용하고 버리는 플라스틱 쓰레기 때문에 발생하는 문제점으로 알맞은 것은 어느 것 입니까? (   )

① 우주를 오염시킨다.
② 바다에 사는 동물들의 먹이가 된다.
③ 바다에 사는 식물들에게 거름이 된다.
④ 바닷물에 녹기 때문에 우리에게 영향을 미치지 않는다.
⑤ 바다가 오염되어 우리가 살아갈 수 없는 환경으로 변하게 된다.

16 기업들이 환경 보호를 위해 사회적 책임을 실천하는 모습으로 알맞은 것을 모두 고르시오.

(   )

① 친환경 제품을 개발한다.
② 친환경 소재로 제품을 생산한다.
③ 일회용 플라스틱 빨대를 개발한다.
④ 일회용 플라스틱 용기를 생산한다.
⑤ 제품 개발 과정에서 에너지 절약을 위해 힘쓴다.

17 다음은 과자가 생산되어 우리 손에 오기까지의 과정입니다. 빈칸에 공통으로 들어갈 말을 쓰시오.

1 평소에 쉽게 살수 있는 과자

2 과자 생산에 필요한 [   ]

3 많은 [   ]를 생산하기 위해 열대 삼림과 초원 파괴

4 삼림과 초원이 줄어들어 살기 어려워진 동물들

(   )

18 다음과 같은 제품들이 늘어나면 어떤 일이 생길지 쓰시오.

▲ 친환경 숟가락   ▲ 해조류 물병

19 문화적 편견과 차별에 대한 설명으로 옳지 <u>않은</u> 것은 어느 것입니까? (   )

① 자신의 문화를 기준으로 함부로 판단하는 것이다.
② 서로 다른 문화를 존중하지 않기 때문에 발생한다.
③ 문화적 편견과 차별 문제를 해결하려면 차이를 인정하지 않아야 한다.
④ 지구촌의 다양한 역사와 문화를 배우고 체험하는 활동을 통해 극복할 수 있다.
⑤ 세계 곳곳에서는 문화가 다르다는 이유로 편견에 상처받거나 차별받는 경우가 있다.

20 다음 그림의 소윤이와 같이 지구촌 문제를 해결하기 위해 협력하는 자세를 지닌 사람을 무엇이라고 부르는지 쓰시오.

(   )

1 다음 자료에 대한 설명으로 옳은 것을 보기 에서 모두 찾아 기호를 쓰시오.

> "우산(지금의 독도)과 무릉(지금의 울릉도), 두 섬이 울진현의 정동쪽 바다에 있다. 두 섬은 거리가 멀지 않아 날씨가 맑으면 서로 바라볼 수 있다."
> – 『세종실록지리지』 –

보기
㉠ 신라 시대의 자료이다.
㉡ 우산은 울릉도, 무릉은 독도를 의미한다.
㉢ 울릉도와 독도의 거리가 가깝다는 것을 알 수 있다.
㉣ 옛날부터 독도가 우리 영토였다는 사실을 확인할 수 있는 자료이다.

( )

2 독도의 가치에 대한 설명으로 옳지 <u>않은</u> 것은 어느 것입니까? ( )

① 군사적으로 중요한 위치에 있다.
② 우리나라 영해를 정하는 기준이 된다.
③ 섬 전체가 천연기념물로 지정되어 있다.
④ 괭이갈매기의 집단 번식지 중 한 곳이다.
⑤ 토양이 비옥해 동식물이 살기에 유리한 환경이다.

3 다음 빈 곳에 들어갈 내용으로 가장 알맞은 것은 어느 것입니까? ( )

> 독도 주변 바다는 [   ] 때문에 여러 해양 생물이 살기 좋은 환경이다.

① 수심이 깊기
② 청정 해역이기
③ 갯벌이 발달했기
④ 밀물과 썰물의 차가 크기
⑤ 차가운 바닷물과 따뜻한 바닷물이 만나 먹이가 풍부하기

서술형

4 다음 인물들의 공통점은 무엇인지 쓰시오.

▲ 안용복

▲ 독도 경비대원

_____

5 남북통일의 필요성으로 알맞지 <u>않은</u> 것은 어느 것입니까? ( )

① 전쟁의 공포에서 벗어날 수 있다.
② 이산가족끼리 서로 만날 수 있다.
③ 다른 나라와 더욱 활발하게 교류할 수 있다.
④ 북한의 자원을 이용할 수 있어서 제품 경쟁력을 높일 수 있다.
⑤ 국방비가 많이 늘어나 삶의 질을 높이는 비용이 줄어들 수 있다.

6 남북통일을 위한 노력으로 알맞지 <u>않은</u> 것은 어느 것입니까? ( )

① 개성 공단 폐쇄
② 경의선·동해선 연결
③ 남북 정상 회담 개최
④ 남북 예술단 합동 공연
⑤ 남북 선수단 올림픽 공동 입장

7 다음 중 통일 이전부터 교류를 확대하고 서로 협력하면서 평화적으로 통일을 이룬 나라는 어디입니까? ( )

① 예멘   ② 독일
③ 체코   ④ 베트남
⑤ 오스트레일리아

8 다음 빈칸에 들어갈 알맞은 말을 쓰시오.

> ☐☐☐이 일어나면 폭격으로 건물이 무너지고 어린이들이 목숨을 잃거나 부모를 잃고 고아가 되기도 한다. 또 먹을 것과 깨끗한 물이 부족해 질병에 쉽게 걸리고 집을 잃어 헤매거나 학교도 갈 수 없게 된다.

(   )

9 다음 자료의 빈 곳에 들어갈 알맞은 내용을 쓰시오.

> 다른 생각, 종교를 가진 사람들끼리 어째서 서로 이해하지 못할까요?

> ☐☐☐☐☐☐☐☐☐☐☐☐☐☐☐☐
> 또, 아프리카 국경선이 만들어진 것과 같은 역사적 사건들이나 오랜 다툼의 과정이 서로 이해하기 어려운 상황을 만들기도 한단다.

_____

_____

10 지구촌 갈등이 사라지지 않고 지속되는 까닭을 잘못 말한 친구는 누구입니까? (   )

① 수철: 국가들이 지켜야 하는 강력한 법이 없기 때문이야.
② 윤상: 강대국이 과거의 잘못을 책임지려고 하기 때문이야.
③ 민혁: 강대국이 어려운 나라를 이용해서 이익만 얻으려 하기 때문이야.
④ 서진: 다양한 사람들이 서로 다른 생각을 하고 자기 이익을 먼저 생각하기 때문이야.
⑤ 지현: 오랫동안 쌓여 온 미움과 갈등이 커져서 화해하려는 의지가 없기 때문이야.

11 다음 중 전쟁으로 살 곳을 잃은 사람들을 돕고 있는 기구는 어디입니까? (   )

① 유니세프
② 유네스코
③ 국제 노동 기구
④ 유엔 난민 기구
⑤ 국제 원자력 기구

12 다음과 같은 활동을 펼친 사람은 누구인지 쓰시오.

> 누리 소통망 서비스(SNS)를 이용해 탈레반 점령 지역의 생활과 여학생 교육의 문제점을 알리려고 노력했으며, 세계의 모든 아동이 학교에 다닐 수 있게 하자는 운동을 지속적으로 하고 있다.

(   )

13 다음에서 설명하고 있는 단체에 속하지 <u>않는</u> 것은 어느 것입니까? (   )

> 뜻이 같은 개인들이 모여 지구촌 갈등과 문제를 해결하려고 활동하는 조직이다.

① 해비타트
② 그린피스
③ 유네스코
④ 세이브 더 칠드런
⑤ 국경 없는 의사회

14 어린이들이 비정부 기구 활동에 참여하는 방법으로 알맞지 <u>않은</u> 것은 어느 것입니까? (   )

① 전쟁에 반대하는 온라인 서명을 한다.
② 국제 앰네스티의 편지 쓰기 캠페인에 참여한다.
③ 세이브 더 칠드런의 모자 뜨기 운동에 참여한다.
④ 분쟁 지역에 가서 어려움에 처한 어린이들을 돕는다.
⑤ 재활용 벼룩시장에 어릴 때 사용하던 장난감을 기부한다.

15 다음 중 우리나라의 환경 문제와 가장 관계 깊은 것은 어느 것입니까? (   )

①
▲ 미세 먼지 증가

②
▲ 거대한 쓰레기 섬

③
▲ 사라지는 산호초

④
▲ 열대 우림 파괴

16 다음 신문 기사를 읽고 알게 된 사실을 보기 에서 골라 기호를 쓰시오.

> **일회용 비닐봉지 사라진다**
> 우리나라 국민 한 명이 일 년 동안 쓰는 비닐봉지의 양은 독일의 여섯 배, 핀란드의 백 배가 된다고 한다. 현재 비닐봉지로 여러 환경 문제가 발생하고 있다. 이러한 문제 상황을 해결하고 지속 가능한 미래를 만들기 위해 대형 할인점, 제과점, 슈퍼마켓 등에서 일회용 비닐봉지 사용이 금지된다.

> 보기
> ㉠ 우리나라 국민의 수가 너무 많다.
> ㉡ 비닐봉지 사용량을 더 늘려야 한다.
> ㉢ 우리나라 국민의 비닐봉지 사용량이 너무 많다.

(   )

17 다음 빈칸에 들어갈 알맞은 말을 쓰시오.

> 2015년 12월 12일, 프랑스 파리에서 전 세계 195개의 나라가 온실가스 배출을 줄이기 위한 '파리 기후 협정'에 동의했다. ⬚ 에서는 협정의 목표를 이행하고 지속 가능한 미래를 위해 정책, 법령 등을 마련했다.

(   )

18 지구촌 환경 문제 해결을 주제로 토의 활동을 하려고 합니다. 토의하기 전에 먼저 해야 할 일은 무엇인지 쓰시오.

> **지구촌 환경 문제 해결을 위한 우리의 노력**
> • 1단계: 관심 있는 환경 문제 주제 정하기
> • 2단계: 역할을 나누어 관련 자료 조사하기
> • 3단계: 지구촌 환경 문제 해결을 위한 실천 규칙 만들기
> • 4단계: 실천 소감 이야기하기

_____

_____

19 빈곤과 기아 문제를 해결하기 위한 지구촌 사람들의 노력이 바르게 묶인 것은 어느 것입니까?

(   )

> ㉠ 모금 활동   ㉡ 구호 활동
> ㉢ 교육 지원   ㉣ 우주 개발 확대

① ㉠, ㉡   ② ㉡, ㉢
③ ㉠, ㉡, ㉢   ④ ㉡, ㉢, ㉣
⑤ ㉠, ㉡, ㉢, ㉣

20 세계 시민으로서 바람직한 자세를 지닌 사람을 다음 보기 에서 모두 골라 기호를 쓰시오.

> 보기
> ㉠ 문화적 편견을 지닌 사람
> ㉡ 피부색에 따라 차별하는 사람
> ㉢ 지구촌의 일원으로서 책임감을 가진 사람
> ㉣ 지구촌 문제를 해결하기 위해 협력하는 자세를 지닌 사람

(   )

텔레비전은 멀리! 책은 가까이!

뇌는 우리 몸에서 중요한 부위입니다. 눈이나 귀, 코 등을 통해 들어오는 각종 정보를 분석하고 판단하여 몸의 반응을 결정하기 때문입니다. 뇌는 대뇌, 중뇌, 연수, 간뇌, 소뇌의 5개 부분으로 구분되고, 우리가 받아들이는 정보는 대뇌에서 분석됩니다.

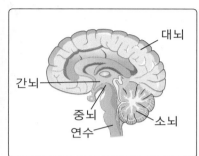

그렇다면 텔레비전과 뇌는 어떤 관계가 있을까요? 책을 보거나 텔레비전을 볼 때 우리는 시각과 청각을 이용하여 정보를 받아들이게 됩니다. 하지만 책을 보는 것과 텔레비전을 시청하는 것에는 자극 정도에 차이가 있습니다. 텔레비전을 볼 때는 측두엽까지만 흥분되지만, 책을 읽을 때는 측두엽에서 분석된 정보가 전두엽까지 전달되어 보고 들은 내용에 대하여 생각하게 되지요.

텔레비전을 볼 때 전두엽이 흥분하지 않는 것은 받아들이는 정보 자체가 빠르고 현란하여 생각할 시간이 주어지지 않기 때문입니다. 하지만 책은 오로지 글자만 보여지기 때문에 책을 읽는 동안에 많은 생각을 하게 되고, 문장의 뜻을 이해하기 위하여 전두엽을 사용하게 되는 것입니다.

이렇게 우리가 책을 읽거나 텔레비전을 보는 것이 뇌의 발달에 큰 영향을 줄 수 있습니다. 전두엽을 사용하는 것이 그렇게 중요하냐고 물을 수도 있지만 뇌의 신경 세포는 많이 사용할수록 복잡한 네트워크를 형성한다는 것을 기억해야 합니다. 전두엽을 제외한 나머지 부분만 쓰게 되면 뇌는 불균형하게 발달되어 공부할 때 정보를 제대로 받아들이지 못하게 되고 집중력이 떨어지게 됩니다.

100점
예상문제

사회 6-2

5~6 학년군

❀ 다음 자료를 보고 물음에 답하시오. [1~2]

1 위 자료에 대한 설명으로 알맞지 않은 것은 어느 것입니까? (   )

① 디지털 정보로 표현된 지도이다.
② 둥근 지도를 평면으로 나타낸 것이다.
③ 세계 여러 나라의 위치와 영역을 한눈에 볼 수 있다.
④ 인터넷 사용이 불가능한 곳에서 사용하기 편리하다.
⑤ 나라와 바다의 모양, 거리가 실제와 다르게 표현되기도 한다.

2 위의 자료에서 위치를 쉽게 나타내기 위해 그린 ㉠, ㉡을 무엇이라고 하는지 쓰시오.

㉠: (   )

㉡: (   )

3 디지털 영상 지도에 대한 설명으로 알맞은 것에 ○표, 알맞지 않은 것에 X표 하시오.

(1) 내 위치를 검색할 수 있다.   (   )
(2) 지도를 확대, 축소할 수 있다. (   )
(3) 자동차, 대중교통, 도보, 자전거의 경로를 찾을 수 있다.   (   )
(4) 어떤 장소의 실제 모습은 비용을 지불하면 한 각도에서만 볼 수 있다.   (   )

4 다음 빈칸에 공통으로 들어갈 알맞은 말을 쓰시오.

• [   ]은/는 바다로 둘러싸인 큰 땅덩이를 말한다.
• 세계에서 가장 큰 섬인 그린란드보다 면적이 넓으면 [   ]라고 한다.

(   )

5 다음에서 설명하는 대륙은 어디인지 쓰시오.

우리나라가 속해 있는 대륙으로, 대륙 중에서 가장 크며 세계 육지 면적의 약 30%를 차지한다.

(   )

6 다음 대륙과 그 곳에 속한 나라를 알맞게 선으로 이으시오.

(1) 유럽   •   • ㉠ 중국

(2) 아시아   •   • ㉡ 이집트

(3) 아프리카   •   • ㉢ 에스파냐

7 다음 나라의 위치와 영역을 정리한 것입니다. 알맞지 않은 것을 찾아 기호를 쓰시오.

㉠	나라	캐나다
㉡	위치한 대륙	북아메리카
㉢	위도와 경도 범위	북위 41~84° 서경 52°~141°
㉣	주변에 있는 대양	북쪽에 남극해가 있다.
㉤	주변에 있는 나라	남쪽에 미국이 있다.

(   )

8 세계에서 영토가 가장 넓은 나라와 영토가 가장 좁은 나라가 바르게 묶인 것은 어느 것입니까? ( )

① 중국-라오스
② 미국-그린란드
③ 캐나다-대한민국
④ 러시아-바티칸 시국
⑤ 오스트레일리아-기이아나

11 다음과 같은 기후 분포와 관계 있는 곳은 앞의 (가), (나) 중 무엇인지 쓰시오.

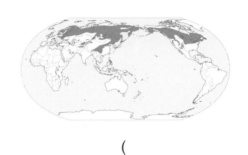

( )

100점 예상 문제

9 일 년 동안의 강수량을 모두 합쳐도 500mm가 채 안 될 정도로 비가 내리지 않는 기후를 무엇이라고 하는지 쓰시오.

( )

12 다음 중 한대 기후 지역의 생활 모습과 관계 깊은 것은 어느 것입니까? ( )

① 바나나, 기름야자를 대규모로 재배한다.
② 오아시스 주변에서 농사를 지으며 살아간다.
③ 밀농사나 벼농사를 짓고 포도와 올리브를 재배한다.
④ 재질이 부드러운 침엽수림을 이용해 목재와 펄프를 생산한다.
⑤ 여름에 얼음이 녹아 이끼나 풀이 자라는 땅에서 순록을 기르는 유목 생활을 한다.

✿ 다음 사진을 보고 물음에 답하시오. [10~11]

(가) 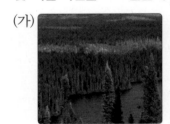　　(나)

10 위와 같은 모습을 볼 수 있는 기후는 어디인지 알맞게 선으로 이으시오.

　　　　　　　　　　• ㉠ 열대 기후

(1) (가) •

　　　　　　　　　　• ㉡ 건조 기후

　　　　　　　　　　• ㉢ 온대 기후

(2) (나) •

　　　　　　　　　　• ㉣ 냉대 기후

13 케밥에 대한 설명으로 알맞지 <u>않은</u> 것은 어느 것입니까? ( )

① 터키의 대표적인 요리이다.
② 얇게 썬 고기 조각을 구워 먹는 요리이다.
③ 옥수수 가루를 끓는 물에 넣어 반죽해 만든 음식이다.
④ 초원 지대와 사막 지대에 살던 유목민들이 먹었던 음식이다.
⑤ 유목민들이 육류를 쉽고 간단하게 먹으려고 조각 내어 구워 먹던 것에서 비롯되었다.

서술형

14 힌두교를 믿는 인도 사람들이 소를 죽이거나 먹지 않는 까닭은 무엇인지 쓰시오.

_____

_____

15 오른쪽과 같은 지형을 볼 수 있는 나라는 어디입니까?
(   )

▲ 시짱고원(티베트고원)

① 미국
② 일본
③ 중국
④ 몽골
⑤ 러시아

16 다음 나라에 대한 설명으로 알맞은 것을 두 가지 고르시오. (,   )

① 세계에서 인구가 가장 많은 나라이다.
② 세계에서 면적이 가장 넓은 나라이다.
③ 위도가 높아 냉대 기후가 널리 나타난다.
④ 동부 지역 바닷가에 주요 항구와 대도시가 있다.
⑤ 원료 수입과 수출에 유리한 태평양 연안을 따라 공업 지역이 발달했다.

17 다음과 같은 젓가락을 사용하는 나라는 어디인지 **보 기**에서 골라 기호를 쓰시오.

보 기
ㄱ 중국   ㄴ 일본   ㄷ 우리나라

(1)
(   )

(2)
(   )

18 우리나라와 이웃 나라의 문화 교류 모습을 다음에서 찾아 기호를 쓰시오.

ㄱ 국경을 초월한 에너지 협력
ㄴ 한국·러시아 정상 회담 개최
ㄷ 한·중·일 합작 만화 영화, 국내 개봉

(   )

19 다음 지도의 베트남에서 발달한 산업을 두 가지 고르시오. (,   )

① 농업   ② 임업
③ 경공업   ④ 중화학 공업
⑤ 문화 콘텐츠 산업

서술형

20 우리나라와 서남아시아 지역과의 교류 사례를 예를 들어 쓰시오.

_____

_____

❀ 다음 자료를 보고 물음에 답하시오. [1~2]

┌─────────────────────────────────┐
│　　　은/는 실제 지구의 모습을 아주 작게 줄인 모
│형으로 실제 지구처럼 생김새가 둥글다.
└─────────────────────────────────┘

1 위 자료의 빈칸에 들어갈 알맞은 말은 무엇입니까? (　　　)

① 지구본　　　　　② 그림지도
③ 항공 사진　　　　④ 세계 지도
⑤ 디지털 영상 지도

2 다음 ㉠~㉣에 들어갈 단어를 위 자료에서 찾아 쓰시오.

┌─────────────────────────────────┐
│ • 　㉠　와/과 　㉡　은/는 각각 90°로 나
│ 누어 북쪽과 남쪽의 위치를 나타낸다.
│ • 　㉢　와/과 　㉣　은/는 각각 180°로 나
│ 누어 서쪽과 동쪽의 위치를 나타낸다.
└─────────────────────────────────┘

㉠: (　　　　　) ㉡: (　　　　　)
㉢: (　　　　　) ㉣: (　　　　　)

서술형

3 디지털 영상 지도의 장점과 단점은 무엇인지 쓰시오.

(1) 장점: _____

_____

(2) 단점: _____

_____

4 아시아, 오세아니아, 북아메리카, 남아메리카 대륙 사이에 있는 세계에서 가장 큰 바다는 무엇입니까? (　　　)

① 남극해　　　　　② 북극해
③ 대서양　　　　　④ 인도양
⑤ 태평양

5 다음 대륙과 위치한 나라가 바르지 **않게** 묶인 것을 찾아 기호를 쓰시오.

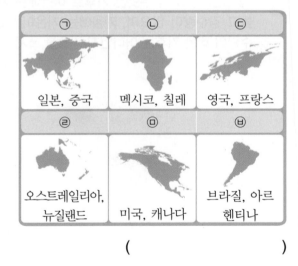

㉠	㉡	㉢
일본, 중국	멕시코, 칠레	영국, 프랑스
㉣	㉤	㉥
오스트레일리아, 뉴질랜드	미국, 캐나다	브라질, 아르헨티나

(　　　　　　　　)

6 오른쪽의 아르헨티나와 영토 모양이 비슷한 나라는 어디입니까? (　　　)

① 칠레
② 러시아
③ 탄자니아
④ 인도네시아
⑤ 사우디아라비아

100점
예상
문제

7 다음에서 설명하고 있는 나라는 어디인지 쓰시오.

> • 적도의 남쪽에 있다.
> • 남아메리카에 위치하고 있다.
> • 사막과 빙하를 모두 볼 수 있다.
> • 세계에서 남북의 길이가 가장 길다.

(   )

8 사계절이 비교적 뚜렷한 기후로 여름에는 기온이 높고 강수량이 많으며, 겨울에는 기온이 낮고 강수량이 적은 기후는 어디인지 기호를 쓰시오.

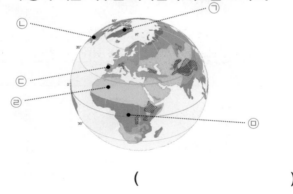

(   )

9 건조 기후 지역에 살고 있는 사람들의 생활 모습입니다. ㉠, ㉡에 들어갈 알맞은 말을 쓰시오.

> ☐ ㉠ ☐ 지역의 사람들은 오아시스나 나일강과 같은 강 주변에서 농사를 지으면 살아간다.
> ☐ ㉡ ☐ 지역의 사람들은 전통적으로 물과 풀을 찾아 가축과 함께 이동하는 유목 생활을 하며 살아간다.

㉠: (   ) ㉡: (   )

10 러시아의 시베리아, 캐나다와 같이 북반구의 중위도와 고위도 지역에 주로 나타나는 기후는 무엇인지 쓰시오.

(   )

11  파퓨아 뉴기니의 고상 가옥을 오른쪽과 같이 땅에서 떨어지게 지은 까닭은 무엇인지 쓰시오.

_____

_____

12 다음 중 게르와 관계 없는 것은 어느 것입니까?

(   )

① 몽골의 전통적인 집이다.
② 쉽고 빠르게 조립, 분해할 수 있다.
③ 주변에서 쉽게 구할 수 있는 통나무로 짓는다.
④ 초원에서 유목 생활을 하는 사람들에게 적합한 집이다.
⑤ 뼈대를 이루는 나무와 뼈대를 덮는 천막으로 이루어져 있다.

13 다음에서 설명하는 것은 무엇인지 쓰시오.

> 이슬람 달력으로 아홉 번째 달을 의미하는 것으로, 이슬람교를 믿는 사람들은 이 기간에는 해가 떠 있을 때 음식을 먹지 않는다.

(   )

14 세계 여러 나라의 생활 모습을 대할 때 가져야 할 태도로 알맞은 것을 두 가지 고르시오.
(,)

① 무시   ② 이해
③ 경쟁   ④ 존중
⑤ 차별

15 다음 지도에서 우리나라와 국경을 마주하고 있는 ㉠~㉢ 나라는 어디인지 쓰시오.

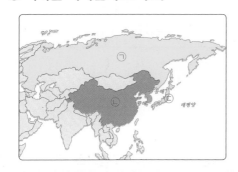

㉠	㉡	㉢

16 다음 중 일본에서 볼 수 있는 모습은 무엇입니까?
( )

①
▲ 아소산

②
▲ 상하이

③
▲ 우랄산맥

④
▲ 고비 사막

17 우리나라, 중국, 일본의 표지판에서 공통적으로 쓰이고 있는 문자는 무엇인지 쓰시오.

▲ 우리나라의 표지판   ▲ 중국의 표지판

▲ 일본의 표지판

( )

18 우리나라가 사우디아라비아와 활발하게 교류하는 까닭과 관계 깊은 것은 무엇입니까? ( )

① 밀   ② 원유
③ 철광석   ④ 옥수수
⑤ 우라늄

19 다음 중 베트남에서 많이 생산되는 것은 무엇입니까? ( )

① 쌀   ② 밀
③ 펄프   ④ 올리브
⑤ 천연가스

서술형
20 우리나라가 지리적으로 멀리 떨어진 나라들과 활발하게 교류를 하는 까닭은 무엇인지 쓰시오.

_____

_____

1 다음에서 설명하는 곳은 어디인지 쓰시오.

> • 동도와 서도인 두 개의 큰 섬과 그 주위에 크고 작은 바위섬 89개로 이루어져 있다.
> • 동해의 한 가운데 자리잡고 있어 선박의 항로뿐만 아니라 군사적으로도 중요한 위치에 있다.

(   )

2 다음 중 독도의 자연환경과 관계 <u>없는</u> 것은 어느 것입니까? (   )

① 화산섬   ② 인공섬
③ 탕건봉   ④ 천장굴
⑤ 코끼리 바위

3 다음 중 독도를 지키려는 노력으로 알맞지 <u>않은</u> 것은 어느 것입니까? (   )

① 정부에서는 독도 개발을 위해 환경 보호 법령을 없애고 있다.
② 조선 시대에 안용복은 일본에 가서 독도가 우리 영토임을 확인받았다.
③ 독도의 생태계를 보호하기 위해 섬 전체를 천연기념물로 지정하였다.
④ 사이버 외교 사절단인 반크에서는 독도와 관련된 잘못된 사실을 바로잡는 데 노력하고 있다.
⑤ 현재 독도에는 독도 경비대원, 독도 관리 사무소 직원, 등대 직원 등 약 50여 명이 살고 있다.

4 6·25 전쟁으로 인해 헤어져서 서로 만나지 못하고 있는 오른쪽과 같은 사람들은 누구인지 쓰시오.

(   )

> 북에 계신 어머니를 만나러 갈 수가 없어서 너무 슬퍼.

5 남북통일이 필요한 까닭은 무엇인지 자신의 생각을 쓰시오. (서술형)

_____

_____

6 다음은 무엇을 위해 남북이 공통으로 노력하는 모습인지 쓰시오.

> • 경의·동해선 연결
> • 남북 정상 회담 개최
> • 남북한 올림픽 선수단 공동 입장

(   )

7 통일 한국의 미래 모습으로 바르지 <u>않은</u> 것은 어느 것입니까? (   )

① 전통 문화는 더욱 발전할 것이다.
② 전쟁에 대한 두려움이 사라질 것이다.
③ 동북아시아의 평화와 발전을 이끄는 국가가 될 것이다.
④ 북한 지역의 풍부한 지하자원을 이용할 수 없게 될 것이다.
⑤ 중국, 러시아를 지나 유럽의 여러 나라까지도 육로로 갈 수 있게 될 것이다.

8 이스라엘과 팔레스타인은 영토와 종교 문제로 인해 갈등을 겪고 있습니다. 두 나라와 믿는 종교를 알맞게 선으로 이으시오.

(1) 이스라엘   •   • ㉠ 유대교

(2) 팔레스타인   •   • ㉡ 이슬람교

9 시리아 내전에 대한 설명으로 알맞지 <u>않은</u> 것은 어느 것입니까? (　　　)

① 내전의 결과로 난민이 발생하고 있다.
② 폭격으로 건물이 무너져 도시가 폐허가 되고 있다.
③ 나일강에 댐을 건설하는 문제로 부족 간에 전쟁이 발생했다.
④ 독재 정치와 종교 문제로 크고 작은 전쟁이 계속되고 있다.
⑤ 먹을 것과 깨끗한 물이 부족해져 아이들이 질병에 쉽게 걸리고 있다.

서술형

10 우리나라도 다른 나라의 갈등에 영향을 받고 있습니다. 그 사례를 예를 들어 쓰시오.

_____

_____

_____

11 다음 빈칸에 공통으로 들어갈 알맞은 말을 쓰시오.

　지구촌 갈등은 관련 있는 국가만의 문제가 아니라 지구촌 전체의 문제이기도 하다. 우리가 지구촌 갈등을 해결하기 위해 노력한다면 　　　로운 지구촌을 만들 수 있다.

(　　　　　　)

12 다음과 같은 일을 하는 곳은 어디인지 보기에서 찾아 기호를 쓰시오.

보기
㉠ 유네스코　　　㉡ 유엔 난민 기구
㉢ 국제 노동 기구　㉣ 국제 원자력 기구

(1)　　　　　　(2)

교육, 과학, 문화 분야 등에서 다양한 국제 교류를 하면서 국제 평화를 추구하고 있어요.

전쟁 등으로 살 곳을 잃은 난민들을 돕고 있어요.

(　　　　　) (　　　　　)

100점
예상
문제

13 다음 빈칸에 알맞은 인물을 써 넣어 완성하시오.

[　　　　　　]

　미국의 사회 운동가로 1992년 국제 지뢰 금지 운동 단체를 설립했다. 이 단체의 노력으로 단체 설립 6년 만에 123개 나라가 더는 사람에게 지뢰를 사용하지 않겠다고 약속했다.

14 의료 지원을 받지 못하거나 전쟁, 질병, 자연재해 등으로 고통받는 사람들을 돕고자 노력하는 비정부 기구는 어디입니까? (　　　)

① 그린피스
② 해비타트
③ 국제 앰네스티
④ 국경 없는 의사회
⑤ 세이브 더 칠드런

15 다음 빈칸에 들어갈 알맞은 말을 쓰시오.

> ____은/는 미래의 세대가 발전할 수 있는 가능성을 파괴하지 않으면서 오늘날의 사람들이 좀 더 나은 세계에서 살아갈 수 있도록 실천할 때 이루어진다. ____을/를 위해서 우리는 환경을 지키고 보존해야 할 책임이 있지만, 지구촌 환경은 점점 황폐해져 가고 있다.

( )

16 세계 자연 보호 기금에서 매년 개최하는 것으로, 기후 변화의 심각성을 널리 알리고 이에 적극적으로 대응하고자 세계인이 함께 참여하는 캠페인 활동은 무엇인지 쓰시오.

( )

17 지구촌의 기아와 빈곤 문제를 해결하기 위한 노력과 거리가 먼 것은 어느 것입니까? ( )

① 구호 활동
② 모금 활동
③ 무역 장벽 강화
④ 농업 기술 지원
⑤ 교육 여건 개선

18 다음과 같은 제품을 사용했을 때의 좋은 점을 모두 고르시오. (,)

> 친환경 숟가락   해조류 물병

① 플라스틱 사용을 줄일 수 있다.
② 쓰고 난 후 쓰레기가 많이 발생한다.
③ 생산 과정에서 많은 자원이 사용된다.
④ 분해가 되어 환경 오염을 일으키지 않는다.
⑤ 제품을 만들기 위해 열대 삼림과 초원을 파괴한다.

서술형

19 다음에서 문화적 편견과 차별의 모습은 어떻게 나타나고 있는지 쓰시오.

> 친구들에게 제가 믿는 종교를 이야기했더니 무섭다고 이야기해요

_____

_____

20 다음과 같은 사람을 무엇이라고 하는지 쓰시오.

> • 지구촌 문제가 우리의 문제임을 알고 이를 해결하기 위해 협력하는 자세를 지닌 사람을 말한다.
> • 전 세계의 평화와 발전을 생각하며 지구촌의 일원으로서 책임감을 가진 사람이다.

( )

1 현존하는 우리나라 옛 지도 중에서 우산도(지금의 독도)가 표기된 가장 오래된 지도는 무엇인지 쓰시오.

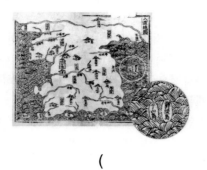

(   )

2 다음 세 사람의 공통점은 무엇입니까? (   )

| 안용복 | 최종덕 | 홍순칠 |

① 6 · 25 전쟁 때 공을 세우신 분들이다.
② 독도를 지키기 위해 노력한 분들이다.
③ 일제 강점기 때 독립운동을 한 분들이다.
④ 우리나라의 민주화 운동에 앞장선 분들이다.
⑤ 해외에서 예술 활동으로 우리나라를 빛낸 분들이다.

3 다음 중 독도와 관계가 <u>없는</u> 것은 무엇입니까?

(   )

① 갯벌   ② 안용복
③ 화산섬   ④ 천연기념물
⑤ 가스 하이드레이트

4 남북통일이 필요한 까닭으로 알맞은 것에 ○표 하시오.

(1) 전쟁의 공포에서 벗어날 수 있다.

(   )

(2) 국방비가 늘어나 주변 나라보다 군사력을 키울 수 있다.   (   )

(3) 철도를 이용해서 외국과 더욱 활발하게 교류할 수 있다.   (   )

(4) 북한의 풍부한 자원과 남한의 높은 기술력을 이용하면 경쟁력 있는 상품을 만들 수 있다.

(   )

❋ 남북통일을 위한 다양한 노력을 나타낸 다음 사진을 보고 물음에 답하시오. [5~6]

(가)    (나)

5 위 (가), (나) 중 통일을 위한 정치적 노력에 해당하는 것은 무엇인지 쓰시오.

(   )

6 위의 (나)에 대한 설명입니다. 빈칸에 들어갈 알맞은 말은 무엇입니까? (   )

> 남한과 북한은 단일팀을 구성해 올림픽에서 ☐ 을/를 들고 공동 입장을 함으로써 통일에 대한 희망의 메시지를 전했다.

① 태극기   ② 인공기
③ 오륜기   ④ 한반도기
⑤ 국제연합기

7 다음 빈칸에 공통으로 들어갈 알맞은 말을 쓰시오.

> 2018년 12월 26일 유네스코는 인류 무형 문화유산에 남한과 북한이 각각 신청한 ☐☐을/를 공동 등재하기로 하였다. 이에 따라 ☐☐은/는 '한국의 전통 레슬링'이라는 이름으로 인류 무형 문화유산 목록에 올랐다.

(   )

❀ 다음 글을 읽고 물음에 답하시오. [8~9]

> 메콩강은 중국과 동남아시아의 다섯 개 나라를 흐르는 강이다. 그런데 2010년에 중국이 메콩강 상류에 거대한 댐을 건설해 흐르는 물을 양을 조절했다. 다른 나라들은 중국이 마음대로 메콩강의 물을 막았다며 크게 반발했다. 메콩강 주변국들은 주로 벼농사를 짓기 때문에 물이 부족하면 식량난에 처할 수 있어서 중국의 댐 건설은 서로 양보할 수 없는 문제가 되었다.

8 위 글의 밑줄 친 다섯 개 나라에 해당하지 <u>않는</u> 곳은 어디입니까? (   )

① 타이   ② 라오스
③ 베트남   ④ 캄보디아
⑤ 인도네시아

서술형
9 위와 같은 메콩강 유역의 갈등이 일어나고 있는 원인은 무엇인지 쓰시오.

_____

_____

10 지구촌 갈등이 발생하는 원인과 가장 거리가 <u>먼</u> 것은 어느 것입니까? (   )

① 영토   ② 자원
③ 인종   ④ 종교
⑤ 협력

11 지구촌 갈등 문제가 쉽게 해결되지 않는 까닭은 무엇인지 모두 고르시오. (   )

① 국가들이 지켜야 하는 강력한 법이 있기 때문이다.
② 여러 가지 원인들이 복잡하게 얽혀 있기 때문이다.
③ 역사적으로 오랫동안 협력하여 친하게 지내기 때문이다.
④ 다양한 사람들이 서로 다른 생각을 하고 자기 이익을 먼저 생각하기 때문이다.
⑤ 강대국들이 과거의 잘못을 책임지지 않고 오히려 어려운 나라를 이용해서 이익만 얻으려고 하기 때문이다.

12 지구촌 갈등을 해결하고자 노력한 사람들입니다. 다음 빈 곳에 알맞은 인물을 써 넣으시오.

⊙	ⓒ
남아프리카 공화국에서 일어났던 인도인 인종 차별과 억압에 대해 비폭력적인 방법으로 투쟁함으로써 인류 평화에 이바지했다.	남수단에서 의료 봉사와 교육에 헌신해 '한국의 슈바이처'로 불렸다. 국적과 종교를 넘은 희생과 봉사로 지구촌 평화를 위해 노력했다.

서술형
13 지구촌 갈등을 해결하고 지구촌 평화를 위해 우리나라는 어떤 노력을 하고 있는지 쓰시오.

_____

_____

14 가난한 지역과 전쟁, 자연 재해 등으로 터전을 잃어 버린 사람들에게 집을 지 어 주는 활동을 펼치는 비정부 기구는 무엇인지 쓰시오.

(   )

15 어린이들이 비정부 기구 활동에 참여할 수 있는 방법을 바르게 말한 친구는 누구인지 쓰시오.

> • 시은: 내전이 일어난 지역에 직접 가 구조 활동을 할 거야.
> • 상우: 세이브 더 칠드런의 모자 뜨기 운동에 엄마와 함께 참여할 거야.

(   )

16 2015년 12월 12일, 프랑스 파리에서 전 세계 195개의 나라가 지구 온난화의 원인이 되는 온실가스 배출을 줄이기 위해 체결한 협정은 무엇인지 쓰시오.

(   )

17 지구촌 환경 문제를 위해 친구들과 만든 실천 규칙으로 알맞지 <u>않은</u> 것은 어느 것입니까? (   )

① 포장이 예쁜 물건을 구입해 사용한다.
② 가까운 거리는 걷거나 자전거를 이용한다.
③ 물건을 아껴 쓰고 재활용품을 적극 사용한다.
④ 낮에 햇빛이 많이 들어올 경우 전등을 잠시 끈다.
⑤ 적정 온도를 유지하여 냉난방 에너지를 절약한다.

✿ 다음 지도를 보고 물음에 답하시오. [18~19]

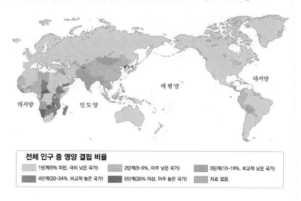

18 위 지도의 내용을 살펴보고 알맞은 제목을 정해 쓰시오.

(   )

19 위 지도를 보고 정리한 내용입니다. 바르게 완성 되도록 알맞은 것에 ○표 하시오.

> 아프리카 지역이나 인도에서는 영양 결핍 비율이 (높게, 낮게) 나타나고 있고, 유럽이나 미국 등에서는 영양 결핍 비율이 (높게, 낮게) 나타나고 있다.

20 문화적 편견과 차별을 해결하기 위한 지구촌 사람들의 노력으로 알맞지 <u>않은</u> 것은 어느 것입니까? (   )

① 서로의 문화를 존중하는 사회를 만들고자 캠페인 활동을 펼친다.
② 서로의 문화를 배우고 체험할 수 있는 다양한 체험 행사를 개최한다.
③ 어려움에 처한 사람들을 도우려고 상담이나 필요한 도움을 제공한다.
④ 서로 다른 문화에 공감하고 존중하는 태도를 기르고자 다양한 교육 활동을 한다.
⑤ 문화 체험 활동에 참여하여 여러 나라의 문화를 바른 것과 바르지 않은 것으로 구분한다.

1 동양의 '마르코 폴로'라고 불리는 김찬삼의 세계 일주 경로를 살펴보려고 합니다. 활용하기에 가장 좋은 자료는 무엇입니까? (   )

① 지구본
② 위성 사진
③ 세계 지도
④ 항공 사진
⑤ 디지털 영상 지도

2 위도와 경도를 이용해 나라의 위치를 나타내는 방법입니다. 순서대로 기호를 쓰시오.

> ㉠ 어떤 나라의 동, 서, 남, 북 끝 지점 찾기
> ㉡ 동쪽과 서쪽 끝 지점에 가까운 경선 찾기
> ㉢ 남쪽과 북쪽 끝 지점에 가까운 위선 찾기
> ㉣ 각 위선과 경선에 표시된 수치(위도, 경도) 확인하기

(   )

❀ 다음 지도를 보고 물음에 답하시오. [3~4]

3 위 지도에서 우리나라가 속해 있는 대륙과 우리나라와 인접해 있는 대양은 무엇인지 찾아 쓰시오.

(1) 속해 있는 대륙: (   )
(2) 인접해 있는 대양: (   )

4 앞 지도의 각 대륙과 대륙에 속한 나라를 알맞게 선으로 이으시오.

(1) 유럽 •   • ㉠ 미국
(2) 아시아 •   • ㉡ 브라질
(3) 아프리카 •   • ㉢ 앙골라
(4) 오세아니아 •   • ㉣ 프랑스
(5) 북아메리카 •   • ㉤ 베트남
(6) 남아메리카 •   • ㉥ 뉴질랜드

5 다음과 같은 분포를 나타내는 기후 지역은 어디인지 쓰시오.

(1)   (2)

(   )   (   )

6 열대 기후 지역에 대한 설명으로 옳지 <u>않은</u> 것은 어느 것입니까? (   )

① 연중 비가 많이 내리고 밀림을 이루는 곳이 있다.
② 요즘에는 사파리 관광 등 생태 관광 산업도 발달하고 있다.
③ 건기와 우기가 번갈아 나타나 초원이 넓게 나타나는 곳도 있다.
④ 전통적으로 화전 농업 방식을 활용해 얌, 카사바 등을 재배했다.
⑤ 침엽수림이 널리 분포해 목재와 펄프의 세계적인 생산지가 되기도 한다.

7 인도의 전통 복장인 사리와 관계 깊은 종교는 무엇인지 쓰시오.

(   )

8 다음 빈칸에 공통으로 들어갈 알맞은 말을 쓰시오.

> 세계에는 자신이 믿는 종교에 따라 특정 음식을 먹지 않는 사람들이 있다. 힌두교를 믿는 인도 사람들은 ⓐ 을/를 성스러운 동물로 여기기 때문에 죽이거나 먹지 않는다. 이슬람교를 믿는 사람들은 ⓑ 로 만든 음식, 기도문을 외우지 않고 잡은 고기, 술 등을 먹지 않는다.

ⓐ: (   ) ⓑ: (   )

9 다음 빈칸에 들어갈 알맞은 나라를 쓰시오.

> 우리나라 서쪽에 있는 [   ]은/는 영토가 넓고 지역마다 다양한 지형과 기후가 나타난다. 서쪽에서 동쪽으로 갈수록 지형이 낮아지며, 동부 지역 바다가에 주요 항구와 대도시가 있다.

(   )

서술형

10 중국과 일본의 생활 모습은 우리와 비슷한 점이 많습니다. 그 까닭은 무엇인지 쓰시오.

_____

_____

11 우리나라와 관계 깊은 나라 중 미국에 대한 설명으로 알맞지 **않은** 것은 어느 것입니까? (   )

① 한 나라 안에서 다양한 지형과 기후가 나타난다.
② 우리나라와 다양한 물자와 서비스를 주고받는다.
③ 각종 지하자원이나 에너지 자원이 풍부하고 옥수수, 밀 생산량이 많다.
④ 땅의 모양이 남북으로 넓다 보니 남부 지역과 북부 지역 사이에 시간 차이가 많이 난다.
⑤ 풍부한 자원과 인적 자원을 바탕으로 농업, 상업, 공업 등 수많은 산업이 골고루 발달했다.

100점 예상 문제

12 다음은 독도에서 볼 수 있는 지형입니다. 특징을 잘 살펴보고 지형의 이름을 쓰시오.

(1)   (2)

(   ) (   )

13 다음과 같은 일을 하는 단체는 어디인지 쓰시오.

> 사이버 외교 사절단으로 인터넷에서 우리나라와 관련된 잘못된 사실을 바로잡는 데 노력하고 있으며, 독도에 관한 사실들을 전 세계 사람들에게 알리고 있다.

(   )

14 통일을 위한 경제적 노력의 대표적인 사례로, 남한의 자본과 기술력에 북한의 노동력이 결합하여 만들어진 것은 무엇입니까? (   )

① 구로 공단   ② 개성 공단
③ 남동 공단   ④ 첨단 산업 지구
⑤ 경제 자유 구역

15 전쟁, 자연재해 등으로 자기 나라를 떠나 머물 곳을 찾아 헤매는 사람을 무엇이라고 하는지 쓰시오.

( )

16 다음은 국제 연합(UN)에 대한 설명입니다. ㉠~㉣ 중 틀린 것을 찾아 기호를 쓰시오.

> ㉠ 1945년에 설립된 국제 연합은 ㉡ 지구촌의 평화 유지, 전쟁 방지, 국제 협력 활동을 하는 단체이다. 제1, 2차 세계 대전으로 많은 사람이 다치거나 죽고 전쟁에 참여한 나라들은 큰 피해를 입었다. 이를 계기로 ㉢ 세계는 강한 무력으로 갈등을 해결하는 것이 중요하다는 점을 깨닫고 국제 연합을 만들었다. 국제 연합에서는 세계 여러 나라가 서로 협력해 ㉣ 지구촌 갈등을 해결하려고 노력하고 있다.

( )

17 그린피스에서 하는 일로 알맞은 것은 어느 것입니까? ( )

① 아동의 생존과 보호를 돕고 이를 위한 시민들의 참여를 실현하고자 활동한다.
② 지뢰의 위험성을 알려 지뢰를 제거하고 희생자들의 인권을 보호하려고 노력한다.
③ 종교나 민족, 차별 때문에 감옥에 있는 사람들을 석방하라는 운동을 펼치고 있다.
④ 의료 지원을 받지 못하거나 전쟁, 질병, 자연재해 등으로 고통받는 사람들을 돕는다.
⑤ 지구 환경과 평화를 지키고자 다양한 방법으로 핵 실험 반대, 자연 보호 운동을 한다.

18 지속 가능한 미래의 지구촌 환경을 위해 일회용품 사용을 줄이고 친환경 제품을 사용하는 주체는 무엇인지 다음에서 찾아 쓰시오.

> 개인, 기업, 국가, 세계

( )

19 환경과 조화를 이루는 생산과 소비 활동의 좋은 점을 바르게 이야기한 친구는 누구인지 쓰시오.

지속 가능한 미래를 이룰 수 있어. 지현

우리의 건강과 환경을 지킬 수 없어. 정우

자원을 많이 쓰고 환경을 오염시키지. 동현

( )

20 문화적 편견과 차별을 해결하기 위한 노력으로 알맞은 것에 ○표 하시오.

(1) 통일성을 강조하는 교육 활동을 한다.
( )
(2) 지구촌의 다양한 역사와 문화를 배우고 체험할 수 있는 여러 행사를 연다. ( )
(3) 서로의 문화를 존중하고 공감하는 사회를 만드는 캠페인, 홍보 활동을 한다.
( )

1 디지털 영상 지도에 대한 설명으로 알맞지 <u>않은</u> 것은 어느 것입니까? (   )

① 위성 사진이나 항공 영상을 바탕으로 만든다.
② 인터넷을 연결해야 다양한 기능을 사용할 수 있다.
③ 확대와 축소가 자유롭고 다양한 정보가 연결되어 있다.
④ 스마트 기기에 설치해 가고 싶은 장소를 쉽게 찾아볼 수 있다.
⑤ 지구의 모습을 아주 작게 줄인 모형으로 실제 지구처럼 둥글다.

2 세계의 대륙에 대해 설명하고 있습니다. 잘못된 부분을 찾아 기호를 쓰시오.

> 세계의 대륙 중 아시아는 우리나라가 속해 있는 대륙으로, ㉠ 대륙 중에서 가장 크며 세계 육지 면적의 약 30%를 차지한다. 아프리카는 아시아 다음으로 큰 대륙이며 ㉡ 북반구와 남반구에 걸쳐 있다. 유럽은 ㉢ 다른 대륙에 비해 면적은 좁지만 많은 나라가 있다. 오세아니아는 ㉣ 대륙 중 가장 작으며 북반구에 있다.

(   )

서술형

3 바다의 이름에는 '양'이나 '해'가 있습니다. '양'과 '해'는 무엇을 뜻하는지 쓰시오.

(1) 양: _____

_____

(2) 해: _____

_____

4 다음 ㉠~㉢에 들어갈 나라가 바르게 짝지어진 것은 어느 것입니까? (   )

> 세계에서 영토의 면적이 가장 넓은 나라는 ㉠ 이며, 그 다음은 ㉡ 이다. 세계에서 영토의 면적이 가장 좁은 나라는 ㉢ 이다.

	㉠	㉡	㉢
①	중국	미국	가나
②	인도	브라질	칠레
③	러시아	캐나다	바티칸 시국
④	캐나다	알제리	아르헨티나
⑤	대한민국	라오스	오스트레일리아

5 다음 중 온대 기후에서 재배되는 작물이 <u>아닌</u> 것은 어느 것입니까? (   )

① 벼
② 밀
③ 포도
④ 올리브
⑤ 바나나

6 환경에 따라 달라지는 세계 여러 나라 사람들의 생활 모습을 조사하려고 합니다. 조사하는 순서에 맞게 기호를 쓰시오.

> ㉠ 모둠별로 주제로 정한 생활 모습이 나타나는 까닭을 예상해 본다.
> ㉡ 조사 계획에 따라 자료를 수집하고 생활 모습에 영향을 준 원인을 찾아본다.
> ㉢ 한 나라나 지역의 독특한 생활 모습에 영향을 준 원인을 정리해 결론을 내린다.
> ㉣ 모둠별로 세계 여러 나라나 지역의 생활 모습 중에서 관심 있는 것을 주제로 정한다.
> ㉤ 예상한 내용을 확인할 수 있도록 조사할 내용과 방법을 정하고 역할을 나누어 맡는다.

(   )

100점 예상 문제

7 몽골의 유목민들이 게르라 불리는 오른쪽과 같은 집에 사는 까닭은 무엇인지 쓰시오.

_____

_____

8 이웃 나라의 자연환경과 인문 환경에 대한 설명입니다. 중국과 관련된 것은 '중', 일본과 관련된 것은 '일', 러시아와 관련된 것은 '러'라고 쓰시오.

(1) 국토 대부분이 산지이며 화산이 많고 지진 활동이 활발하다. ( )

(2) 원료 수입과 제품 수출에 유리한 태평양 연안을 따라 공업 지역이 발달했다. ( )

(3) 위도가 높아 냉대 기후가 널리 나타나며, 대부분의 인구가 서남부 지역에 집중해 있다. ( )

(4) 서쪽에서 동쪽으로 갈수록 지형이 낮아지며, 동부 지역 바닷가에 주요 항구와 대도시가 있다. ( )

9 다음과 같은 젓가락을 사용하는 나라는 어디인지 쓰시오.

> 쉽게 녹슬지 않는 나무로 젓가락을 만들고, 생선 요리가 많아 가시를 편하게 바를 수 있도록 젓가락의 끝이 뾰족하다.

( )

10 우리나라와 관계 깊은 나라를 조사하려고 합니다. 다음 ㉠, ㉡에 들어갈 알맞은 나라를 쓰시오.

쌀국수로 유명한 ㉠ 이 어떤 나라인지 알아보고 싶어.

우리나라가 원유를 주로 수입하는 ㉡ 를 조사하고 싶어.

㉠: ( ) ㉡: ( )

11 독도 주변 바다의 밑바닥에 묻혀 있는 것으로, 천연가스와 물이 결합한 고체 상태의 물질로 불을 붙이면 타는 성질이 있어 '불타는 얼음'으로 불리는 것은 무엇인지 쓰시오.

( )

12 독도가 우리 영토임을 알리는 다양한 활동 중에서 오른쪽과 관계 깊은 것은 무엇입니까? ( )

독도랑 독도나래 아라
안장군 태장군 홍태장

① 독도 캐릭터 만들기
② 독도 홍보 포스터 그리기
③ 독도를 홍보하는 동영상 만들기
④ 독도를 지키려고 노력하는 사람 소개하기
⑤ 독도를 지키려고 노력하는 단체 소개하기

13 다음 빈칸에 들어갈 알맞은 말을 쓰시오.

> 남북한은 정부와 민간단체를 중심으로 정치, 경제, 사회·문화 분야에서 교류하고 협력하려는 다양한 노력을 기울였다. 앞으로 남북한이 서로에 대한 믿음을 바탕으로 뜻을 같이하는 기회를 늘린다면 ☐ 은/는 평화롭게 진행될 수 있을 것이다.

( )

14 남북통일이 이루어졌을 때의 좋은 점과 거리가 먼 것은 어느 것입니까? (   )

① 전쟁의 공포에서 벗어날 수 있다.
② 남북한의 자원을 효율적으로 사용할 수 있다.
③ 이산가족끼리 서로 만나고 고향에도 갈 수 있다.
④ 나라의 예산 중 국방비로 들어가는 돈이 증가한다.
⑤ 남과 북에 흩어져 있는 전통문화와 역사를 계승해 함께 발전시킬 수 있다.

15 국가들이 모여서 지구촌 문제를 함께 해결하려고 만든 조직을 무엇이라고 하는지 쓰시오.

(   )

16 여성 교육을 위해 활동한 파키스탄의 운동가로, 누리 소통망 서비스를 이용해 탈레반 점령 지역의 생활과 여학생 교육의 문제점을 알리려고 노력한 사람은 누구인지 쓰시오.

(   )

17 다음과 같은 활동을 펼치는 비정부 기구는 어디인지 보기 에서 찾아 기호를 쓰시오.

보기
ㄱ 옥스팜   ㄴ 유니세프
ㄷ 국제 앰네스티   ㄹ 아름다운 가게

(1) 사용하지 않는 물건을 기증받아 재활용함으로써 사회의 변화와 발전을 돕고 있다.
(   )
(2) 각 국가 정부에 범죄가 아닌 종교나 민족, 차별 때문에 감옥에 있는 사람들을 석방하라는 편지를 보내고 있다.   (   )

18 다음 제목에 들어갈 단어는 무엇인지 쓰시오.

지구촌에서 나타나는 다양한 [   ] 문제

• 사라지는 산호초
• 지속되는 사막화
• 태평양 위 거대한 쓰레기 섬
• 아마존 열대 우림 파괴 증가
• 중금속 발암 물질이 다량 함유된 초미세 먼지 증가

(   )

19 문화적 편견과 차별을 해결하기 위해 해야 할 일과 거리가 먼 것은 어느 것입니까? (   )

① 다른 나라의 문화를 존중한다.
② 우리와 다른 문화를 이상하다고 생각한다.
③ 다른 나라의 문화를 이해하는 태도를 기른다.
④ 지구촌의 다양한 역사와 문화를 배우고 체험할 수 있는 행사를 연다.
⑤ 편견과 차별로 힘들어하는 친구가 있으면 함께 공감하고 도움을 준다.

20 지속 가능한 미래를 위해 세계 시민으로서 갖춰야 할 태도로 알맞지 않은 것은 어느 것입니까?
(   )

① 경제적으로 어려운 나라의 친구들도 함께 도와야 한다.
② 지구촌 문제 해결에 책임감을 가지고 적극적으로 동참한다.
③ 외국인 친구를 대할 때 그 나라의 문화를 존중하고 공감한다.
④ 우리나라의 경제 발전이 지속가능한 미래보다 중요하다고 생각한다.
⑤ 지구촌 문제가 나와 관련이 있다고 생각하고 문제를 해결하려고 노력한다.

메모 Memo

11종 검정 교과서

완벽 분석

종합평가

사회

종합평가

6·2

5~6학년군

교육의 길잡이·학생의 동반자

(주)교학사

1 지구본의 특징으로 알맞은 것은 어느 것입니까?

(   )

① 가지고 다니기 편리하다.
② 둥근 지구를 평면으로 나타낸 것이다.
③ 세계의 모습을 한눈에 살펴볼 수 있다.
④ 세계 여러 나라의 사진을 살펴볼 때 이용한다.
⑤ 둥근 지구를 작게 줄여서 지구와 비슷하게 만든 모형이다.

관련 교과서 **돋보기**

세계 지도
　둥근 지구를 평면으로 나타낸 것으로 가지고 다니기 편리하며, 세계의 모습을 한눈에 살펴볼 수 있다는 장점이 있다.

2 디지털 영상 지도의 특징으로 알맞지 <u>않은</u> 것은 어느 것입니까? (   )

① 지도를 확대하거나 축소할 수 있다.
② 현재 내 위치를 확인하기는 어렵다.
③ 다양한 이동 수단별 경로를 찾을 수 있다.
④ 위성사진을 통해 실제 모습을 원하는 방향에서 살펴볼 수 있다.
⑤ 검색 기능을 활용해 찾고자 하는 장소의 위치를 지도에서 찾을 수 있다.

3 동경과 서경을 나누는 기준이 되는 경도 0°인 선은 무엇인지 쓰시오.

(   )

4 위도와 경도를 활용하여 나라의 위치를 표현하려고 할 때 가장 먼저 해야 할 일을 ●보기●에서 찾아 기호를 쓰시오.

●보기●
㉠ 나라의 동서남북 끝 지점을 찾는다.
㉡ 위도의 범위와 경도의 범위로 나라의 위치를 표현한다.
㉢ 동쪽과 서쪽 끝 지점에 가까운 경선을 각각 찾아 경도를 확인한다.
㉣ 남쪽과 북쪽 끝 지점에 가까운 위선을 각각 찾아 위도를 확인한다.

(   )

5 동서의 길이보다 남북의 길이가 더 길며, 세계에서 두 번째로 넓은 바다는 무엇입니까? (   )

① 북극해 　　　　② 남극해
③ 대서양 　　　　④ 인도양
⑤ 태평양

6 세계의 대륙 중 면적이 좁은 편이지만 많은 나라가 있고, 대서양과 북극해에 맞닿아 있는 대륙은 어느 것입니까? (   )

① 유럽 　　　　② 아시아
③ 아프리카 　　　④ 남아메리카
⑤ 오세아니아

7 아시아, 아프리카, 오세아니아 대륙과 접해 있는 대양은 무엇인지 쓰시오.

(   )

• 서술형 •

8 다음 세계 지도를 참고하여 대륙과 대양의 의미를 각각 쓰시오.

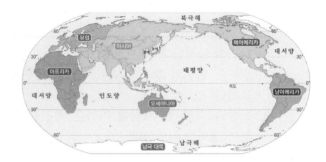

(1) 대륙: _____

(2) 대양: _____

🔍 관련 교과서 돋보기

'양'과 '해'의 차이
　'양'은 매우 큰 바다를, '해'는 육지와 섬이 가로막아 큰 바다와 떨어진 작은 바다를 말한다.

9 세계의 대륙 중 오세아니아에 대한 설명으로 알맞은 것은 어느 것입니까? (　　　)

① 가장 큰 대륙이다.
② 대륙 중에 가장 작다.
③ 북쪽은 북극해와 접해 있다.
④ 서쪽은 대서양과 접해 있다.
⑤ 북반구와 남반구에 걸쳐 있다.

10 아시아 대륙에 위치한 나라가 <u>아닌</u> 나라는 어디입니까? (　　　)

① 중국　　　　　　② 일본
③ 네팔　　　　　　④ 이집트
⑤ 튀르키예

11 다음에서 설명하는 나라의 이름을 쓰시오.

> • 위치한 대륙: 아프리카
> • 위도와 경도 범위: 북위 3°~14°, 동경 32°~47°
> • 주변에 있는 대양: 인도양
> • 주변에 있는 나라: 동쪽에는 소말리아, 서쪽에는 수단과 남수단, 북쪽에는 에리트레아와 지부티, 남쪽에는 케냐가 위치

(　　　　　　　　　)

12 남아메리카 대륙에 속해 있는 나라는 어디입니까?
(　　　)

① 페루　　　　　　② 케냐
③ 베트남　　　　　④ 포르투갈
⑤ 오스트레일리아

13 노르웨이에 대한 설명으로 알맞지 <u>않은</u> 것은 어느 것입니까? (　　　)

① 북극에 가깝다.
② 해안선이 복잡하다.
③ 본초 자오선이 육지를 지난다.
④ 스웨덴, 핀란드, 러시아와 국경을 맞대고 있다.
⑤ 스빌바르 제도에는 우리나라의 다산 과학 기지가 있다.

14 유럽 대륙에 속해 있는 나라가 <u>아닌</u> 나라는 어느 나라입니까? (   )

① 영국
② 핀란드
③ 그리스
④ 튀르키예
⑤ 노르웨이

관련 교과서 돋보기

튀르키예
• 북위 35°~43°, 동경 25°~45°에 있습니다.
• 북쪽으로 흑해, 남쪽으로 지중해와 접해 있으며, 유럽의 불가리아, 아시아의 시리아, 이라크, 이란 등과 국경을 맞대고 있습니다.
• 영토는 남북 길이보다 동서 길이가 긴 모양입니다.

15 다음 지도와 같이 남북으로 길게 뻗은 형태의 영토 모양을 가진 나라를 쓰시오.

(   )

16 세계에서 영토 면적이 가장 넓은 나라는 어느 나라입니까? (   )

① 미국
② 중국
③ 캐나다
④ 브라질
⑤ 러시아

서술형

17 지구본을 이용해 우리나라와 면적이 비슷한 나라를 찾는 방법을 쓰시오.

_____

_____

18 칠레의 영토 모양으로 알맞은 것은 어느 것입니까?

(   )

① 'S'자 모양
② 큰 배를 닮은 모양
③ 남북으로 긴 장화 모양
④ 남북으로 길쭉한 'I'자 모양
⑤ 끝이 뾰족한 코뿔소의 뿔 모양

19 아시아 대륙에 있는 나라로, 영토가 코끼리 모양을 닮은 나라는 어느 나라입니까? (   )

① 일본
② 중국
③ 타이
④ 싱가포르
⑤ 사우디아라비아

20 다음 빈칸에 들어갈 알맞은 말을 쓰시오.

> (   )(을)를 이용해 여행 계획을 세우면 가고 싶은 곳, 여행 경로, 다녀온 곳을 표시할 수도 있고, 가고 싶은 곳의 주변 사진이나 관련 정보 등을 알 수 있다.

(   )

1 한 지역에서 여러 해에 걸쳐 나타나는 평균적인 날씨를 뜻하는 말은 무엇입니까? (　　　　)

① 계절　　　　② 기온
③ 기상　　　　④ 기후
⑤ 강수량

> 관련 교과서 돋보기
>
> 세계의 기후
> • 지구는 둥글기 때문에 위도에 따라 햇볕을 받는 양이 달라져 극지방에서 적도 지방으로 갈수록 기온이 점차 높아진다.
> • 위치와 지형에 따라 기온과 강수량이 달라져 세계 여러 지역에서는 다양한 기후가 나타난다.

2 다음 지도의 ㉠, ㉡에 들어갈 알맞은 기후를 쓰시오.

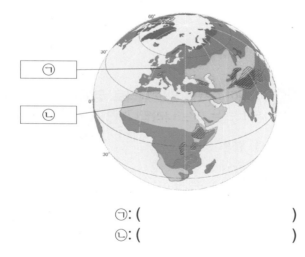

㉠: (　　　　　　　　　)
㉡: (　　　　　　　　　)

3 해발 고도가 높은 고산 지역에서 나타나는 기후는 무엇입니까? (　　　　)

① 한대 기후　　　② 건조 기후
③ 고산 기후　　　④ 열대 기후
⑤ 온대 기후

4 냉대 기후에 대한 설명으로 알맞은 것은 어느 것입니까? (　　　　)

① 북반구에만 분포하는 기후이다.
② 남반구에만 분포하는 기후이다.
③ 남극 대륙에 주로 분포하는 기후이다.
④ 적도 부근에 주로 분포하는 기후이다.
⑤ 중위도 지역에 주로 분포하는 기후이다.

• 서술형 •

5 극지방으로 갈수록 추운 기후가 나타나는 까닭을 쓰시오.

_____

_____

6 열대 기후 지역에 대한 설명으로 알맞지 <u>않은</u> 것은 어느 것입니까? (　　　　)

① 사람들은 화전 농업을 한다.
② 적도 주변에 주로 나타난다.
③ 사막이 나타나거나 초원이 발달한다.
④ 일 년 내내 기온이 높고 강수량이 많다.
⑤ 사람들은 고상 가옥이나 수상 가옥에서 생활한다.

7 다음은 어떤 기후에서 찾아볼 수 있는 사람들의 생활 모습인지 쓰시오.

(　　　　　　　　　)

8 중위도 지역에 주로 나타나며, 다양한 농업이 발달하는 기후는 어느 것입니까? (　　　　)

① 냉대 기후
② 한대 기후
③ 온대 기후
④ 건조 기후
⑤ 열대 기후

9 다음 사진과 같은 농작물을 많이 재배하는 기후는 어느 것입니까? (　　　　)

① 온대 기후
② 건조 기후
③ 한대 기후
④ 열대 기후
⑤ 냉대 기후

10 온대 기후 지역에 여러 산업이 발달한 까닭은 무엇입니까? (　　　　)

① 인구가 많기 때문에
② 목재와 펄프가 많이 생산되기 때문에
③ 겨울은 몹시 춥고 여름이 짧기 때문에
④ 강수량이 적고 기온의 일교차가 매우 크기 때문에
⑤ 연중 기온이 매우 낮아 농사를 짓기 어렵기 때문에

🔍 **관련 교과서 돋보기**

온대 기후

• 중위도 지역에서 주로 나타나며, 계절의 변화가 뚜렷하다.
• 우리나라처럼 겨울보다 여름에 강수량이 많은 지역도 있고, 지중해 주변처럼 여름보다 겨울에 강수량이 많은 지역도 있으며, 일 년 내내 비가 고르게 내리는 곳도 있다.

11 다른 기후 지역보다 온대 기후 지역에 많은 사람들이 살고 있는 까닭으로 알맞은 것을 모두 고르시오.
(　　，　　)

① 기온이 온화하기 때문에
② 강수량이 적당하기 때문에
③ 일 년 내내 기온이 높기 때문에
④ 침엽수림이 널리 분포하기 때문에
⑤ 일 년 내내 비가 많이 내리기 때문에

12 여러 나라 사람들의 생활 모습이 다양해진 원인이 아닌 것은 어느 것입니까? (　　　　)

① 기후
② 종교
③ 지형
④ 언어
⑤ 전통

13 다음 빈칸에 들어갈 알맞은 종족의 이름은 무엇인지 쓰시오.

　　　　　의 전통 의상인 '시카'의 붉은 색은 용감함을 상징합니다.

(　　　　　　　　　)

14 고기를 꼬챙이에 끼워 불에 구운 요리인 케밥은 어느 나라에서 즐겨 먹는 음식입니까? (　　　　)

① 가나
② 이란
③ 멕시코
④ 튀르키예
⑤ 인도네시아

15 다음 사진과 같은 전통 가옥을 짓고 생활하는 나라는 어디인지 쓰시오.

(   )

> 🔍 관련 교과서 돋보기
>
> 게르
> • 초원의 사람들은 가축을 기르며 이동하기 편리한 천막 형식의 집을 지었다.
> • 둥글고 납작한 형태인 게르는 초원의 강한 바람에도 잘 견디고, 빨리 건조되어 이동과 조립이 편리하다.

● 서술형 ●

16 지중해 주변에 있는 그리스에서 다음과 같이 집의 외벽을 하얀색으로 칠하고 창문을 작게 만든 까닭을 쓰시오.

_____

_____

17 다음 빈칸에 들어갈 알맞은 말을 쓰시오.

> 세계 여러 나라 사람들의 다양한 생활 모습은 모두 고유한 (   )을/를 지니고 있기 때문에 서로 이해하고 존중하는 태도가 필요하다.

(   )

18 세계 여러 나라 사람들의 생활 모습에 대한 설명으로 알맞지 <u>않은</u> 것은 어느 것입니까? (   )

① 생활모습이 모두 다양하다.
② 자연환경의 영향을 받는다.
③ 모두 고유한 특징을 갖고 있다.
④ 인문환경의 영향은 받지 않는다.
⑤ 이해하고 존중하려는 자세가 필요하다.

19 세계 여러 지역의 서로 다른 의식주 문화를 조사하는 과정에서 가장 먼저 해야 할 일은 어느 것입니까?

(   )

① 자료 분석하기   ② 결과 정리하기
③ 자료 조사하기   ④ 조사 계획 세우기
⑤ 주제와 조사 지역 정하기

20 케냐 사람들의 생활 모습을 조사하기 위한 조사 계획서를 작성할 때 다음 내용이 들어갈 항목은 어느 것입니까? (   )

> • 케냐의 자연환경과 인문환경
> • 케냐 마사이족 사람들의 의생활 모습
> • 케냐 마사이족 사람들의 식생활 모습
> • 케냐 마사이족 사람들의 주생활 모습

① 조사할 주제
② 조사할 내용
③ 자료 수집 방법
④ 조사할 때 주의할 점
⑤ 조사할 나라 또는 지역

[1~3] 다음 지도를 보고, 물음에 답하시오.

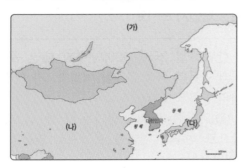

1 위 지도의 (가) 나라에 대한 설명으로 알맞지 <u>않은</u> 것은 어느 것입니까? (   )

① 우리나라의 북쪽에 있다.
② 유럽과 아시아에 걸쳐 있다.
③ 세계에서 인구가 가장 많은 나라이다.
④ 세계에서 영토가 가장 넓은 나라이다.
⑤ 대부분의 지역에서 냉대 기후가 나타난다.

관련 교과서 돋보기

러시아
• 세계에서 영토가 가장 넓은 나라로, 동서로 긴 모양이다.
• 두 대륙의 문화를 바탕으로 문학, 음악, 발레 등이 발달했다.
• 천연자원이 풍부해 다양한 산업이 발달했으며, 세계적인 우주 항공 기술을 갖고 있다.

2 위의 지도에서 다음 설명과 관계있는 나라를 찾아 기호를 쓰시오.

• 네 개의 큰 섬과 6,800개가 넘는 작은 섬들로 이루어져 있다.
• 국토 대부분이 산지이며 화산이 많고 지진 활동이 활발하다.

(   )

3 앞 지도의 (다) 나라의 인문환경에 대한 설명으로 알맞은 것은 어느 것입니까? (   )

① 동쪽에는 평야가 펼쳐져 있다.
② 건조 기후 지역도 넓게 분포한다.
③ 서쪽에는 고원과 산지가 분포한다.
④ 태평양 연안을 따라 공업 지역이 발달하였다.
⑤ 대부분의 인구가 영토의 서남부에 집중되어 있다.

•서술형•

4 일본에서 원료를 수입하여 제품을 만든 후 다른 나라로 수출하는 산업이 일찍부터 발달하였던 까닭을 쓰시오.

_____

_____

5 우리나라와 이웃한 나라지만 전통적으로 면 요리가 발달하지 <u>않은</u> 나라는 어느 나라입니까? (   )

① 일본   ② 중국
③ 미국   ④ 베트남
⑤ 러시아

6 러시아 인구의 대부분이 서부 지역에 분포하는 까닭은 무엇입니까? (   )

① 고원과 산지가 분포하기 때문에
② 영토 모양이 남북으로 길기 때문에
③ 작은 섬들로 이루어져 있기 때문에
④ 서부 지역에 평야가 펼쳐져 있기 때문에
⑤ 동부 해안가 지역에 주요 항구와 대도시가 발달하였기 때문에

7 중국에 방문해서 볼 수 있는 장소가 <u>아닌</u> 것을 모두 고르시오. (　　,　　)

① 후지산　　　　　② 시짱 고원
③ 붉은 광장　　　　④ 고비 사막
⑤ 선전 경제 특구

8 아래와 같이 끝이 뾰족한 나무 젓가락을 사용하는 나라는 어디인지 쓰시오.

(　　　　　　　)

9 우리나라와 함께 한자 문화권에 속하는 나라를 고르시오. (　　,　　)

① 일본　　　　　　② 중국
③ 영국　　　　　　④ 러시아
⑤ 인도네시아

> 🔍 관련 교과서 돋보기
>
> 한자 문화권
> • 일본은 중국의 한자를 변형하거나 간단하게 만든 '가나'를 사용한다.
> • 우리나라에서도 한글과 함께 한자가 표기된 안내판, 간판, 책 등을 볼 수 있으며, 한자어를 쓰기도 한다.

10 우리나라의 최대 무역 상대국은 어느 나라입니까?

(　　　　)

① 독일　　　　　　② 미국
③ 일본　　　　　　④ 중국
⑤ 러시아

11 다음은 우리나라와 이웃 나라가 어떤 분야에서 교류하는 모습인지 쓰시오.

> 한·중·일 3국은 1999년부터 매년 동아시아 지역 공동의 환경 문제를 해결하고자 환경 장관 회의를 열고 있다.
> 2018년에는 초미세 먼지를 한·중·일 3국이 공동으로 연구한 결과를 보고서로 만들었다. 또 2019년에는 향후 5년(2020~2024년) 동안 대기의 상태 개선, 해양·물 환경 관리, 기후 변화 대응 등 8개 환경 분야에서 협력하기로 뜻을 모았다.

(　　　　　　　　　)

12 우리나라와 이웃 나라의 문화 교류 모습으로 알맞은 것은 어느 것입니까? (　　　　)

① 영화 제작, 공연 등을 함께 한다.
② 우리나라는 일본에 전력을 수출한다.
③ 가까운 이웃 나라에서 온 유학생이 많다.
④ 우리나라는 중국과 러시아에서 전력을 수입한다.
⑤ 중국, 일본과 평화와 공동 번영을 목적으로 하는 3국의 국제기구를 설립하였다.

🔖 서술형
13 우리나라와 이웃 나라 사이에 공동의 문제가 발생하는 이유를 쓰시오.

_____

_____

14 미국의 지형과 관련이 <u>없는</u> 것은 어느 것입니까?
( )

① 로키 산맥　　　② 미시시피 강
③ 알프스 산맥　　④ 그랜드 캐니언
⑤ 애칼래치아 산맥

15 베트남에서 벼농사가 많이 이루어지는 까닭으로 알맞은 것은 어느 것입니까? ( )

① 노동력이 풍부하기 때문에
② 연중 강수량이 많고 덥기 때문에
③ 영토가 남북으로 길게 뻗어 있기 때문에
④ 국토의 대부분이 사막으로 이루어져 있기 때문에
⑤ 국토가 크고 넓은 만큼 각종 자원이 풍부하기 때문에

16 다음 설명과 관계있는 나라를 쓰시오.

> • 이슬람교의 발상지로 인구의 대부분이 이슬람교를 믿으며, 사람들은 이슬람교의 경전인 쿠란의 지침에 따라 생활한다.
> • 세계적인 원유 생산 국가로, 우리나라가 원유를 수입하는 대표적인 나라다.

( )

17 우리나라와 최초로 자유 무역 협정(FTA)을 맺은 나라는 어느 나라입니까? ( )

① 칠레　　　　　② 일본
③ 미국　　　　　④ 프랑스
⑤ 오스트레일리아

18 다음과 같은 자연환경을 가진 나라는 어느 나라입니까? ( )

> • 아시아에 있고, 인도양과 접해 있다.
> • 북쪽에는 세계에서 가장 높은 히말라야 산맥이 있으며, 영토가 넓어 지역에 따라 다양한 기후가 나타난다.

① 중국　　　　　② 일본
③ 인도　　　　　④ 베트남
⑤ 스리랑카

관련 교과서 돋보기

히말라야 산맥
　중국의 남쪽과 인도의 북쪽에 있는 산맥으로, 세계의 지붕으로 불리는 에베레스트 산을 포함하고 있는 세계에서 가장 높은 산맥

19 우리나라와 미국의 교류 모습에 대한 설명으로 알맞은 것은 어느 것입니까? ( )

① 우리나라가 석유를 주로 수입한다.
② 우리나라와 무역을 가장 많이 한다.
③ 우리나라 영화가 큰 인기를 얻고 있다.
④ 우리나라가 첨단 기술 제품, 의료 물품, 식품 등을 주로 수출한다.
⑤ 정치, 군사, 경제, 문화 등의 분야에서 밀접한 관계를 맺고 있다.

20 다음 빈칸에 들어갈 알맞은 말을 쓰시오.

> 오늘날 세계 여러 나라는 자국의 이익과 더불어 공동의 문제도 함께 해결하기 위해 서로 ( )하며 협력하고 있다.

( )

1 다음 지도를 보고 독도의 위치에 대해 바르게 설명한 것은 어느 것입니까? (   )

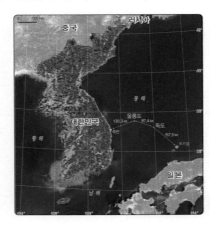

① 하나의 큰 섬으로 이루어져 있다.
② 북위 37°, 동경 132° 가까이에 있다.
③ 우리나라 영토의 서쪽 끝에 있는 섬이다.
④ 우리나라 영토의 남쪽 끝에 있는 섬이다.
⑤ 우리나라, 일본, 중국 세 나라로 둘러싸여 있다.

2 독도에 있는 바위 중 북쪽에서 바라봤을 때 한반도처럼 생긴 바위는 무엇입니까? (   )

① 탕건봉   ② 촛대 바위
③ 한반도 바위   ④ 코끼리 바위
⑤ 삼형제굴 바위

·서술형·

3 독도를 천연기념물 '독도 천연 보호 구역'으로 지정하여 보호하고 있는 까닭을 쓰시오.

_____

_____

4 다음 빈칸에 들어갈 알맞은 숫자를 쓰시오.

> 독도에서 울릉도까지의 거리는 일본 오키섬까지의 거리보다 약 (   ) km 가깝다.

(   )

5 우리나라의 옛 지도 중 독도가 표기된 가장 오래된 다음 지도의 이름은 무엇입니까? (   )

① 「팔도총도」   ② 「해동지도」
③ 「대동여지도」   ④ 「곤여만국전도」
⑤ 「삼국접양지도」

🔍 **관련 교과서 돋보기**

『신증동국여지승람』(1531년)
• 우리나라의 옛 지도 중 우산도(독도)가 표기된 가장 오래된 지도가 있는 책이다.
• 당시 사람들도 동해에 울릉도와 독도가 존재한다는 것을 알고 있었고, 독도를 우리나라의 땅으로 여기고 있었다는 것을 알 수 있습니다.

6 삼국 시대에 우산국을 정벌하여 신라의 영토로 편입시킨 인물은 누구입니까? (   )

① 이순신   ② 안용복
③ 배중손   ④ 이차돈
⑤ 이사부

7 조선의 관리 장한상이 한 일이 가지는 의미로 알맞은 것은 어느 것입니까? (   )

① 독도를 우리 땅으로 편입시켰다.
② 독도가 우리 영토라는 것을 재확인했다.
③ 일본 어민들이 독도에서 고기잡이하는 것을 금지하는 명령을 내렸다.
④ 일본 정부로부터 독도가 우리나라 영토임을 확인하는 문서를 받아 냈다.
⑤ 일본 정부에게 독도가 우리나라 영토임을 주장할 수 있는 근거가 되었다.

🔍 관련 교과서 돋보기

장한상
　안용복 사건으로 인해 1694년 9월 울릉도 수토관으로 임명된 장한상(1656~1724년)은 울릉도를 조사함으로써 독도를 실제로 관측하고 기록한 최초의 관리가 되었다.

8 독도를 지키기 위해 다음과 같은 노력을 한 인물의 이름을 쓰시오.

　울릉도(울릉군)의 군수로 1906년에 일본의 관리들이 독도를 일본의 영토로 만들려 한다는 것을 알고, 이를 바르게 보고하여 정부와 언론이 대처할 수 있도록 했다.

(　　　　　　)

9 독도를 지키기 위해 노력한 사람이 아닌 사람은 누구입니까? (   )

① 최종덕　　　② 이사부
③ 안용덕　　　④ 독도 경비대
⑤ 연합국 최고 사령관

10 남북통일이 필요한 까닭이 아닌 것은 어느 것입니까? (   )

① 국방비가 계속 감소하고 있기 때문에
② 남북한의 문화와 언어가 달라지고 있기 때문에
③ 이산가족이 만나지 못해 고통을 받고 있기 때문에
④ 남북한의 자원과 기술을 효율적으로 사용하지 못하고 있기 때문에
⑤ 많은 사람이 전쟁이 다시 일어날 수도 있다는 불안감 속에서 살고 있기 때문에

11 다음 빈칸에 공통으로 들어갈 알맞은 말을 쓰시오.

　(　　　　　)(은)는 한반도의 평화와 더 나아가서 지구촌의 평화를 위한 중요한 과제다. 또 우리나라가 더욱 발전하기 위해서도 (　　　)(은)는 꼭 이루어져야 한다.

(　　　　　　)

12 남한과 북한이 분단으로 인해 겪는 어려움은 어느 것입니까? (   )

① 남한과 북한에는 달라진 말들이 있다.
② 군사비로 돈을 거의 사용하지 않고 있다.
③ 서로 같은 생활 방식과 가치관을 가지고 있다.
④ 남한과 북한이 평화를 위해 꾸준히 대화하고 있다.
⑤ 많은 사람이 고향을 찾아 가족과 함께 살아가고 있다.

• 서술형 •

13 삽화를 보고, 남북통일을 했을 때의 좋은 점을 쓰시오.

> 북에 계신 어머니가 보고싶어.

_____

_____

_____

14 남북통일을 위한 경제적 노력에 해당하는 것은 어느 것입니까? (   )

① 토론회를 개최했다.
② 남북한 합동 예술단이 함께 공연한다.
③ 남북 철도 연결 사업으로 철도를 복원했다.
④ 남북한의 학자들이 함께 『겨레말큰사전』을 편찬했다.
⑤ 공동 성명을 발표하여 통일과 관련된 합의를 이끌어 냈다.

15 다음 사진에서 확인할 수 있는 남북통일을 위한 노력은 어느 분야에서의 노력입니까? (   )

① 경제적 노력   ② 사회적 노력
③ 정치적 노력   ④ 문화적 노력
⑤ 군사적 노력

16 남북통일을 위한 사회·문화적 노력을 모두 고르시오.
(,   )

① 개성 공단 입주   ② 남북 정상 회담
③ 비무장 지대 개방   ④ 금강산 관광 시작
⑤ 동계 올림픽 공동 입장

17 다음과 같이 남북이 2005년에 합의하여 만든 것은 무엇인지 쓰시오.

(   )

> 🔍 관련 교과서 돋보기
>
> 남북통일을 위한 경제적 노력
>   남한의 자본과 기술력에 북한의 노동력이 결합한 공업 단지가 개성에서 운영되었다.

18 남북 정상 회담에서 판문점 선언이 채택된 연도는 언제입니까? (   )

① 1991년   ② 2005년
③ 2015년   ④ 2018년
⑤ 2020년

19 달라질 통일 한국의 모습으로 알맞지 않은 것은 어느 것입니까? (   )

① 한반도에서 전쟁의 위험이 없어진다.
② 우리나라의 경제가 더욱 성장할 것이다.
③ 북한 이탈 주민의 슬픔이 사라질 것이다.
④ 비무장 지대를 평화롭게 이용할 수 있다.
⑤ 국방비가 줄어들어 국민의 복지 혜택이 줄어들 것이다.

20 다음 빈칸에 들어갈 알맞은 말을 쓰시오.

> 남북이 평화적인 통일을 이룬다면 한반도 뿐만 아니라 (   )의 평화를 지키는 데 크게 기여할 것이다.

(   )

1 지구촌 갈등이 생기는 원인이 <u>아닌</u> 것은 어느 것입니까? (   )

① 영토   ② 종교
③ 민족   ④ 지형
⑤ 자원

[2~3] 다음 지도를 보고, 물음에 답하시오.

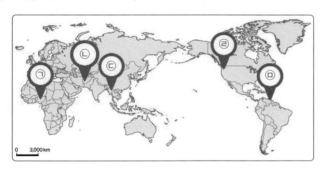

2 위 지도에 표시된 지역 중 갈등을 겪고 있는 지역이 <u>아닌</u> 곳을 찾아 기호를 쓰시오.

(   )

관련 교과서 돋보기

오리노코강 자원 분쟁
　세계 5대 자원 분쟁 지역 중 하나로, 석유를 둘러싼 베네수엘라 정부와 미국 정부 및 석유 회사 사이의 갈등

3 다음 글의 갈등이 일어나는 지역을 위 지도에서 찾아 기호를 쓰시오.

　나이지리아는 1960년에 독립했지만, 이슬람교와 기독교, 토속 신앙이 뒤섞여 오랫동안 종족 및 종교 분쟁을 겪고 있다.

(   )

4 다음 글에서 설명하고 있는 분쟁은 무엇인지 쓰시오.

　유대교를 믿는 이스라엘과 이슬람교를 믿는 팔레스타인 지역의 아랍인들이 영토와 종교 등의 문제로 갈등을 일으키고 있는 분쟁이다.

(   )

5 르완다를 식민 지배하고 투치족과 후투족을 차별하는 정책을 실시하여 두 민족 사이에 갈등을 발생시킨 나라는 어디입니까? (   )

① 영국   ② 벨기에
③ 프랑스   ④ 미얀마
⑤ 포르투갈

서술형

6 지구촌 갈등을 평화롭게 해결하기 위해 우리가 할 수 있는 방법은 무엇인지 쓰시오.

_____

_____

7 다음 빈칸에 들어갈 알맞은 말을 쓰시오.

　돈이나 물건을 단체를 통해 (   )(을)를 함으로써 지구촌 갈등으로 고통 받는 사람들의 일상생활을 경제적으로 도울 수 있다.

(   )

8 다음 그림의 친구가 지구촌 갈등을 평화롭게 해결하기 위해 실천하고 있는 방법은 무엇입니까? (   )

① 글로 써 보기
② 정보 찾아보기
③ 모금 활동하기
④ 홍보 활동하기
⑤ 포스터 제작하기

9 지구촌 갈등을 해결하기 위해 여러 나라가 모여 논해야 하는 까닭을 알맞게 이야기한 친구는 누구입니까?

- 미나: 지구촌 갈등으로 지구 온난화가 심해지기 때문이야.
- 진수: 지구촌 갈등은 어느 한 나라만의 문제가 아니기 때문이야.
- 연우: 지구촌 갈등으로 다른 나라를 여행하기 어렵기 때문이야.

(   )

10 다음 글이 설명하고 있는 국제기구에 대한 설명으로 알맞지 않은 것은 어느 것입니까? (   )

두 차례의 세계 대전을 계기로 세계는 평화로운 방법으로 갈등을 해결하는 것이 중요하다는 점을 깨닫고 단체를 만들었다.

① 1945년에 설립되었다.
② 190개가 넘는 국가가 가입했다.
③ 프랑스 파리에 본부를 두고 있다.
④ 제2차 세계 대전 이후에 만들어졌다.
⑤ 다양한 국제기구를 산하에 두고 있다.

11 세계 경제 문제에 함께 대응하기 위해 노력하는 국제 기구는 어디입니까? (   )

① 국제 연합(UN)
② 국제 노동 기구(ILO)
③ 국제 원자력 기구(IAEA)
④ 국제 올림픽 위원회(IOC)
⑤ 경제 협력 개발 기구(OECD)

🔍 관련 교과서 돋보기

국제 올림픽 위원회(IOC)
  세계 평화의 상징인 올림픽을 개최하고, 스포츠 시설이 필요한 지역을 지원하는 단체

12 국제 연합(UN)의 여러 기구 중 위기 상황에 있는 아동을 돕고 보호하는 활동을 하는 기구는 어느 것입니까? (   )

① 세계 식량 계획(WFP)
② 세계 보건 기구(WHO)
③ 유엔 난민 기구(UNHCR)
④ 유엔 아동 기금(UNICEF)
⑤ 유엔 교육 과학 문화 기구(UNESCO)

• 서술형

13 국제 연합의 여러 기구 중 하나인 국제 노동 기구(ILO)에서 하는 일을 쓰시오.

_____

_____

14 환경, 인권, 빈곤과 기아, 평화 등 다양한 분야에서 활동하며 공공의 이익을 추구하는 시민 사회 단체는 무엇인지 쓰시오.

(   )

15 부당하게 인권을 탄압받는 사람들의 인권을 보호하기 위한 활동을 하는 비정부 기구는 어느 것입니까?

( )

① 해비타트　　　　　② 그린피스
③ 국제 앰네스티　　　④ 국경 없는 의사회
⑤ 세이브 더 칠드런

16 비정부 기구가 <u>아닌</u> 것은 어느 것입니까? ( )

① 그린피스　　　　　　② 국경 없는 의사회
③ 세이브 더 칠드런　　④ 국제 원자력 기구
⑤ 핵무기 폐기 국제 운동

17 다음 글에서 설명하고 있는 인물은 누구입니까?

( )

> 의사 출신의 신부로, '톤즈의 슈바이처'로 불린다. 오랜 전쟁으로 폐허가 된 남수단의 톤즈로 건너가 병원을 세우고 아픈 사람들을 치료했으며, 배고픔과 식수난에 시달리는 사람을 위해 일생을 바쳤다.

① 이태석 신부　　　　② 이종욱 박사
③ 테레사 수녀　　　　④ 마하트마 간디
⑤ 나디아 무라드

🔍 관련 교과서 **돋보기**

지구촌 갈등 해결을 위해 노력한 사람들
• 이종욱 박사: 소아 마비 예방에 힘쓴 인물로, '백신의 황제'라는 별명으로도 불린다.
• 나디아 무라드: 이라크의 인권 운동가로, 난민 여성들의 인권 신장을 위해 노력하는 인물이다.

18 해비타트에서 지구촌의 평화를 위해 하는 활동은 무엇입니까? ( )

① 아동을 보호하고 의료적으로 지원한다.
② 핵무기 사용을 금지하게 하고 핵무기를 없애자는 활동을 한다.
③ 전쟁과 질병 등으로 고통 받는 사람들을 의료적으로 구호한다.
④ 지뢰를 제거하고 지뢰를 더 이상 사용하지 않도록 하는 활동을 한다.
⑤ 주거 환경이 좋지 않거나 살 곳이 없어 어려움을 겪는 사람에게 집을 지어 준다.

19 지구촌의 평화를 위해 친구들과 비정부 기구 활동 계획서를 작성할 때 들어갈 내용으로 알맞지 <u>않은</u> 것은 어느 것입니까? ( )

① 단체 이름　　　　　② 활동 목적
③ 활동 효과　　　　　④ 홍보 방법
⑤ 활동 방법

20 다음 빈칸에 공통으로 들어갈 알맞은 말을 쓰시오.

> 친구들이 함께 모여 만든 '비정부 기구 활동 계획서'를 바탕으로 ( ) 자료를 만들어 ( ) 마당을 열면, 나와 친구들이 관심 있는 분야에 대해 더욱 효과적으로 알릴 수 있고, 다른 사람과 관심 있는 분야에 대한 생각을 나눌 수 있다.

( )

1 산업의 발달에 따라 화석 연료의 사용량이 급격히 늘어나면서 발생한 지구촌의 환경 문제는 어느 것입니까? (   )

① 사막화   ② 도시화
③ 쓰레기 문제   ④ 지구 온난화
⑤ 열대 우림 파괴

2 다음 글이 설명하는 지역은 어디인지 쓰시오.

'지구의 허파'라고 불리는 곳으로 2019년 8월부터 2020년 7월 사이에 12년 만에 최대 규모로 파괴되었다.

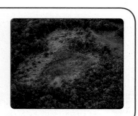

(   )

3 지구 온난화로 인해 세계 곳곳에서 나타나고 있는 이상 기후 현상이 <u>아닌</u> 것은 어느 것입니까? (   )

① 폭설이 자주 내린다.
② 태풍이 자주 발생한다.
③ 미세 먼지 농도가 심해진다.
④ 극지방의 빙하가 녹고 있다.
⑤ 더위가 심한 날이 많아지고 있다.

🔍 관련 교과서 돋보기

미세 먼지
　대기 중에 떠다니며 눈에 보이지 않을 정도로 작은 먼지로, 대기오염 물질을 배출하는 시설과 자동차, 선박, 건설 기계 등에서 배출된다.

4 지구촌 환경 문제를 해결하고 지속 가능한 미래를 만들기 위해 개인이 하고 있는 노력을 두 가지 고르시오.
(,   )

① 친환경 제품 사용하기
② 정책과 법령 마련하기
③ 친환경 소재 개발하기
④ 환경 캠페인 참여하기
⑤ 친환경 에너지 생산하기

• 서술형 •

5 환경 문제를 해결하기 위해 기업이 하고 있는 노력을 쓰시오.

_____

_____

6 지구촌의 환경 문제를 해결하기 위해 개인, 기업, 국가, 세계가 함께 노력해야 하는 까닭으로 알맞지 <u>않은</u> 것은 어느 것입니까? (   )

① 환경 문제는 한 지역에만 영향을 미치기 때문에
② 환경 문제는 지구촌 전체에 영향을 미치기 때문에
③ 환경 문제는 미래 세대까지 영향을 미치기 때문에
④ 지구촌은 많은 사람이 살아가는 소중한 삶의 터전이기 때문에
⑤ 환경 문제는 한 개인이나 국가의 힘만으로는 해결할 수 없기 때문에

7 아래 사진들과 같이 사람과 자연, 환경이 조화되며 공생할 수 있는 체계를 갖춘 도시는 무엇인지 쓰시오.

▲ 강원도 홍천군 소매곡리 마을　　▲ 독일 프라이부르크

(　　　　　　　)

> 관련 교과서 돋보기
>
> 소매곡리 마을
>   가축 분뇨를 도시가스와 퇴비로 만들어주는 친환경 시설을 갖춘 마을로, 하천을 오염시키던 가축 분뇨를 이용해 에너지를 생산하고 환경 문제까지 해결하고 있다.

8 환경을 생각하는 생산과 소비의 사례에 해당하는 것은 어느 것입니까? (　　　　　)

① 옷을 대량으로 생산한다.
② 안 입는 옷은 기부를 한다.
③ 유행에 따라 새 옷을 자주 산다.
④ 대부분 합성 섬유로 옷을 만든다.
⑤ 옷을 만들 때 염색과 표백을 많이 한다.

9 다음 빈칸에 공통으로 들어갈 알맞은 말을 쓰시오.

> 우리나라는 (　　　　　)적으로 생산한 농산물, 축산물, 수산물에 (　　　　) 인증 표시를 하는 제도를 실시하고 있다.

(　　　　　　　)

10 환경을 생각하는 소비 방식이 <u>아닌</u> 것은 어느 것입니까? (　　　　　)

① 공정 무역 제품을 구입한다.
② 포장이 없는 제품을 구입한다.
③ 환경 친화적인 방식으로 생산한 제품을 구입한다.
④ 필요한 만큼만 덜어서 살 수 있는 제품을 구입한다.
⑤ 화학 비료나 농약을 많이 사용하여 재배한 농작물을 구입한다.

11 생활 필수품이 부족하여 최소한의 삶을 살아가기 어려운 상황을 뜻하는 말은 무엇입니까? (　　　　　)

① 기아　　　　　　② 고아
③ 빈곤　　　　　　④ 문맹
⑤ 영양 부족

12 빈곤과 기아 문제가 발생하는 까닭이 <u>아닌</u> 것은 것입니까? (　　　　　)

① 전쟁이 지속되기 때문에
② 식량 생산량이 줄어들었기 때문에
③ 곡물을 골고루 분배하지 못하기 때문에
④ 곡물이 식량 외의 용도로 쓰이기 때문에
⑤ 다른 나라의 고유한 문화와 전통을 이해하지 못하기 때문에

· 서술형 ·

13 빈곤과 기아를 퇴치하기 위한 노력을 쓰시오.

_____

_____

14 빈곤과 기아 문제를 해결하기 위해 지구촌의 모든 나라가 협력해야 하는 까닭으로 알맞은 것은 어느 것입니까? (   )

① 전쟁을 예방하기 위해
② 경제적 이익이 생기기 때문에
③ 세계 통일 국가를 세우기 위해
④ 국제 연합의 제재를 피하기 위해
⑤ 한 국가의 노력만으로 해결하기 어렵기 때문에

15 사람들이 문화적 편견과 차별로 고통을 받는 원인이 아닌 것은 어느 것입니까? (   )

① 종교가 다르기 때문에
② 생김새가 다르기 때문에
③ 피부색이 다르기 때문에
④ 좋아하는 음악이 다르기 때문에
⑤ 즐겨 먹는 전통 음식이 다르기 때문에

16 차별로 이어져 갈등의 원인이 되기도 하는 것은 무엇입니까? (   )

① 편견   ② 편협
③ 대립   ④ 차이
⑤ 가치관

관련 교과서 돋보기

문화적 편견에 따른 차별 사례
• 특정 종교가 무서워서 그 종교를 믿는 사람을 피한다.
• 맨손으로 음식을 먹는 문화를 비위생적이라고 생각한다.
• 뺨을 번갈아 맞대고 인사하는 모습을 이상하게 바라본다.

17 문화적 편견과 차별 문제를 해결하기 위한 노력이 아닌 것은 것입니까? (   )

① 홍보 캠페인을 연다.
② 문화 체험 행사를 연다.
③ 전문가의 상담을 지원한다.
④ 다양한 문화 이해 교육을 한다.
⑤ 물통이나 생명 빨대를 무료로 제공한다.

18 다음 빈칸에 들어갈 알맞은 말을 쓰시오.

> 사람들이 현재뿐만 아니라 미래 세대의 발전을 위해 책임감 있게 행동해 지속 가능성을 높여 가는 것을 (   )(이)라고 한다.

(   )

19 지구촌에서 일어나는 문제가 우리의 문제임을 알고 이를 해결하고자 협력하는 자세를 지닌 사람을 무엇이라 합니까? (   )

① 한국 시민   ② 세계 시민
③ 전통 시민   ④ 국제 시민
⑤ 미래 시민

20 세계 시민의 자세로 알맞지 않은 것은 어느 것입니까? (   )

① 지구촌 문제에 관심을 갖는다.
② 지구촌의 문제가 나의 문제라고 생각한다.
③ 지구촌을 우리의 소중한 자산으로 여긴다.
④ 지구촌 문제를 해결하고자 협력하는 자세를 갖는다.
⑤ 국제 연합이 모든 지구촌 문제를 해결해야 한다고 생각한다.

1 세계 지도의 특징으로 알맞지 <u>않은</u> 것은 어느 것입니까? (   )

① 가지고 다니기 불편하다.
② 땅과 바다가 실제와 다르게 표현된다.
③ 세계의 전반적인 특징을 이해하기 좋다.
④ 세계 여러 나라의 위치를 숫자로 정확하게 나타낼 수 있다.
⑤ 세계 여러 나라의 위치와 영역을 한눈에 살펴볼 수 있다.

2 디지털 영상 지도가 종이로 된 세계 지도보다 더 편리한 점을 모두 고르시오. (,   )

① 확대와 축소가 자유롭다.
② 다양한 정보를 얻을 수 있다.
③ 부피가 커서 가지고 다니기 편리하다.
④ 입체이기 때문에 자유롭게 회전하며 살펴볼 수 있다.
⑤ 인터넷을 연결하지 않아도 다양한 기능을 이용할 수 있다.

• 서술형 •
3 둥근 지구를 세계 지도처럼 평면에 나타내면 실제 모습과 다른 점이 생기는 까닭을 쓰시오.

_____

_____

🔍 관련 교과서 돋보기

인도와 그린란드
세계 지도에서 그린란드는 인도보다 크게 표현되어 있지만, 실제로는 그린란드가 인도보다 작다.

4 다음 빈칸에 들어갈 알맞은 말을 쓰시오.

> 위도 0°인 (   )(을)를 기준으로 지구를 반으로 나누면 북반구와 남반구가 된다.

(   )

5 다음 바다에 대한 설명으로 알맞은 것은 어느 것입니까? (   )

① 세계에서 가장 큰 바다이다.
② 우리나라와 인접한 바다이다.
③ 대륙으로 둘러싸여 있지 않다.
④ 아프리카, 아시아, 오세아니아 대륙의 사이에 있다.
⑤ 바다의 남쪽은 남극해, 북쪽은 북극해와 닿아 있다.

6 지구의 대륙 중 면적이 가장 넓은 것은 어느 것입니까? (   )

① 아시아   ② 아프리카
③ 북아메리카   ④ 남아메리카
⑤ 오세아니아

7 남반구에 속한 가장 작은 대륙으로 아시아 대륙 남쪽에 있는 대륙을 쓰시오.

(   )

8 대서양 주변에 있는 대륙이 <u>아닌</u> 것은 어느 것입니까?
(   )

① 유럽   ② 아시아
③ 아프리카   ④ 북아메리카
⑤ 남아메리카

9 아시아, 유럽, 북아메리카에 둘러싸여 있는 대양은 어느 것입니까? (   )

① 태평양   ② 대서양
③ 인도양   ④ 북극해
⑤ 남극해

> **관련 교과서 돋보기**
>
> 북극
>   북극은 육지처럼 보이지만, 북극의 대부분은 얼어붙은 바다로 구성되어 있다.

10 아래에 표시된 국가에 대한 설명으로 알맞은 것은 어느 것입니까? (   )

① 남쪽에 미국이 있다.
② 동쪽에 뉴질랜드가 있다.
③ 남아메리카 대륙에 위치한다.
④ 동쪽에 태평양을 접하고 있다.
⑤ 서쪽에 인도양을 접하고 있다.

11 이집트의 영토 모양에 대한 설명으로 알맞은 것은 어느 것입니까? (   )

① 모두 바다에 둘러싸여 있다.
② 여러 부분으로 나뉘어 떨어져 있다.
③ 육지에 둘러싸여 바다와 접하지 않는다.
④ 동서남북 모든 방향에서 길이가 비슷하다.
⑤ 삼면이 바다이고 다른 면은 육지에 연결되어 있다.

· 서술형 ·

12 아래 지도에 표시된 국가의 이름을 쓰고, 위치를 '대륙'과 '대양'을 넣어 설명하시오.

(1) 나라 이름: (   )

(2) 위치: _____

_____

13 다음에서 설명하는 나라의 이름을 쓰시오.

> • 남반구에 위치합니다.
> • 동쪽에 인도양, 서쪽에 대서양이 있다.
> • 아프리카 대륙의 가장 남쪽에 위치하고 있다.

(   )

14 아래와 같이 아프리카에 위치해 있고 영토가 둥근 모양인 나라는 어디입니까? (   )

① 페루   ② 리비아
③ 탄자니아   ④ 가이아나
⑤ 말레이시아

15 세계에서 영토 면적이 가장 넓은 나라는 어디입니까?

(   )

① 인도   ② 중국
③ 캐나다   ④ 러시아
⑤ 바티칸 시국

🔍 관련 교과서 돌보기

바티칸 시국
　바티칸 시국은 교황청이 통치하는 가톨릭 국가로, 세계에서 인구가 가장 적고 영토가 가장 작은 나라이며, 영토 면적은 경복궁보다 약간 크다.

16 아시아에 있는 최대 원유 수출국은 어디입니까?

(   )

① 몽골   ② 인도
③ 중국   ④ 러시아
⑤ 사우디아라비아

17 아시아에 있고 많은 섬과 복잡한 해안선으로 이루어진 나라는 어디입니까? (   )

① 영국   ② 이란
③ 우루과이   ④ 말레이시아
⑤ 인도네시아

18 타이의 영토 모양에 대한 설명으로 알맞은 것은 무엇입니까? (   )

① 둥근 모양이다.
② 코끼리와 비슷하다.
③ 국경선이 일직선이다.
④ 육지로 둘러싸여 있다.
⑤ 동서로 길게 뻗어 있다.

19 세계 일주를 계획할 때 활용하기 좋은 지도는 무엇인지 쓰시오.

(   )

20 다음 ●보기●는 지구본, 세계 지도, 디지털 영상 지도 등을 활용하여 세계의 여러 나라를 소개하는 방법을 나타낸 것입니다. 순서에 맞게 기호를 쓰시오.

┌─●보기●─┐
ㄱ 조사하기
ㄴ 조사 계획 세우기
ㄷ 조사할 나라 정하기
ㄹ 내용 정리 및 발표하기
└────────┘

(   )

[1~3] 다음 지도를 보고, 물음에 답하시오.

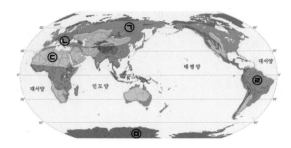

1 위 지도에서 사계절이 나타나며 온대 기후보다 겨울이 길고 추운 기후가 나타나는 지역을 찾아 기호를 쓰시오.

(   )

2 위 지도의 ⓒ 지역에 대한 설명으로 알맞은 것은 어느 것입니까? (   )

① 일 년 내내 평균 기온이 매우 낮다.
② 일 년 내내 기온이 높고 연 강수량이 많다.
③ 일 년 동안의 강수량이 500 mm보다 적다.
④ 사계절이 뚜렷하고 기온이 온화하며 강수량이 풍부한 편이다.
⑤ 고도가 높은 지역에서 나타나며, 주변의 고도가 낮은 지역보다 기온이 낮다.

3 ⓛ와 ⑩의 중간 기후로 알맞은 것은 어느 것입니까?

(   )

① 건조 기후   ② 열대 기후
③ 고산 기후   ④ 냉대 기후
⑤ 사막 기후

4 한대 기후가 주로 나타나는 지역은 어디입니까?

(   )

① 고위도 지역
② 강수량이 적은 지역
③ 태평양과 맞닿아 있는 지역
④ 적도를 중심으로 한 저위도 지역
⑤ 주로 위도 20°~30° 일대와 바다에서 멀리 떨어진 지역

5 세계의 기후가 다른 까닭으로 알맞지 <u>않은</u> 것은 어느 것입니까? (   )

① 지구가 둥글기 때문에
② 각 나라의 인구가 서로 다르기 때문에
③ 각 나라의 위치가 서로 다르기 때문에
④ 각 나라의 지형이 서로 다르기 때문에
⑤ 위도에 따라 받는 햇빛의 양이 다르기 때문에

🔍 **관련 교과서 돋보기**

위도에 따라 받는 햇빛의 양이 다른 이유
  햇빛을 수직에 가깝게 받아 좁은 지역에 햇빛이 집중되는 적도 부근은 기온이 높고, 햇빛을 비스듬히 받아 넓은 지역에 열이 분산되는 극지방 부근은 기온이 낮다.

6 침엽수림이 널리 분포해 목재와 펄프가 많이 생산되는 지역의 기후는 어느 것입니까? (   )

① 건조 기후   ② 열대 기후
③ 온대 기후   ④ 한대 기후
⑤ 냉대 기후

· 서술형 ·

7 아래와 같은 지역에 사는 사람들의 생활 모습을 쓰시오.

_____

_____

8 열대 기후 지역에서 많이 재배되는 식물이 <u>아닌</u> 것은 어느 것입니까? (   )

① 얌　　　　　② 커피
③ 카카오　　　④ 올리브
⑤ 카사바

> **관련 교과서 돋보기**
>
> **이동식 화전 농업**
> 열대 기후 지역에서 척박한 땅에 농경지 확보를 위해 숲에 불을 놓고 농사를 지어 2~3년 주기로 이동하는 농업 방식

9 남아메리카의 고산 지대에 도시가 발달한 이유로 알맞은 것은 어느 것입니까? (   )

① 강수량이 많기 때문에
② 일 년 내내 날씨가 서늘하기 때문에
③ 침엽수림이 널리 분포해 있기 때문에
④ 가축을 키우기 좋은 환경이기 때문에
⑤ 작물을 재배하기 좋은 환경이기 때문에

10 다음 빈칸에 들어갈 알맞은 말을 쓰시오.

> 초원 지역에 사는 사람들은 가축에게 먹일 물과 풀을 찾아 이동하며 살아가는 (   ) 생활을 하기도 합니다.

(   )

11 종교의 영향으로 소고기를 피하고 닭고기를 이용한 음식을 많이 먹는 나라는 어디입니까? (   )

① 영국　　　　② 몽골
③ 인도　　　　④ 알제리
⑤ 멕시코

12 아래의 ㉠, ㉡에 들어갈 알맞은 말을 쓰시오.

> 나라마다 지형, 기후 등의 (㉠)(와)과 풍습, 종교 등의 (㉡)(이)가 서로 달라 옷의 형태나 소재, 음식의 재료나 조리법이 다양하고, 집을 짓는 재료나 집의 모양도 다르게 나타난다.

㉠: (   )
㉡: (   )

13 다음과 같은 생활 모습을 볼 수 있는 나라는 어느 나라입니까? (   )

① 러시아　　　② 멕시코
③ 세네갈　　　④ 그리스
⑤ 파푸아 뉴기니

종합평가 **23**

14 멕시코 사람들의 생활 모습으로 알맞지 <u>않은</u> 것은 어느 것입니까? (   )

① 타코를 즐겨 먹는다.
② 유럽식 건물과 광장이 많다.
③ 수상 가옥을 많이 볼 수 있다.
④ 긴 천에 구멍을 뚫어 만든 판초를 걸친다.
⑤ 햇볕을 가려 주는 챙이 넓은 모자를 쓴다.

> 🔍 관련 교과서 돋보기
>
> 멕시코
> • 해발 고도가 2,000 m를 넘는 높은 지역이기 때문에 햇볕이 강하고, 낮과 밤의 기온 차가 크다.
> • 과거 멕시코에는 유럽 문화가 유입되어서, 오늘날 도시 곳곳에서 그 흔적을 찾을 수 있다.

15 몽골의 초원 지역에서 유목 생활을 하는 사람들이 사는 이동식 가옥의 이름은 무엇인지 쓰시오.

(   )

16 세계 각 지역의 특색 있는 의식주 생활 모습을 조사하는 방법으로 알맞은 것을 모두 고르시오. (,   )

① 관련있는 책 읽기
② 친구들과 토론하기
③ 인터넷으로 검색하기
④ 직접 여행하며 사진 찍기
⑤ 상상한 내용을 그림으로 그려보기

17 환경에 따라 달라지는 생활 모습을 조사하기 위한 계획을 세우는 과정에서 해야 할 일은 어느 것입니까?
(   )

① 주제 정하기   ② 결과 예상하기
③ 결과 정리하기   ④ 자료 분석하기
⑤ 조사할 내용과 방법 정하기

•서술형•

18 환경이 세계 여러 나라 사람들의 생활 모습에 미치는 영향을 조사할 때 생각해야 할 점은 무엇인지 쓰시오.

_____

_____

19 아래 글의 빈칸에 들어갈 알맞은 말을 모두 고르시오.
(,   )

> 세계 여러 나라의 서로 다른 생활 모습을 (   )하고 (   )하려는 마음가짐이 필요하다.

① 수용   ② 혐오
③ 존중   ④ 이해
⑤ 타협

20 다음 빈칸에 들어갈 알맞은 말을 쓰시오.

> 세계 여러 나라의 생활 모습은 지역마다 다르게 나타나는데, 이는 한 지역에 오랫동안 함께 살아온 사람들이 그 지역의 (   )에 적응해 온 모습이 다르기 때문이다.

(   )

1 우리나라와 이웃 나라로 볼 수 있는 나라를 모두 고르시오. (　,　,　)

① 미국　　　　② 중국
③ 일본　　　　④ 베트남
⑤ 러시아

2 아래 나라에 대한 설명으로 알맞지 <u>않은</u> 것은 어느 것입니까? (　　　)

① 천연자원이 매우 풍부하다.
② 세계에서 가장 넓은 나라이다.
③ 유럽과 아시아 대륙에 걸쳐 있다.
④ 동쪽과 서쪽 지역 간에 시간 차이가 10시간 정도 난다.
⑤ 인구는 대부분 우리나라와 가까운 동쪽 지역에 모여 있다.

🔍 관련 교과서 돋보기

시베리아 횡단열차
　한국과 가까운 러시아 동쪽의 블라디보스토크에서 출발해 일 주일을 달려 러시아의 수도 모스크바까지 도착하는 열차

▸ 서술형 ◂
3 일본의 자연환경을 두 가지 쓰시오.

_____

_____

4 일본에서 공업 지역이 발달한 지역은 어디입니까?
(　　　)

① 홋카이도　　　② 동해 연안
③ 후지산 주변　　④ 태평양 연안
⑤ 시짱 고원 주변

5 세계에서 가장 높은 고원으로, 만년설이 나타나고 초원 지대에서는 목축이 이루어지는 중국의 자연환경은 어느 것입니까? (　　　)

① 화난 평야　　　② 타커라마간 사막
③ 서시베리아 평원　④ 시짱(티베트) 고원
⑤ 사쿠라지마산(가고시마)

6 중국의 대도시가 밀집해 있는 곳은 어디입니까?
(　　　)

① 서부 고원 지역　② 동부 해안 지역
③ 서부 사막 지역　④ 동부 산지 지역
⑤ 남부 평야 지역

7 다음은 우리나라와 이웃한 나라 중 어느 나라의 생활 모습인지 쓰시오.

- 흑빵, 보르시, 샤실리크 등의 음식을 포크, 칼, 숟가락을 사용해서 먹는다.
- 통나무를 쌓아 올려서 만든 이즈바라는 전통 가옥이 있다.

(　　　　　　　)

8 우리나라, 중국, 일본의 젓가락에 대한 설명으로 알맞은 것은 어느 것입니까? (   )

① 일본은 금속 젓가락을 사용한다.
② 중국은 젓가락을 사용하지 않는다.
③ 우리나라는 금속 젓가락을 사용한다.
④ 중국은 끝이 뾰족한 젓가락을 사용한다.
⑤ 일본은 끝이 뭉툭한 젓가락을 사용한다.

9 우리나라, 일본, 중국이 한자 문화권에 속하는 까닭은 무엇입니까? (   )

① 바다와 인접해있기 때문에
② 한자가 쓰기 편리하기 때문에
③ 모두 고원 지대에 살고 있기 때문에
④ 오래전부터 러시아와 싸워왔기 때문에
⑤ 오래전부터 자연스럽게 교류했기 때문에

🔍 관련 교과서 돋보기

키릴 문자
  러시아에서 사용하고 있는 문자로, 9세기에 만들어졌다. 키릴 문자는 그리스 문자의 영향을 받은 문자이며, 영어의 알파벳처럼 대문자와 소문자가 존재한다.

10 우리나라와 이웃 나라 간에 이루어지고 문화적 교류로 알맞은 것은 어느 것입니까? (   )

① 활발한 무역을 하고 있다.
② 일자리를 구하러 이동하기도 한다.
③ 외국의 공연단이 우리나라에서 공연을 한다.
④ 원활한 에너지 공급을 위해 서로 협력하고 있다.
⑤ 각 나라의 대표들이 모여 여러 문제를 논의한다.

11 다음 빈칸에 들어갈 알맞은 말을 쓰시오.

> 우리나라는 이웃 나라와 정치적, 외교적 문제로 (   )(을)를 겪기도 하지만 이를 해결하기 위해 노력하고 있다.

(   )

12 우리나라가 오스트레일리아에서 많이 수입하는 것이 아닌 것은 어느 것입니까? (   )

① 석탄   ② 과일
③ 소고기   ④ 철광석
⑤ 알루미늄

• 서술형 •
13 우리나라와 이웃 나라가 서로 이해하고 협력하는 태도를 가져야 하는 까닭을 쓰시오.

_____

_____

14 다음에서 설명하고 있는 나라는 어디입니까?
(   )

> • 세계적인 원유 생산국으로, 우리나라가 원유를 수입하는 대표적인 나라다.
> • 주로 건조 기후가 나타나며, 국민의 대부분이 이슬람교를 믿는다.

① 인도   ② 카타르
③ 이라크   ④ 이집트
⑤ 사우디아라비아

15 우리나라가 항공 운항을 가장 많이 한 나라는 어디입니까? (   )

① 중국　　　　　② 일본
③ 미국　　　　　④ 필리핀
⑤ 베트남

16 베트남에 대한 설명으로 알맞지 <u>않은</u> 것은 어느 것입니까? (   )

① 동남아시아에 있는 나라이다.
② 영토가 동서로 길게 뻗어 있다.
③ 영토 면적은 우리나라의 약 1.5배이다.
④ 북부 지역은 상대적으로 계절 차이가 크다.
⑤ 연중 강수량이 많고 더우며, 넓은 평야가 펼쳐져 있어서 벼농사가 발달했다.

🔍 관련 교과서 돋보기

베트남
• 세계 여러 나라에 쌀을 많이 수출한다.
• 노동력이 풍부하여 경공업이 발달했다.
• 우리나라가 수출을 많이 하는 나라 중 하나이며, 우리나라와 인적 자원을 많이 교류하고 있다.

17 미국의 자연환경에 대한 설명으로 알맞은 것은 어느 것입니까? (   )

① 서쪽에는 평원이 있다.
② 주로 건조 기후가 나타난다.
③ 중앙에는 고원과 산지가 있다.
④ 지하자원과 에너지 자원이 풍부하다.
⑤ 영토의 면적이 세계에서 두 번째로 넓다.

18 미국의 첨단 산업이 발달한 지역으로, 세계적으로 널리 알려진 기업들이 모여 있는 곳은 어디인지 쓰시오.

(   )

19 다음 빈칸에 들어갈 알맞은 경제 공동체를 쓰시오.

(   )(와)과 자유 무역 협정(FTA)을 맺은 우리나라는 독일, 네덜란드, 이탈리아, 영국, 프랑스 등의 나라에 자동차와 전기 자동차 및 배터리 등을 수출하고, 자동차, 의약품, 가방 등을 수입하고 있다.

(   )

20 우리나라가 세계 여러 나라와 활발히 교류하면 좋은 점이 <u>아닌</u> 것은 어느 것입니까? (   )

① 서로를 이해할 수 있다.
② 함께 성장하고 발전할 수 있다.
③ 해결하기 어려운 문제를 해결할 수 있다.
④ 우리의 전통문화를 온전히 보전할 수 있다.
⑤ 서로의 사고방식과 생활에 좋은 영향을 주고받을 수 있다.

1 다음 지도를 보고 독도의 위치를 바르게 설명한 것은 어느 것입니까? (　　　)

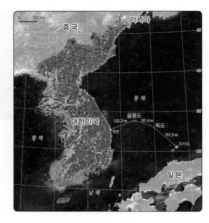

① 동경 37°에 있다.
② 북위 132°에 있다.
③ 우리나라 영토의 서쪽 끝에 있다.
④ 울릉도에서 독도까지의 거리는 157.5 km이다.
⑤ 독도는 일본의 오키섬보다 울릉도와의 거리가 더 가깝다.

2 독도가 군사적으로 중요한 까닭으로 알맞은 것은 무엇입니까? (　　　)

① 동해의 중심에 있기 때문에
② 서해의 중심에 있기 때문에
③ 세계의 중심에 있기 때문에
④ 한반도만큼 큰 섬이기 때문에
⑤ 러시아와 가까운 곳에 있기 때문에

3 독도에서 볼 수 있는 시설이 <u>아닌</u> 것은 어느 것입니까? (　　　)

① 물골　　　　② 등대
③ 공항　　　　④ 접안 시설
⑤ 주민 숙소

4 독도를 천연 보호 구역으로 지정해 보호하고 있는 까닭을 두 가지 고르시오. (　　 ,　　)

① 사람들이 살지 않는 무인도이기 때문에
② 대부분 암석으로 이루어져 있기 때문에
③ 철새들이 이동하는 길목에 있기 때문에
④ 세계에서 가장 오래된 화산섬이기 때문에
⑤ 다양하고 독특한 동식물이 서식하고 있기 때문에

> 🔍 **관련 교과서 돋보기**
>
> **독도의 생태 환경**
> 　독도 주변의 바다는 북쪽에서 내려오는 차가운 바닷물과 남쪽에서 올라오는 따뜻한 바닷물이 만나는 곳으로, 플랑크톤이 풍부해 여러 물고기가 살기 좋은 환경을 갖추고 있다.

5 독도에서 볼 수 있는 다음 바위의 이름은 무엇인지 쓰시오.

(　　　　　　　　　　)

6 조선 시대에 독도 주변에서 어업을 하는 일본의 어부들을 쫓아내고 독도가 우리 땅임을 확인 받은 인물은 누구입니까? (　　　)

① 이사부　　　② 이순신
③ 장한상　　　④ 안용복
⑤ 장보고

7 다음 빈칸에 공통으로 들어갈 알맞은 인물의 이름을 쓰시오.

> 1906년, (   )(은)는 울릉도를 찾아온 일본 관리들로부터 일본이 독도를 자신들의 영토로 삼았다고 말하는 것을 들었다. (   )(은)는 다음 날 즉시 강원도 관찰사에게 이를 보고했다.

(   )

서술형

8 우리나라가 독도와 관련된 여러 법령을 시행하고 여러 연구 기관을 운영하고 있는 이유를 쓰시오.

_____

_____

9 오늘날 독도를 지키기 위해 노력하는 단체가 <u>아닌</u> 것은 어느 것입니까? (   )

① 독도박물관　　　　② 독립기념관
③ 독도연구소　　　　④ 독도 경비대
⑤ 사이버 외교 사절단, 반크(VANK)

관련 교과서 돋보기

사이버 외교 사절단, 반크(VANK)
　다른 나라의 교과서나 지도, 인터넷 등에서 우리나라에 대한 잘못된 정보들을 찾고 이를 수정하도록 해당 기관에 요청하고 있는 시민단체

10 분단이 지속되면서 남한과 북한이 겪는 어려움이 <u>아닌</u> 것은 어느 것입니까? (   )

① 전쟁에 대한 불안감을 조성한다.
② 남북한 문화의 차이가 더 커지고 있다.
③ 양국 모두 많은 국방비를 부담하고 있다.
④ 이산가족이 오랫동안 만나지 못하고 있다.
⑤ 세계 평화 유지에 긍정적 영향을 미치고 있다.

11 남한과 북한에서 사용하는 말이 서로 다른 까닭으로 알맞은 것은 어느 것입니까? (   )

① 남한의 영토가 더 넓기 때문에
② 남북 분단이 길어지고 있기 때문에
③ 북한의 기술력이 더 뛰어나기 때문에
④ 남한의 경제가 북한보다 발전했기 때문에
⑤ 남한의 교육 수준이 북한보다 더 높기 때문에

12 남북통일이 필요한 까닭을 모두 고르시오.

(,   )

① 국방비를 늘리기 위해서
② 전쟁의 위험에서 벗어나기 위해서
③ 남한의 저출산 문제를 해결하기 위해서
④ 북한의 풍부한 기술력을 배우기 위해서
⑤ 새로운 민족 공동체를 건설하기 위해서

13 휴전 이후 사람의 발길이 닿지 않아 자연환경이 잘 보존되어 통일이 되면 세계적인 생태 공원으로 활용할 수 있는 곳은 어디인지 쓰시오.

(   )

14 오른쪽과 같이 6·15 남북 공동 선언을 발표한 것은 언제입니까? ( )

① 1972년   ② 1991년
③ 1998년   ④ 1999년
⑤ 2000년

17 남북통일을 위한 정치적 노력 중 가장 최근에 이루어진 노력은 어느 것입니까? ( )

① 판문점 선언
② 제1차 남북 정상 회담
③ 제2차 남북 정상 회담
④ 남북 기본 합의서 채택
⑤ 7·4 남북 공동 성명 발표

·서술형·
18 남과 북이 평화적인 방법으로 통일을 이루기 위해 노력해야 할 점을 쓰시오.

_____

_____

15 언어의 통일을 목적으로 남과 북이 하고 있는 노력으로 알맞은 것은 무엇입니까? ( )

① 금강산 관광 시작
②『겨레말큰사전』 편찬
③ 개성 공단 본단지 입주
④ 올림픽 선수단 동시 입장
⑤ 7·4 남북 공동 성명 발표

19 통일 이후 달라질 우리의 생활 모습으로 알맞지 <u>않은</u> 것은 어느 것입니까? ( )

① 기차를 타고 유럽에 방문할 수 있다.
② 가야의 역사 유적지를 방문할 수 있다.
③ 비무장지대에 생태 공원을 만들 수 있다.
④ 주변 나라 사람들과 평화롭게 살 수 있다.
⑤ 남한의 기술과 북한의 풍부한 지하자원을 활용한 사업을 할 수 있다.

16 1970년대에 이루어진 남북통일을 위한 노력은 어느 것입니까? ( )

① 판문점에서 남북 정상이 만났다.
② 금강산 관광 사업이 시작되었다.
③ 남북 기본 합의서를 채택하였다.
④ 개성 공단을 가동하기 시작하였다.
⑤ 7·4 남북 공동 성명을 발표하였다.

20 통일 한국에서 다음과 같은 일을 할 것으로 기대되는 직업은 무엇인지 쓰시오.

> • 남북의 문화를 소개하는 문화 콘텐츠를 제작한다.
> • 남북의 언어적·문화적 차이를 극복하는 데 도움을 주는 교육을 실시한다.

( )

관련 교과서 돋보기

7·4 남북 공동 성명
  남북이 '자주, 평화, 민족 대단결'이라는 통일의 3대 원칙에 합의하여 발표한 공동 성명

1 지구촌 갈등의 특징으로 알맞지 <u>않은</u> 것은 어느 것입니까? (   )

① 짧은 시간에 해결하기 어렵다.
② 한 가지 원인으로 인해 발생한다.
③ 갈등을 겪는 지역뿐만 아니라 다른 여러 국가와 연결되어 있다.
④ 문제를 해결하려면 여러 나라와 국제기구가 함께 노력해야 한다.
⑤ 갈등의 원인은 자원, 종교, 언어, 인종, 영토, 민족, 역사, 정치 등 다양하다.

2 이스라엘-팔레스타인 분쟁의 원인이 <u>아닌</u> 것은 어느 것입니까? (   )

① 종교   ② 역사
③ 민족   ④ 자원
⑤ 영토

> 🔍 관련 교과서 **돋보기**
>
> 이스라엘-팔레스타인 분쟁
>   1948년 유대인은 오래전 조상들이 살던 곳이라며 팔레스타인 지역에 이스라엘을 건국하였고, 팔레스타인에 거주하던 아랍인들이 이스라엘에 저항하며 분쟁이 발생했다.

3 다음 빈칸에 들어갈 알맞은 나라의 이름을 쓰시오.

> (   )(은)는 1960년 영국으로부터 독립하였지만, 이슬람교와 크리스트교, 토속 신앙이 뒤섞여 있어 오랫동안 종족 및 종교 분쟁을 겪고 있다.

(   )

4 메콩강을 둘러싸고 갈등을 겪고 있는 나라가 <u>아닌</u> 나라는 어디입니까? (   )

① 중국   ② 라오스
③ 이집트   ④ 베트남
⑤ 캄보디아

〈서술형〉

5 최근 미국, 캐나다, 러시아, 덴마크, 노르웨이 등의 주변국들이 북극해를 둘러싸고 갈등을 겪고 있는 까닭을 쓰시오.

_____

_____

6 지구촌의 다양한 주체들이 지구촌 갈등 문제를 해결하려고 노력하는 까닭으로 알맞은 것은 어느 것입니까? (   )

① 지구촌의 환경을 보호하기 위해서
② 지구촌의 평화를 유지하기 위해서
③ 최신 무기를 많이 수출하기 위해서
④ 비정부 기구의 활동을 늘리기 위해서
⑤ 필요한 자원을 더 많이 확보하기 위해서

7 지구촌 갈등을 평화롭게 해결하기 위해 우리가 할 수 있는 일이 <u>아닌</u> 것은 어느 것입니까? (   )

① 외교 활동하기   ② 정보 찾아보기
③ 모금 활동하기   ④ 홍보 활동하기
⑤ 포스터 제작하기

8 지구촌 갈등으로 인한 문제를 해결하기 위해 국제 사회가 함께 노력하는 모습과 거리가 <u>먼</u> 것은 어느 것입니까? (   )

① 난민들을 위한 모금 운동을 한다.
② 난민 캠프에서 난민 체험 활동을 한다.
③ 국가별로 일정 인원의 난민을 받아들인다.
④ 분쟁 지역에 국제 연합 평화 유지군을 보낸다.
⑤ 누리 소통망에 난민 어린이들이 처한 상황을 알린다.

9 다음 빈칸에 들어갈 알맞은 말을 쓰시오.

> 지구촌 곳곳에서 발생하는 여러 가지 갈등을 해결하기 위해서는 개인, 비정부 기구뿐만 아니라, 국가, (   ) 등의 역할이 모두 중요하다.

(   )

10 국제 연합(UN)에 속한 기구가 <u>아닌</u> 것은 어느 것입니까? (   )

① 세계 보건 기구   ② 세계 식량 계획
③ 유엔 난민 기구   ④ 유엔 아동 기금
⑤ 국경 없는 의사회

🔍 관련 교과서 돋보기

국경 없는 의사회
지구촌의 여러 문제를 해결하기 위해 뜻이 비슷한 개인들이 모여 전쟁, 재해, 전염병 등으로 고통받는 사람들에게 종교, 민족 등과 관계없이 의료 서비스를 제공한다.

11 우리나라가 봉사 활동을 통해 도움이 필요한 곳의 경제·사회 발전을 돕기 위해 설립한 기구는 무엇인지 쓰시오.

(   )

12 국제 연합(UN)의 여러 기구 중에서 다음과 같은 일을 하는 기구는 어느 것입니까? (   )

> 어려움에 처한 전 세계 어린이의 생활과 교육을 돕고, 어린이의 권리를 보장하기 위한 활동을 한다.

① 세계 식량 계획(WFP)
② 세계 보건 기구(WHO)
③ 국제 연합 난민 기구(UNHCR)
④ 국제 연합 아동 기금(UNICEF)
⑤ 국제 연합 교육 과학 문화 기구(UNESCO)

•서술형•
13 국제 연합 교육 과학 문화 기구(UNESCO)에서 하는 일은 무엇인지 쓰시오.

_____

_____

14 인도 독립의 아버지라 불리며 영국에 맞서 비폭력 저항 운동을 벌인 인물은 누구입니까? (   )

① 앙리 뒤낭   ② 테레사 수녀
③ 넬슨 만델라   ④ 해리엇 터브먼
⑤ 마하트마 간디

15 남수단에서 의료 봉사와 교육에 헌신한 우리나라의 인물은 누구인지 쓰시오.

( )

16 지구촌의 갈등을 해결하기 위해 다음과 같은 일을 한 인물은 누구입니까? ( )

> 여성 교육을 위해 활동한 파키스탄의 운동가로 누리 소통망(SNS)을 이용해 탈레반 점령 지역의 여학생 교육 문제점을 알렸고, 모든 어린이가 학교에 다닐 수 있게 하자는 운동을 지속하고 있다.

① 이태석 신부   ② 넬슨 만델라
③ 마틴 루터 킹   ④ 조디 윌리엄스
⑤ 말랄라 유사프자이

🔍 **관련 교과서 돋보기**

조디 윌리엄스
  미국의 사회 운동가로 1991년에 국제 지뢰 금지 운동 단체를 설립했다. 이 단체의 노력으로 세계 여러 나라가 앞으로 사람에게는 지뢰를 사용하지 않겠다고 약속했다.

17 인종이나 종교, 성별 등과 관계없이 의료 도움이 필요한 사람들을 돕는 비정부 기구는 어디입니까?

( )

① 해비타트   ② 국제 앰네스티
③ 세이브 더 칠드런   ④ 국경 없는 의사회
⑤ 국제 지뢰 금지 운동

18 다음 빈칸에 들어갈 알맞은 말을 쓰시오.

> 세이브 더 칠드런의 '( ) 살리기 캠페인'은 털모자를 지원하여 갓 태어난 ( )들이 체온을 유지할 수 있도록 돕는 캠페인이다.

( )

19 비정부 기구 중 핵무기 폐기 국제 운동에서 하는 활동은 어느 것입니까? ( )

① 핵무기와 관련된 모든 활동을 반대하는 운동을 한다.
② 지구촌 환경과 평화를 지키고자 자연 보호 운동을 한다.
③ 전쟁, 질병 등으로 고통 받는 사람들에게 구호 활동을 펼친다.
④ 아동의 안전을 보장하고 권리를 실현하려는 다양한 활동을 한다.
⑤ 열악한 주거 환경으로 고통 받는 사람들에게 집을 지어 주고 마을을 고쳐 준다.

20 아래의 친구가 비정부 기구를 가입하려고 할 때, 가입하기 알맞은 비정부 기구는 어디입니까? ( )

> 미얀마에서 군사 쿠데타를 일으킨 군부가 미얀마 국민의 민주화 운동을 무력으로 진압했어. 나는 억울하게 인권을 침해당하는 사람이 없도록 피해 상황을 전 세계에 알려서 미얀마 국민에게 용기를 주고 싶어.

① 그린피스   ② 해비타트
③ 국제 앰네스티   ④ 국경 없는 의사회
⑤ 국제 연합 난민 기구

1 오늘날 지구촌 곳곳에서 나타나고 있는 다양한 환경 문제가 <u>아닌</u> 것은 어느 것입니까? (   )

① 지구 온난화　　② 과도한 쓰레기
③ 열대 우림 파괴　④ 오염 물질 배출
⑤ 초미세 먼지 감소

2 지구촌의 환경이 점점 황폐해져 가고 있는 까닭을 두 가지 고르시오. (,   )

① 생태계 보전 노력
② 무분별한 환경 개발
③ 플라스틱 쓰레기 증가
④ 천연자원 사용률 감소
⑤ 친환경 에너지 과다 사용

3 다음은 지구촌에서 발생하고 있는 어떤 환경 문제에 대한 설명인지 쓰시오.

> 석유, 석탄 등의 화석 연료를 사용하면서 온실 가스 배출량이 늘어나 지구의 평균 기온이 점점 올라가고 있다.

(   )

🔍 **관련 교과서 돋보기**

산호 백화 현상
　지구가 더워지면서 바닷물의 온도가 높아져 바닷속 산호가 색깔이 점점 하얗게 변하며 죽어 가고 있으며, 물고기들의 보금자리가 사라지고 있다.

4 지구촌 환경 문제를 해결하기 위해 개인이 하고 있는 노력은 어느 것입니까? (   )

① 가까운 거리는 걸어 다닌다.
② 환경 문제와 관련한 법을 만든다.
③ 자원을 재활용한 상품을 개발한다.
④ 에너지 효율을 높이는 기술을 개발한다.
⑤ 많은 사람들이 환경 문제에 관심을 갖도록 시민 운동을 펼친다.

5 다음 빈칸에 들어갈 알맞은 협정을 쓰시오.

> 2015년 전 세계 195개국이 파리에서 지구의 평균 온도가 2도 이상 상승하지 않도록 하고, 최종적으로 모든 국가들이 이산화탄소 순 배출량 0을 목표로 하는 (   )을 맺어 온실가스 배출을 줄여 나가기로 했다.

(   )

6 환경 문제를 해결하기 위해 다음과 같은 노력을 하는 주체는 어느 것입니까? (   )

> • 친환경 소재를 개발하거나 친환경 제품을 생산한다.
> • 친환경 에너지를 생산하거나 공장에 에너지 절약을 위한 장치를 설치하는 노력도 하고 있다.

① 개인　　② 세계
③ 기업　　④ 정부
⑤ 시민단체

7 지구촌 환경 문제를 해결하기 위해 정부가 할 수 있는 노력이 <u>아닌</u> 것은 어느 것입니까? (   )

① 친환경 정책을 마련한다.
② 환경 문제와 관련한 법을 만든다.
③ 친환경 산업이 성장하도록 돕는다.
④ 환경오염 감시 모니터링 활동에 참여한다.
⑤ 가전제품의 에너지 소비 효율 등급 기준을 높인다.

•서술형•

8 생산과 소비 과정에서 일어나는 환경 문제를 해결하기 위해 노력하면 좋은 점을 쓰시오.

_____

_____

9 환경을 생각하는 소비 활동과 거리가 <u>먼</u> 것은 어느 것입니까? (   )

① 다회용 컵 사용하기
② 친환경 가방 사용하기
③ 녹말 이쑤시개 사용하기
④ 공정 무역 상품 구입하기
⑤ 페트병에 담긴 생수 구입하기

🔍 관련 교과서 돋보기

공정 무역 상품
  생산자의 노동에 공정한 대가를 지불하는 상품으로, 공정 무역 축구공, 공정 무역 초콜릿 등이 있다.

10 다음 빈칸에 들어갈 알맞은 말을 쓰시오.

> 지구촌 사람들은 (   )(을)를 위해 현재 뿐만 아니라 미래 세대의 환경과 발전을 고려하여 책임감 있게 행동해야 한다.

(   )

11 지구촌 사람들이 빈곤과 기아 문제를 해결하기 위해 하고 있는 노력이 <u>아닌</u> 것은 어느 것입니까? (   )

① 구호 물품 지원   ② 농업 기술 지원
③ 교육 활동 지원   ④ 빈곤 퇴치 캠페인
⑤ 문화 체험 행사 개최

12 빈곤과 기아 문제를 겪는 나라에 농업 기술을 알려 주는 까닭은 무엇입니까? (   )

① 식량 문제를 해결하기 위해
② 훗날 경제적 이득을 얻기 위해
③ 지구촌의 환경 문제를 해결하기 위해
④ 치료를 받지 못해 고통 받는 사람들을 돕기 위해
⑤ 교육을 받지 못하는 학생들이 배울 기회를 제공하기 위해

13 다음과 같이 빈곤과 기아 문제에 놓인 나라에 찾아가 돕는 활동을 무엇이라고 하는지 쓰시오.

(   )

14 세계 여러 나라가 교육 및 기술 지원 사업을 하는 까닭은 어느 것입니까? (　　　)

① 식량을 지원하기 위해
② 지구촌의 다양한 문화를 알리기 위해
③ 깨끗한 물을 먹을 수 있도록 하기 위해
④ 효율적인 농작물 생산 및 관리법을 알려주기 위해
⑤ 기초 교육을 받지 못하는 어린이들이 없도록 하기 위해

15 다음 빈칸에 들어갈 알맞은 말을 쓰시오

> 세계 곳곳에는 (　　　　)(이)가 다르다는 이유만으로 편견과 차별의 대상이 되어 고통을 겪는 사람들이 있다.

(　　　　　　　　　)

16 다양한 문화를 배우고 체험할 수 있는 행사를 개최하는 이유는 무엇입니까? (　　　)

① 세계 기아 지도를 완성하기 위해
② 빈곤과 기아의 심각성을 알리기 위해
③ 우리 문화의 우수성을 홍보하기 위해
④ 문화에 대한 편견과 차별을 없애기 위해
⑤ 환경을 위한 생산과 소비를 권장하기 위해

🔍 관련 교과서 돋보기

세계 문화 다양성의 날
　국제 연합은 세계 여러 나라의 다양한 문화적 가치를 이해하고 존중하며 조화롭게 살아가기 위해 5월 21일을 '대화와 발전을 위한 세계 문화 다양성의 날'로 지정하고 여러 홍보 및 체험 활동 행사를 개최하고 있다.

17 문화적 편견과 차별 문제를 해결하기 위해 개인이 갖추어야 할 태도가 아닌 것은 어느 것입니까? (　　　)

① 존중　　　　　② 이해
③ 공감　　　　　④ 인정
⑤ 무관심

18 지구촌 문제가 우리의 문제임을 알고 이를 해결하고자 협력하는 자세를 지닌 사람을 무엇이라고 하는지 쓰시오.

(　　　　　　　　　)

19 세계 시민으로서 가져야 하는 생각과 태도로 바람직하지 않은 것은 어느 것입니까? (　　　)

① 환경을 생각하며 소비 활동을 한다.
② 지구촌 구성원으로서 책임감을 느낀다.
③ 세계가 하나로 연결되어 있다고 생각한다.
④ 나와 다른 문화를 가진 사람들과는 어울릴 수 없다.
⑤ 지구촌에서 발생하는 다양한 문제를 해결하려고 적극적으로 노력한다.

• 서술형 •

20 세계 시민으로서 우리 어린이들이 지구촌의 환경문제를 해결하기 위해 생활 속에서 실천할 수 있는 일을 쓰시오.

_____

_____

1회　1. ① 지구, 대륙, 그리고 국가들　1~3쪽

1 ⑤　**2** ②　**3** 본초 자오선　**4** ㉠　**5** ③　**6** ①
7 인도양　**8** (1) 예 바다로 둘러싸인 큰 땅덩어리다.
(2) 예 넓은 면적을 차지하는 큰 바다다.　**9** ②　**10** ④
11 에티오피아　**12** ①　**13** ③　**14** ④　**15** 이탈
리아　**16** ⑤　**17** 예 우리나라 영토를 그린 반투명
종이를 지구본 위에 대고 비교한다.　**18** ④　**19** ③
20 디지털 영상 지도

풀이

1 지구본은 지구를 작게 줄여서 지구와 비슷하게 만든
모형이고, 세계 지도는 둥근 지구를 평면으로 나타낸
것입니다.

2 디지털 영상 지도는 위성사진이나 항공사진에 지형,
지명, 국경 등 다양한 디지털 정보를 표시한 영상 지
도입니다. 디지털 영상 지도는 컴퓨터, 스마트폰 등
의 기기에서 편리하게 이용할 수 있으며 확대와 축소
가 자유롭고, 장소와 관련된 다양한 정보가 연결되어
있어 실제 생활에 활용하기 편리합니다.

3 본초 자오선은 영국 그리니치 천문대를 지나는 경도
0°인 가상의 선으로, 본초 자오선을 기준으로 동쪽은
동경, 서쪽은 서경이라고 합니다.

4 지구본이나 세계 지도에 나타난 위도와 경도를 활용
하여 나라의 위치를 표현할 때에는 ㉠, ㉣, ㉢, ㉡의
순서로 합니다.

5 세계에서 가장 넓은 바다는 태평양이고, 두 번째로
넓은 바다는 대서양입니다.

6 세계의 대륙 중 면적이 좁은 편이지만 많은 나라가
있는 대륙은 유럽입니다.

7 아시아, 아프리카, 오세아니아 대륙에 둘러싸여 있
는 대양은 인도양입니다.

8 대륙은 바다로 둘러싸인 큰 땅덩어리이고, 대양은 넓
은 면적을 차지하는 큰 바다를 뜻합니다.

9 남반구에 있는 오세아니아는 세계의 대륙 중에 가장
작습니다.

10 아시아에는 대한민국, 러시아, 중국, 일본, 튀르키
예, 네팔, 싱가포르 등 넓이와 위치가 다른 다양한
나라들이 있습니다.

11 아프리카 대륙에 위치한 에티오피아의 영토는 끝이
뾰족한 코뿔소의 뿔 모양입니다.

12 케냐는 아프리카, 베트남은 아시아, 포르투갈은 유
럽, 오스트레일리아는 오세아니아 대륙에 속해 있는
나라입니다.

13 경도와 시간대의 기준이 되는 '본초 자오선(경도0°)'
은 노르웨이의 육지를 지나지 않습니다.

14 튀르키예는 아시아 대륙의 서쪽 끝에 있는 나라로,
아시아와 유럽 두 대륙에 걸쳐있어 여러 문화가 공존
하고 있는 나라입니다.

15 유럽 대륙에 있는 이탈리아는 영토가 남북으로 길게
뻗은 형태이며, 장화 모양입니다.

16 세계에서 영토 면적이 가장 넓은 나라는 러시아이고,
두 번째로 넓은 나라는 캐나다입니다.

17 우리나라와 다른 나라의 면적을 비교하려면 반투명
종이를 지구본 위의 우리나라 영토에 대고 그리고,
그 종이를 이용해서 비교하면 됩니다.

18 칠레의 영토는 남북으로 길쭉한 'I'자 모양입니다.

19 타이는 아시아 대륙에 있고, 영토의 모양이 코끼리
모양을 닮았습니다.

20 디지털 영상 지도는 가고 싶은 곳, 여행 경로, 다녀
온 곳을 표시할 수도 있고, 가고 싶은 곳의 주변 사진
이나 관련 정보 등을 알 수 있습니다.

1회　1. ② 세계의 다양한 삶의 모습　4~6쪽

1 ④　**2** ㉠ 온대 기후 ㉡ 건조 기후　**3** ③　**4** ①
5 예 극지방으로 갈수록 햇빛을 적게 받기 때문이다.
6 ③　**7** 건조 기후　**8** ③　**9** ④　**10** ①　**11** ①,
②　**12** ④　**13** 마사이족　**14** ④　**15** 몽골　**16** 예
고온 건조한 여름에 뜨거운 태양열을 반사시키기 위
해서　**17** 가치　**18** ④　**19** ⑤　**20** ②

풀이

1 한 지역에서 여러 해에 걸쳐 나타나는 평균적인 날씨
를 기후라고 합니다.

2 ㉠은 온대 기후, ㉡은 건조 기후 지역입니다.

3 고산 기후는 해발 고도가 높은 고산 지역에서 나타나
며, 적도 부근의 고산 지역은 일 년 내내 날씨가 온화
하여 우리나라의 봄 날씨와 비슷합니다.

4 냉대 기후는 북반구에만 분포하는 기후입니다.

5 적도 부근은 햇빛을 많이 받아 더운 기후가 나타나고, 극지방은 햇빛을 적게 받아 추운 기후가 나타납니다.

6 사막이 나타나는 곳과 초원이 발달한 곳이 있는 기후 지역은 건조 기후 지역입니다.

7 건조 기후 지역에 사는 사람들은 가축을 이끌고 풀과 물을 찾아 이동하는 유목 생활을 하기도 합니다.

8 온대 기후 지역은 따뜻하고 사계절이 비교적 뚜렷해 예로부터 사람들이 많이 모여 살았고, 다양한 농업이 발달하였습니다.

9 열대 기후 지역에서는 카사바, 얌 등을 재배하는 화전 농업이 이루어지며 커피, 바나나 등의 열대작물을 대규모로 재배합니다.

10 온대 기후 지역은 기후가 온화해서 인구가 많고 여러 산업이 발달했습니다.

11 온대 기후 지역은 다른 기후 지역보다 기온이 온화하고 강수량이 적당해 많은 사람이 살고 있습니다.

12 세계 여러 나라 사람들의 생활 모습은 기후, 지형 등 자연환경의 영향과 종교, 전통 등 인문환경의 영향을 받아 다양해졌습니다.

13 '시카'는 마사이족의 전통 의상이고, 마사이족의 여성들은 구슬로 만든 장신구를 몸에 거는 풍습이 있습니다.

14 고기를 꼬챙이에 끼워 불에 구워 먹는 요리인 케밥은 튀르키예 사람들이 즐겨 먹는 음식입니다.

15 몽골 사람들은 유목 생활을 했기 때문에 분해와 조립이 쉬운 '게르'라는 전통 가옥을 짓고 생활했습니다.

16 그리스는 고온 건조한 여름에 뜨거운 태양열을 반사시키기 위해 집의 외벽을 하얀색으로 칠하고, 햇빛이 많이 안 들어오게 창문을 작게 만들었습니다.

17 세계 여러 나라 사람들의 다양한 생활 모습은 모두 고유한 가치가 있습니다.

18 세계 여러 나라의 사람들은 지형, 환경, 기후 등의 자연환경과 풍속, 종교 등의 인문환경에 따라 다양한 모습으로 살아가며, 옷의 형태나 소재, 음식의 재료나 조리법, 집을 짓는 재료나 집의 모양이 서로 다릅니다.

19 세계 여러 지역의 서로 다른 의식주 문화를 조사하려면 먼저 주제와 조사 지역을 정하는 일부터 해야 합니다.

20 주제로 정한 케냐의 자연환경과 인문환경, 의식주 생활 모습 등 조사할 내용을 정리한 항목입니다.

1회   1. ③ 우리나라와 가까운 나라들   7~9쪽

1 ③   **2** (다)   **3** ④   **4** 예 지하자원이 풍부하지 않기 때문이다.   **5** ⑤   **6** ④   **7** ①, ③   **8** 일본   **9** ①, ②   **10** ④   **11** 정치   **12** ①   **13** 예 지리적으로 가깝고 활발하게 교류하고 있기 때문이다.   **14** ③   **15** ②   **16** 사우디아라비아   **17** ①   **18** ③   **19** ⑤   **20** 교류

풀이

1 러시아는 세계에서 영토가 가장 넓은 나라이고, 세계에서 인구가 가장 많은 나라는 중국입니다.

2 일본은 섬나라이기 때문에 습도가 높고 비와 눈이 많이 내리며, 원료 수입과 제품 수출이 유리한 태평양 연안을 따라 공업 지역이 발달했습니다.

3 ①, ②, ③은 중국의 자연환경, ⑤는 러시아의 인문환경에 대한 설명입니다.

4 지하자원이 풍부하지 않은 일본은 원료를 수입하여 제품을 만든 후 다른 나라로 수출하는 산업이 일찍부터 발달하였습니다.

5 우리나라와 중국, 일본은 전통적으로 면 요리가 발달했지만 빵과 고기를 주로 먹는 러시아에서는 면 요리가 발달하지 않았습니다. 미국과 베트남은 우리나라와 이웃한 나라가 아닙니다.

6 러시아는 동부 지역에 고원과 산지가 분포하고 서부 지역에 평야가 펼쳐져 있어 인구의 대부분이 서부 지역에 분포합니다.

7 중국에는 시짱 고원, 고비 사막, 선전 경제 특구 등이 있습니다.

8 일본은 해산물을 이용한 음식 문화가 발달하였습니다.

9 우리나라, 중국, 일본은 한자 문화권에 속합니다.

10 중국은 우리나라의 최대 무역 상대국으로 우리나라와 경제적 교류가 활발합니다.

11 한·중·일이 정치 분야에서 교류하는 모습을 나타낸 것입니다.

12 ②와 ④는 경제 교류, ③은 교육 교류, ⑤는 정치 교류의 모습입니다.

13 우리나라와 이웃 나라는 지리적으로 가깝기 때문에 활발하게 교류하고 있고 함께 해결해야 할 공동의 문제도 발생합니다.

14 알프스 산맥은 독일의 남쪽에 있습니다.

15 베트남은 연중 강수량이 많고 더우며, 넓은 평야가 펼쳐져 있어서 벼농사를 짓기 좋습니다.

16 사우디아라비아는 세계적인 원유 생산국이기 때문에 원유가 거의 생산되지 않는 우리나라는 사우디아라비아 등의 나라에서 원유를 수입해 옵니다.

17 칠레는 우리나라와 최초로 자유 무역 협정(FTA)을 맺은 나라입니다.

18 인도양에 접해있으며, 세계에서 가장 높은 히말라야 산맥이 있는 나라는 인도입니다.

19 우리나라는 미국에 반도체, 자동차, 가전제품 등을 주로 수출하고 정치, 군사, 경제, 문화 등의 분야에서 밀접한 관계를 맺고 있습니다.

20 우리나라도 세계 여러 나라들과 다양하게 교류하고 협력하면서 필요한 물건과 서비스를 주고받으며 공동의 문제를 함께 해결해 가고 있습니다.

1회 2. ① 한반도의 미래와 통일 10~12쪽

1 ② **2** ③ **3** 예 독도에는 여러 동물이 살고 있고 다양한 식물이 자라고 있기 때문이다. **4** 70 **5** ①
6 ⑤ **7** ② **8** 심흥택 **9** ⑤ **10** ① **11** 남북통일 **12** ① **13** 예 이산가족이 다시 만나고 전쟁의 위험에서 벗어나 평화롭게 살 수 있다. **14** ③
15 ③ **16** ④, ⑤ **17** 개성 공단 **18** ④ **19** ⑤
20 지구촌

풀이

1 독도는 우리나라 영토의 동쪽 끝에 두 개의 큰 섬과 주위에 크고 작은 바위섬으로 이루어진 섬으로 우리나라, 일본, 러시아 세 나라로 둘러싸여 있습니다.

2 독도에는 독특한 모양의 바위가 많이 있는데, 한반도 바위는 북쪽에서 바라보면 한반도처럼 생긴 바위입니다.

3 독도에는 여러 동물이 살고 있고 다양한 식물이 자라고 있기 때문에 '독도 천연 보호 구역'으로 지정하여 보호하고 있습니다.

4 독도에서 울릉도까지의 거리가 일본 오키섬까지의 거리보다 약 70 km 더 가깝습니다.

5 『신증동국여지승람』에 실린 「팔도총도」는 우리나라의 옛 지도 중 독도가 표기된 가장 오래된 지도입니다.

6 『삼국사기』에 따르면 지금으로부터 1,500여 년 전인 512년에 신라의 장군 이사부가 우산국(지금의 울릉도)을 정복했으며, 이 때부터 울릉도와 독도는 우리 땅이 되었습니다.

7 장한상은 울릉도를 조사함으로써 독도를 실제로 관측하고 기록한 최초의 관리가 되었으며, 장한상의 독도 관측은 독도가 울릉도의 부속 섬으로 우리 영토라는 것을 재확인했다는 의미를 지닙니다.

8 심흥택은 울릉도(울릉군)의 군수로 일본의 관리들이 독도를 일본의 영토로 만들려 한다는 것을 정부와 언론에 신속하게 알렸습니다.

9 독도 경비대, 신라 장군 이사부, 독도 주민 최종덕, 조선의 어부 안용복 등은 모두 독도를 지키기 위해 노력한 사람들입니다.

10 남한과 북한이 분단 이후 70여년 동안 서로 맞서고 대치하고 있는 상황에서 양국 모두 국방비가 계속 증가하고 있고, 자원을 효율적으로 사용하지 못해 여러 가지 경제적 손실을 입고 있으므로 남북 통일이 필요합니다.

11 남북통일은 한반도의 평화와 더 나아가서 지구촌의 평화를 위해 중요한 과제이며, 우리나라가 더욱 발전하기 위해서도 꼭 이루어져야 합니다.

12 남북 분단으로 서로 다른 생활 방식과 가치관이 생겼고, 많은 사람이 가족과 고향을 잃고 살아가고 있으며, 국방비로 돈을 많이 사용하고 있습니다.

13 남북 분단으로 이산가족의 아픔, 전쟁에 대한 공포 등을 겪고 있습니다.

14 ①은 남북통일을 위한 민간단체의 노력, ②와 ④는 사회·문화적 노력, ⑤는 정치적 노력에 해당합니다.

15 남북통일을 위한 정치적 노력을 확인할 수 있는 사진입니다.

16 남한과 북한은 정치, 경제 외에도 사회, 문화의 분야에서도 다양한 방법으로 교류하고 협력합니다.

17 개성 공단은 남한의 자본과 기술에 북한의 노동력을 더해 물건을 만들었습니다.

18 남북 정상 회담에서 판문점 선언이 채택된 것은 2018년입니다.

19 통일 한국이 되면 국방비가 줄어들어 국민의 복지 혜택이 늘어날 것입니다.

20 통일 한국은 지구촌의 평화를 지키는 데 기여하고, 동아시아의 교류와 협력을 이끄는 중심 역할을 하게 될 것입니다.

1회   2. ② 지구촌의 평화와 발전   13~15쪽

1 ④   **2** ㉣   **3** ㉠   **4** 팔레스타인 분쟁   **5** ②
6 예 지구촌 갈등 해결을 위해 노력하는 단체에 관심을 갖고 여러 활동에 참여한다.   **7** 기부   **8** ⑤
9 진수   **10** ③   **11** ⑤   **12** ④   **13** 예 전 세계 노동자들의 노동 조건 개선과 지위 향상을 위해 노력하고 있다.   **14** 비정부 기구   **15** ③   **16** ④   **17** ①
18 ⑤   **19** ③   **20** 홍보

풀이

1 영토, 종교, 민족, 자원, 문화 등의 원인으로 지구촌 갈등이 생기고, 그러한 갈등은 지구촌의 평화를 위협합니다.

2 ㉠은 나이지리아 내전, ㉡은 아프가니스탄 분쟁, ㉢은 미얀마 분쟁, ㉤은 오리노코강 자원 분쟁을 겪고 있는 지역입니다.

3 나이지리아의 언어, 민족, 종교가 서로 다른 여러 종족들은 서로 협력하지 못하였으며, 전쟁으로 불안정한 상태가 지속되고 있습니다.

4 유대교를 믿는 이스라엘과 이슬람교를 믿는 팔레스타인 지역의 아랍인들이 영토와 종교 등의 문제로 갈등을 일으키고 있습니다.

5 벨기에가 르완다의 두 민족을 차별하는 정책을 실시하면서 두 민족 사이의 갈등이 발생했습니다.

6 이외에도 어려움을 겪는 친구들에게 생활용품을 보내거나, 지구촌 갈등 해결을 위한 홍보 동영상을 만드는 방법 등이 있습니다.

7 기부는 자선 등을 위해 돈이나 물건을 대가 없이 내어주는 행동을 뜻하고, 단체를 통해 기부를 하면 지구촌 갈등으로 어려움을 겪는 사람들을 도울 수 있습니다.

8 지구촌 문제 해결에 관심을 갖도록 포스터를 제작하는 모습입니다.

9 지구촌의 갈등은 어느 한 나라만의 문제가 아니기 때문에 여러 나라가 모여 갈등의 해결 방법을 의논해야 합니다.

10 국제 연합(UN)은 1945년에 만들어진 국제기구로 미국 뉴욕에 본부를 두고 있습니다.

11 경제 협력 개발 기구(OECD)는 지구촌의 평화를 유지하기 위해 세계 여러 나라의 경제와 사회 발전을 위해 협력합니다.

12 유엔 아동 기금(UNICEF)은 특히 전쟁과 재난 등으로 고통을 겪는 아동에게 의료와 교육을 지원하고 있습니다.

13 국제 노동 기구는 전 세계 노동자들을 위한 일을 하는 국제기구입니다.

14 비정부 기구는 권력이나 이윤을 추구하지 않고 공공의 이익을 추구하는 시민 사회 단체입니다.

15 국제 앰네스티는 부당하게 인권을 탄압받는 사람들의 인권을 보호하기 위한 활동을 하는 비정부 기구입니다.

16 국제 원자력 기구(IAEA)는 원자력 에너지를 안전하고 평화적으로 이용할 수 있도록 노력하고 있는 국제 연합(UN)에 속한 기구입니다.

17 이태석 신부는 선교 활동을 위해 들렀던 남수단 톤즈의 가난한 아이들을 위해 일생을 바친 인물입니다.

18 해비타트는 주거 환경이 좋지 않은 사람에게 집을 지어 주어, 안전하고 위생적인 보금자리에서 생활할 수 있도록 돕는 활동을 하는 비정부 기구입니다.

19 활동 효과는 비정부 기구 활동을 마친 후에 알 수 있는 내용입니다.

20 우리 모두는 지구촌의 갈등 해결과 평화 유지를 위해 여러 분야에 관심을 가지고 참여하는 태도를 가져야 합니다.

1회   2. ③ 지속 가능한 지구촌   16~18쪽

1 ④   **2** 아마존 열대 우림   **3** ③   **4** ①, ④   **5** 예 친환경 에너지를 생산하거나 공장에 에너지 절약을 위한 장치를 설치한다.   **6** ①   **7** 생태 도시   **8** ②
9 친환경   **10** ⑤   **11** ③   **12** ⑤   **13** 예 빈곤으로 교육받기 어려운 사람들을 위해 학교를 짓는다.
14 ⑤   **15** ④   **16** ①   **17** ⑤   **18** 지속 가능한 미래   **19** ②   **20** ⑤

풀이

1 산업의 발달에 따라 화석 연료이 사용량이 급격히 늘어나면서 지구 온난화가 발생했습니다.

2 아마존 열대 우림이 파괴되면서 지구 온난화의 속도가 빨라지고 기후 변화가 나타나 지구촌의 환경이 위

협받을 것으로 예상됩니다.

3 미세 먼지 농도가 심해지는 것은 화석 연료 사용의 증가로 대기 환경이 오염되면서 나타나는 현상입니다.

4 지구촌 환경 문제를 해결하고 지속 가능한 미래를 만들기 위해 개인은 일회용품 줄이기, 친환경 제품 사용하기, 환경 캠페인 참여하기 등의 노력을 합니다.

5 이외에도 기업들은 환경에 대한 사회적 책임을 실천하기 위해 친환경 제품을 생산하여 환경 오염을 줄이고, 친환경 에너지를 생산하거나 에너지를 절약하기 위한 노력도 하고 있습니다.

6 환경 문제는 한 지역에 영향을 미치는 데 그치지 않고 지구촌 전체, 나아가 미래 세대까지 영향을 미치는 심각한 문제입니다.

7 생태 도시는 인공 경관인 도시와 주변 자연 생태계가 연결될 수 있도록 도시 내부에 공원, 숲 등의 생태 공간을 충분히 확보하고 있는 도시입니다.

8 유행에 따라 옷을 대량으로 생산하고 소비하는 과정에서 많은 오염 물질이 배출되고 물이 오염되며, 버려진 옷은 쓰레기가 되어 환경을 오염시킵니다.

9 친환경 인증 표시를 한 제품을 구매하면 환경과 건강을 지킬 수 있습니다.

10 화학 비료나 농약 등의 사용을 최소화하여 친환경적인 생산 방식으로 재배한 농작물을 구입하는 것이 친환경적 소비 방식입니다.

11 빈곤은 생활필수품이 부족하여 최소한의 삶을 살아가기 어려운 상황을 말합니다.

12 다른 나라의 고유한 문화와 전통을 이해하지 못해서 발생하는 문제는 편견과 차별입니다.

13 이외에도 가난과 굶주림을 겪는 사람들을 돕기 위해 필요한 의약품 및 물을 얻을 수 있는 물통을 공급하거나 우물 사업을 지원하기도 합니다.

14 빈곤과 기아 문제는 개인이나 한 국가의 노력만으로는 해결하기 어렵기 때문에 지구촌 모두가 서로 협력해야 합니다.

15 생김새나 피부색, 즐겨 먹는 전통 음식과 전통 의상과 같은 고유한 문화, 종교 등이 다르다는 이유로 편견과 차별을 겪는 사람들이 있습니다.

16 편견은 공정하지 못하고 한쪽으로 치우친 생각으로 차별로 이어져 갈등의 원인이 되기도 합니다.

17 물을 쉽게 옮길 수 있는 물통이나 흙탕물을 정화해 주는 생명 빨대는 물이 부족한 지역에 사는 사람들에게 도움을 주는 도구들입니다.

18 지속 가능한 미래는 현재뿐만 아니라 미래 세대의 발전을 위해 책임감 있게 행동하며 지속 가능성을 높여 가는 것입니다.

19 세계 시민이란 지구촌에서 일어나는 문제가 우리의 문제임을 알고 이를 해결하고자 협력하는 자세를 지닌 사람입니다.

20 세계 시민은 지속가능한 미래를 위해서는 세계 여러 나라가 함께 노력해야 한다는 것을 알아야 합니다.

2회 1. ① 지구, 대륙, 그리고 국가들 19~21쪽

1 ① **2** ①, ② **3** 예 육지나 바다를 늘려서 빈 곳을 채워야 하기 때문이다. **4** 적도 **5** ④ **6** ① **7** 오세아니아 **8** ② **9** ④ **10** ① **11** ④ **12** (1) 아르헨티나 (2) 예 남아메리카 대륙에 위치해 있고, 오른쪽에 대서양이 있다. **13** 남아프리카 공화국 **14** ③ **15** ④ **16** ⑤ **17** ⑤ **18** ② **19** 디지털 영상 지도 **20** ⓒ, ⓛ, ⓖ, ⓔ

풀이

1 부피가 커서 가지고 다니기 불편한 것은 지구본이고, 세계 지도는 가지고 다니기 편리합니다.

2 디지털 영상 지도는 종이로 된 세계 지도보다 확대와 축소가 자유롭고, 지구본이나 세계 지도에서 찾기 어려운 다양한 정보를 얻을 수 있습니다.

3 둥근 모양의 지구를 평면으로 나타내면 땅과 바다의 모양이나 크기가 실제와 다르게 표현됩니다.

4 적도는 북극과 남극으로부터 같은 거리에 있는 지점들을 이은 위도 0°의 선으로 북쪽은 북위, 남쪽은 남위라고 합니다.

5 인도양은 지구에서 세 번째로 큰 바다로, 아시아, 오세아니아, 아메리카 대륙의 사이에 있습니다.

6 세계의 대륙 중에서 아시아는 면적이 가장 넓고, 세계 육지의 24%를 차지하고 있는 대륙입니다.

7 오세아니아는 오스트레일리아와 뉴질랜드를 포함한 1만 개가 넘는 섬들로 이루어져 있습니다.

8 세계에서 두 번째로 큰 대양인 대서양은 유럽, 아프리카, 북아메리카, 남아메리카 대륙 사이에 있습니다.

9 북극해는 북극 주변에 있는 바다로 아시아, 유럽, 북 아메리카에 둘러싸여 있고, 대부분 얼음으로 덮여 있 습니다.

10 캐나다는 북아메리카 대륙에 위치하고 있는 국가로, 북쪽에 북극해, 남쪽에 미국, 서쪽에 태평양, 동쪽에 대서양을 접하고 있습니다.

11 이집트의 영토는 동서남북 모든 방향에서 길이가 비 슷한 특징이 있습니다.

12 남아메리가 대륙에 위치한 아르헨티나의 동쪽에는 대서양이 있고, 서쪽에는 칠레가 있습니다.

13 남아프리카 공화국의 동쪽에는 에스와티니와 모잠비 크가 있으며, 내부에는 레소토가 있고, 북쪽에는 나 미비아·보츠와나·짐바브웨가 있습니다.

14 아프리카에 위치해 있고 영토가 둥근 모양인 국가는 탄자니아입니다.

15 세계에서 영토 면적이 가장 넓은 나라는 러시아이며, 영토 면적이 가장 좁은 나라는 바티칸 시국입니다.

16 아시아 서쪽에 있는 사우디아라비아는 최대 원유 수 출국입니다.

17 많은 섬들로 이루어져 있고 해안선이 복잡한 나라는 인도네시아입니다.

18 타이는 영토 모양이 코끼리와 비슷합니다.

19 디지털 영상 지도는 찾고자 하는 장소의 위치뿐만 아 니라 그 장소까지 가는 데 걸리는 시간과 이동 경로, 장소의 실제 모습까지 살펴볼 수 있어 세계 일주를 계획할 때 활용하기 좋습니다.

20 ㉢, ㉡, ㉠, ㉣의 순서로 지구본, 세계 지도, 디지털 영상 지도 등을 활용하여 세계의 여러 나라를 소개합 니다.

2회 1. ② 세계의 다양한 삶의 모습 22~24쪽

1 ㉠ **2** ③ **3** ④ **4** ① **5** ② **6** ⑤ **7** 예 물 을 쉽게 얻을 수 있는 오아시스나 하천 주변에 흙으 로 집을 짓고 농사를 지으며 살아간다. **8** ④ **9** ② **10** 유목 **11** ③ **12** ㉠ 자연환경 ㉡ 인문환경 **13** ① **14** ③ **15** 게르 **16** ①, ③ **17** ⑤ **18** 예 자연환경과 인문환경이 의식주 생활 모습에 어떠한 영향을 미쳤는지 생각해 본다. **19** ③, ④ **20** 환경

---

1 ㉠ 지역은 사계절이 나타나며 온대 기후보다 겨울이 길고 추운 냉대 기후 지역입니다.

2 ㉢ 건조 기후 지역은 일 년 동안의 강수량을 모두 합 쳐도 500 mm가 채 안 될 정도로 비가 적게 내립니다.

3 온대 기후와 한대 기후의 중간 기후인 냉대 기후는 겨울이 길고 매우 춥지만 여름은 상대적으로 따뜻해 풀과 나무가 자랄 수 있습니다.

4 한대 기후는 일 년 내내 평균 기온이 매우 낮은 고위 도 지역에 주로 나타납니다.

5 지구가 둥글기 때문에 위도에 따라 땅에 닿는 햇빛의 양이 다르고, 각 나라의 위치나 지형이 서로 다르기 때문에 서로 다른 기후가 나타납니다.

6 냉대 기후 지역에서는 잎이 뾰족하고 재질이 부드러 운 침엽수림이 널리 분포해 목재와 펄프가 많이 생산 됩니다.

7 건조 기후 지역의 사막 지대에 사는 사람들은 물을 쉽게 얻을 수 있는 오아시스나 하천 주변에 흙집을 짓고 농사를 지으며 살아갑니다.

8 열대 기후 지역에서는 전통적인 이동식 화전 농업으 로 카사바와 얌을 재배하고, 요즘에는 대규모 농장을 세워 커피, 카카오, 천연고무 등을 재배합니다.

9 평지는 무덥지만 고산 지대로 갈수록 일 년 내내 서 늘한 날씨가 유지되어 인간이 생활하기 유리하기 때 문에 남아메리카에서는 고산 지대에 도시가 발달했 습니다.

10 초원 지역의 사람들은 전통적으로 물과 풀을 찾아 가 축과 함께 이동하는 유목 생활을 하며 살아갑니다.

11 인도 사람들은 종교의 영향으로 소고기를 피하고 닭 고기를 이용한 음식을 많이 먹습니다.

12 나라마다 자연환경과 인문환경이 달라 서로 다른 의 식주 생활 모습이 나타납니다.

13 추운 날씨에 살아가는 러시아 사람들은 동물의 털이 매우 촘촘하고 귀와 턱까지 덮을 만큼 귀덮개가 넓은 모자인 우샨카를 씁니다.

14 수상 가옥을 많이 볼 수 있는 나라는 타이와 같이 일 년 내내 덥고 비가 많이 내리는 나라입니다.

15 게르는 나무와 천으로 만들며, 조립과 해체가 간편하 여 이동하며 생활하는 데 적합합니다.

16 세계 각 지역의 특색 있는 의식주 생활 모습은 책이 나 인터넷 등에서 조사할 수 있습니다.

17 환경에 따라 달라지는 생활 모습을 조사하기 위한 계획을 세우는 과정에서는 조사할 내용과 방법을 정합니다.

18 환경이 세계 여러 나라 사람들의 생활 모습에 미치는 영향을 조사할 때는 자연환경과 인문환경이 의식주 생활에 미친 영향을 생각해야 합니다.

19 세계의 여러 나라 사람들은 각 나라의 자연환경과 인문환경의 영향으로 서로 다른 생활 모습으로 살아가고 있으며, 우리는 이를 이해하고 존중하려는 마음가짐이 필요합니다.

20 세계 여러 나라의 서로 다른 자연환경에 적응하며 살아온 모습에 따라 서로 다른 인문환경이 이루어졌습니다.

2회 1. ③ 우리나라와 가까운 나라들 *25~27쪽*

1 ②, ③, ⑤ **2** ⑤ **3** 예 북쪽과 남쪽의 기후 차이가 나타난다. 화산 활동이 활발하고 지진이 자주 발생한다. **4** ④ **5** ④ **6** ② **7** 러시아 **8** ③ **9** ⑤ **10** ③ **11** 갈등 **12** ② **13** 예 지리적으로 서로 가까워서 함께 해결해야 할 공동의 문제가 발생하기 때문에 **14** ⑤ **15** ① **16** ② **17** ④ **18** 실리콘 밸리 **19** 유럽 연합(EU) **20** ④

풀이

1 우리나라와 국경을 마주하고 있는 이웃 나라에는 중국, 일본, 러시아가 있습니다.

2 러시아의 인구는 대부분 유럽과 가까운 서부 지역에 모여 있습니다.

3 일본은 영토가 남북으로 길어 북쪽과 남쪽의 기후 차이가 나타나며, 화산과 지진 활동이 활발합니다.

4 일본의 공업 지역은 원료 수입과 제품 수출에 유리한 태평양 연안을 따라 발전했습니다.

5 세계에서 가장 높은 고원인 시짱(티베트) 고원은 세계의 지붕이라고 불립니다.

6 중국은 영토가 넓어 지형과 기후가 다양하게 나타나는데, 서쪽에서 동쪽으로 갈수록 지형이 낮아지며 동부의 해안 지역에 상하이와 같은 대도시와 인구가 집중해 있습니다.

7 러시아 사람들은 흑빵, 보르시, 샤실리크 등의 음식

을 포크, 칼, 숟가락을 사용해서 먹고, 통나무를 쌓아 올려서 만든 이즈바는 러시아의 전통 가옥입니다.

8 일본은 끝이 뾰족한 나무 젓가락을, 중국은 끝이 뭉툭한 젓가락을, 우리나라는 금속 젓가락을 사용합니다.

9 우리나라, 일본, 중국은 지리적으로 가까이 있어 오랫동안 자연스럽게 교류하기 때문에 한자의 영향을 받은 한자 문화권에 속합니다.

10 ①과 ④는 경제적 교류, ②는 인적 교류, ⑤는 정치적 교류의 모습입니다.

11 여러 갈등이나 문제를 해결하기 위해서는 각 나라가 서로 이해하고 협력하는 자세가 필요합니다.

12 우리나라는 오스트레일리아로부터 소고기, 석탄, 철광석, 알루미늄 등의 자원을 주로 수입하고 자동차, 전자 기기 등을 수출하며, 교육, 문화, 관광 등 활발한 교류가 이어지고 있습니다.

13 우리나라와 이웃 나라는 지리적으로 가까워서 활발하게 교류하고 있기 때문에 공동의 문제가 발생하고, 이를 함께 해결하기 위해서는 서로 이해하고 협력하는 태도가 중요합니다.

14 사우디아라비아는 원유를 수출하면서 경제가 빠르게 성장하였고 우리나라는 1970년대에 사우디아라비아에 진출하여 도로, 항만 건설 등에 참여하였습니다.

15 코로나바이러스 감염증−19 확산 이전(2019년 1월 ~12월)의 항공 운항 수를 기준으로 우리나라가 항공 운항을 가장 많이 한 나라는 중국이고, 2위는 일본, 3위는 베트남입니다.

16 베트남은 동남아시아에 있는 나라로 영토가 남북으로 길게 뻗어 있고, 남부 지역과 북부 지역의 기후가 다르게 나타납니다.

17 미국은 영토의 면적이 세계에서 세 번째로 넓고 서쪽에는 고원과 산지, 중앙에는 평원이 있으며, 주로 온대 기후가 나타납니다.

18 미국은 풍부한 자원과 기술을 바탕으로 농업, 상업, 공업 등 다양한 산업이 골고루 발달했고 특히 세계적인 기업들이 모여 있는 실리콘 밸리는 첨단 산업으로 유명합니다.

19 우리나라와 유럽 연합(EU) 간의 교류가 활발해짐에 따라 더욱 편리한 교류를 위해 자유 무역 협정을 맺었으며, 교류가 늘어남에 따라 유럽에서 우리나라 문화에 대한 관심이 점차 높아지고 있습니다.

20 이웃 나라와 활발히 교류하면서 서로를 이해하고 상호 협력하며 함께 성장하고 발전할 수 있습니다.

2회 2. ① 한반도의 미래와 통일 28~30쪽

1 ⑤ **2** ① **3** ③ **4** ③, ⑤ **5** 코끼리 바위 **6** ④
7 심흥택 **8** ⓔ 우리나라의 소중한 영토인 독도의
생태계를 보호하고 지속적으로 이용하도록 하기 위
해 **9** ② **10** ⑤ **11** ② **12** ②, ⑤ **13** 비무장
지대 **14** ⑤ **15** ② **16** ⑤ **17** ① **18** ⓔ 서
로에 대한 신뢰를 바탕으로 서로간의 여러 차이점을
좁혀 나가야 한다. **19** ② **20** 남북 문화 통합 전
문가

· 풀이 ·

1 독도는 우리나라 영토의 동쪽 끝에 있는 섬으로 대략
북위 37°, 동경 132°에 있습니다.

2 독도는 동해의 중심에 있어 선박의 항로뿐만 아니라
군사적으로도 중요한 위치에 있습니다.

3 독도에는 물을 얻을 수 있는 물골, 주민 숙소, 등대,
경비대원 숙소, 접안 시설 등 각종 주민 생활 시설과
경비 활동을 위한 시설이 있습니다.

4 독도는 철새들이 이동하는 길목에 위치하며 다양하
고 독특한 동식물이 서식해 1999년에 천연기념물 제
336호 독도 천연 보호 구역으로 지정해 보호하고 있
습니다.

5 독도에는 독특한 모양의 바위가 많이 있는데, 코끼리
바위는 코끼리가 바닷물을 마시는 모습과 닮아서 붙
여진 이름입니다.

6 조선 시대에 독도 주변에서 어업을 하는 일본의 어부
들을 쫓아내고 독도가 우리 땅임을 확인 받은 인물은
안용복입니다.

7 울릉도 군수였던 심흥택의 보고를 받은 대한 제국 정
부는 이를 항의하는 문서를 작성했고, 소중한 독도를
일본에게 빼앗기는 일을 막을 수 있었습니다.

8 독도는 우리나라의 소중한 영토이기 때문에 우리나
라의 정부와 시민단체는 끊임없이 관심을 기울이고
독도를 지키는 데 앞장서고 있습니다.

9 오늘날 독도를 지키기 위해 노력하는 단체에는 독도
박물관, 독도 경비대, 독도연구소(동북아역사재단),
사이버 외교 사절단, 반크(VANK) 등이 있습니다.

10 분단이 지속되면서 전쟁에 대한 불안감을 조성하여
세계 평화에 부정적 영향을 미치고 있습니다.

11 남북 분단이 길어지면서 남북 간의 언어와 문화 차이

가 점점 더 커지고 있습니다.

12 이외에도 남북통일을 이루면 전쟁의 공포에서 벗어
나고, 이산가족이 서로 만나고, 국방비를 줄여서 남
는 비용을 국민의 삶의 질을 높이는 곳에 사용할 수
있으며, 남한의 기술과 북한의 자원을 이용해 경쟁력
있는 제품을 만들 수 있습니다.

13 비무장 지대는 통일 후 자연 생태계와 평화의 소중함
을 배우는 생태 공원으로 활용할 수 있습니다.

14 남북통일을 위한 노력으로 남북한 최고 지도자들이
2000년에 정상 회담을 하고 6·15 남북 공동 선언을
발표하였습니다.

15 남과 북은 언어의 통일을 목적으로 『겨레말큰사전』을
공동으로 편찬하고 있습니다.

16 7·4 남북 공동 성명은 1974년에 통일의 3원칙에 합
의하여 발표된 공동 성명입니다.

17 ①은 2018년, ②는 2000년, ③은 2007년, ④는 1991
년, ⑤는 1972년에 이루어졌습니다.

18 평화적인 방법으로 통일을 이루기 위해서는 남북이
신뢰를 바탕으로 오랜 분단으로 인해 달라졌던 서로
의 차이를 좁혀 나가기 위해 노력해야 합니다.

19 가야의 역사 유적지는 낙동강 유역에 있으므로 통일
과 관계없이 방문할 수 있습니다.

20 통일이 되면 새로운 직업과 일자리가 늘어나게 될 것
입니다.

2회 2. ② 지구촌의 평화와 발전 31~33쪽

1 ② **2** ④ **3** 나이지리아 **4** ③ **5** ⓔ 북극의
빙하가 녹으면서 자원의 개발 및 항로 이용 가능성이
커지고 있기 때문에 **6** ② **7** ① **8** ② **9** 국제
기구 **10** ⑤ **11** 한국 국제 협력단(KOICA) **12** ④
13 ⓔ 교육, 과학, 문화 분야 등에서 다양한 국제 교
류를 하면서 평화를 추구하고 있다. **14** ⑤ **15** 이
태석 신부 **16** ⑤ **17** ④ **18** 신생아 **19** ①
20 ③

· 풀이 ·

1 지구촌 갈등은 다양한 원인이 복합적으로 얽혀 발생
합니다.

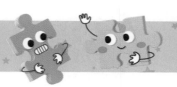

2 이스라엘−팔레스타인 분쟁은 유대교를 믿는 유대인들이 이슬람교를 믿는 아랍인들이 살던 팔레스타인 지역에 이스라엘을 건국하며 발생했습니다.

3 나이지리아의 언어, 민족, 종교가 서로 다른 250여 개의 종족들은 서로 협력하지 못하였으며, 전쟁으로 불안정한 상태가 지속되고 있습니다.

4 메콩강 상류에 위치한 중국과 라오스 등의 나라가 댐을 건설하여 하류 지역에 위치한 베트남과 타이, 캄보디아 등의 나라가 피해를 입게 되면서 갈등이 생겼습니다.

5 북극의 빙하가 녹으면서 막대한 원유와 천연가스 등과 같은 자원 개발의 가능성과 북극의 항로를 이용할 가능성이 커지면서 미국, 캐나다, 러시아, 덴마크, 노르웨이 등 북극해의 주변국들이 북극해를 둘러싸고 갈등을 겪고 있습니다.

6 갈등 당사자뿐만 아니라 지구촌의 다양한 주체들이 지구촌의 평화가 지속될 수 있도록 지구촌 갈등 문제를 해결하기 위해 노력하고 있습니다.

7 평화를 위한 외교 활동은 우리가 할 수 있는 방법이 아닙니다.

8 지구촌 갈등으로 인한 문제를 해결하기 위해서는 난민 캠프에서 난민 체험 활동을 하는 것 보다는 직접 봉사 활동을 하며 난민들을 돕는 것이 좋습니다.

9 지구촌 갈등을 해결하기 위해서는 개인, 비정부 기구뿐만 아니라 국가, 국제기구 등이 모두 함께 노력해야 합니다.

10 인종, 종교 등에 관계없이 의료 도움이 필요한 사람들을 돕는 단체인 국경 없는 의사회는 국제 연합(UN)에 속한 기구가 아니라 개인이 모여 활동하는 비정부 기구입니다.

11 한국 국제 협력단(KOICA)는 1991년 4월 설립된 외교통상부 산하 정부 출연 기관으로, 우리나라와 개발도상국 사이의 우호 협력 관계 및 상호 교류를 증진하고, 이들의 경제 사회 발전을 지원하며 국제 협력을 증진하는 것을 목표로 활동합니다.

12 유엔 아동 기금(UNICEF)은 어려움에 처한 전 세계 어린이들을 돕기 위한 활동을 합니다.

13 유엔 교육 과학 문화 기구는 교육, 과학, 문화 분야의 국제 협력을 통해 세계 평화를 추구하고, 세계 유산을 지정하여 보호하는 일도 합니다.

14 인도의 민족 운동 지도자인 마하트마 간디는 영국의 억압에 비폭력적인 방법으로 저항함으로써 인도의 독립과 인류 평화에 이바지한 인물이며, 인도 독립의 아버지라 불리는 인물입니다.

15 이태석 신부는 '톤즈의 슈바이처'로 불리고 있으며, 선교 활동을 위해 들렀던 남수단 톤즈의 가난한 아이들을 위해 일생을 바쳤습니다.

16 말랄라 유사프자이는 소녀와 여성에 대한 억압에 반대하고 모든 어린이의 교육받을 권리를 위해 노력했으며, 2014년 열일곱의 나이에 최연소로 노벨 평화상을 수상하였습니다.

17 국경 없는 의사회는 전쟁, 전염병, 자연재해 등으로 고통 받는 사람들에게 의료 지원을 하는 비정부 기구입니다.

18 세이브 더 칠드런은 아동의 생존, 보호, 발달, 참여의 권리를 실현하기 위해 설립된 비정부 기구로, 전세계 어린이의 인권 보호와 복지 증진을 시민들의 참여로 실현하고자 노력하고 있는 비정부 기구입니다.

19 핵무기 폐기 국제 운동은 유엔 핵무기 금지 조약을 이끌어 내기도 한 비정부 기구입니다.

20 지구촌의 인권 침해 문제를 알리고, 잘못된 점을 바르게 고치는 '국제 앰네스티'에 가입하여 미얀마 국민의 피해 상황을 널리 알리는 활동을 할 수 있습니다.

2회   2. ③ 지속 가능한 지구촌   *34~36쪽*

1 ⑤   **2** ②, ③   **3** 지구 온난화   **4** ①   **5** 파리 협정   **6** ③   **7** ④   **8** 예 환경오염을 줄임으로써 지속 가능한 미래를 기대할 수 있다.   **9** ⑤   **10** 지속 가능한 미래   **11** ⑤   **12** ①   **13** 구호 활동   **14** ⑤   **15** 문화   **16** ④   **17** ⑤   **18** 세계 시민   **19** ④   **20** 예 점심시간에 먹을 만큼의 양만 배식받아 음식물 쓰레기를 줄인다.

• 풀이 •

1 오늘날 지구촌 곳곳에서는 지구 온난화, 열대 우림 파괴, 과도한 쓰레기와 오염 물질 배출, 초미세 먼지 증가 등 다양한 환경문제가 나타나고 있습니다.

2 사람들이 환경을 생각하지 않고 행동하거나 무분별하게 개발함으로써 지구촌 환경은 점점 황폐해져 가고 있습니다.

3 지구 온난화로 극지방의 빙하가 녹아내리고 홍수, 가뭄 등 자연재해가 발생하는 등 이상 기후 현상이 나타나고 있습니다.

4 개인은 지구촌 환경 문제를 해결하기 위해 가까운 거리를 걸어 다니고, 쓰레기를 분리 배출하는 등의 노력을 합니다. ②는 정부, ③과 ④는 기업, ⑤는 시민단체가 지구촌 환경 문제를 해결하기 위해 하는 노력입니다.

5 세계 각 나라는 환경문제를 해결하고자 서로 협력하여 대응책을 세우고 실천합니다. 파리 협정은 2015년에 195개 나라들이 파리에서 모여 지구 온난화로 인한 기온 상승을 막기 위해 온실가스 배출을 줄여 나가기로 약속한 협약입니다.

6 기업들은 지구촌 환경에 대한 사회적 책임을 실천하기 위해 친환경 제품을 생산하거나 친환경 소재를 개발하고, 쓰레기 감소와 에너지 절약을 실천하는 등 다양한 노력을 하고 있습니다.

7 환경 감시 모니터링 요원에 지원해 환경오염 감시 활동에 참여하는 행동은 정부가 아닌 개인이 지구촌 환경 문제를 해결하기 위해 할 수 있는 노력입니다.

8 지속 가능한 미래를 만들기 위해서는 우리 모두가 책임감 있게 지구촌에서 일어나는 여러 문제를 해결하기 위해 노력해야 합니다.

9 환경을 생각하는 소비를 하려면 페트병에 담긴 생수 대신 밀, 고구마, 옥수수, 감자 전분, 해조류 등 자연에서 분해되는 생분해성 재료로 만든 일회용품에 담긴 생수를 구입해 마셔야 합니다.

10 지구촌 사람들은 지속가능한 미래를 위해 현재뿐만 아니라 미래 세대의 환경과 발전을 고려하여 책임감 있게 행동해야 합니다.

11 지구촌 사람들은 지구촌의 빈곤과 기아 문제를 해결하기 위해 구호 활동, 교육과 농업 기술 지원, 모금 활동, 캠페인 등의 노력을 하고 있습니다.

12 우리나라를 비롯한 지구촌 사람들은 빈곤과 기아 문제를 해결하기 위해 빈곤과 기아로 고통 받는 사람들에게 농작물을 생산하고 관리하는 방법을 알려 주는 등 기술적인 지원을 하기도 합니다.

13 재해나 재난 따위로 어려움에 처한 사람을 돕는 일을 '구호'라고 합니다.

14 지구촌 사람들은 빈곤 때문에 기초 교육을 받지 못하는 어린이들이 없도록 교육 및 기술 지원 사업을 합니다.

15 지구촌에는 다양한 문화를 지닌 사람들이 살아가지만, 문화가 다르다는 이유로 편견과 차별을 겪는 사람들도 있습니다.

16 지구촌 사람들은 지구촌의 다양한 문화를 배우고 체험할 수 있는 여러 행사를 통해 문화에 대한 편견과 차별을 없애기 위해 노력하고 있습니다.

17 문화적 편견과 차별을 없애기 위해서는 서로 다른 문화의 차이와 문화의 다양성을 이해하고 존중하며 공감하는 태도가 필요합니다.

18 세계 시민이란 지속 가능한 미래를 위해서 지구촌의 다양한 문제에 공감하고 더 나은 지구촌을 만들고자 노력하는 사람입니다.

19 세계 시민은 나와 다른 문화를 가진 사람들과 어울릴 수 있다는 생각을 가지고 있어야 합니다.

20 환경문제를 해결하기 위해 우리는 밖에 가까운 거리는 걸어다니며 대기 오염을 줄이고, 쓰레기 분리배출이나 친환경 소비를 통해 환경을 보호하는 일 등을 실천할 수 있습니다.

메모 Memo

11종 검정 교과서

완벽 분석 종합평가

사회

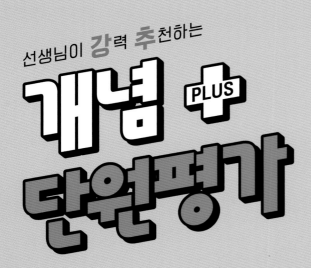

정답과 풀이

6·2

5~6학년군

교육의 길잡이·학생의 동반자

(주)교학사

---

1 세계 여러 나라의 자연과 문화

① 지구, 대륙 그리고 국가들

개념을 확인해요
9~11쪽

1 평면   2 세계 지도   3 지구본   4 위선, 경선
5 항공 사진   6 인터넷   7 본초 자오선   8 아
시아   9 유럽   10 오세아니아   11 태평양
12 북극해   13 양, 해   14 아시아   15 북아메
리카   16 러시아   17 단조   18 둥근   19 칠
레   20 세계 지도

개념을 다져요
12~13쪽

1 (1) ㉠ (2) ㉢ (3) ㉡   2 (1) ○   3 (1) 아프리카
(2) 유럽 (3) 오세아니아   4 (1) 태평양 (2) 인도양
5 ⑤   6 ㉠ 캐나다 ㉡ 북아메리카   7 ㉡   8 ⑤

풀이

1 세계 지도는 지구를 평면으로 나타낸 것이고, 지구
본은 지구의 모양을 입체적으로 만든 것입니다. 디
지털 영상 지도는 위성 영상이나 항공 사진을 바탕
으로 다양한 기능을 이용할 수 있도록 디지털 정보
로 표현한 것입니다.

2 지구본과 세계 지도에는 위선과 경선이 그려져 있어
나라의 위치를 살펴볼 수 있습니다.

3 가장 큰 대륙은 아시아이고, 가장 작은 대륙은 오세
아니아입니다.

4 태평양은 아시아, 오세아니아, 아메리카 등의 대륙
사이에 있으며, 인도양은 아프리카, 남아시아, 오세
아니아 등에 인접해 있습니다.

5 제시된 나라들은 오세아니아 대륙에 속한 나라들입
니다.

6 캐나다는 북아메리카 대륙에 위치해 있고, 미국의
북쪽에 있습니다.

7 러시아가 영토의 면적이 가장 넓고, 그 다음은 캐나
다입니다. 세계에서 영토 면적이 가장 좁은 나라는
이탈리아 로마 시내에 있는 바티칸 시국입니다.

8 아르헨티나, 칠레, 노르웨이는 남북으로 길게 뻗은
모양을 하고 있습니다.

1회 실력을 쌓아요
14~16쪽

1 ③   2 (가) 본초 자오선 (나) 적도   3 ㉢ → ㉡
→ ㉠ → ㉣   4 북위, 동경   5 ⑤   6 ㉠ 30 ㉡
70   7 아프리카   8 ①   9 ④   10 해   11
③   12 ③   13 ㉣   14 (1) ○   15 ②   16 ①,
④   17 경선   18 ②   19 ②, ④   20 (3) ○

풀이

1 세계 지도는 둥근 지구의 모습을 평면으로 나타
낸 것으로, 세계의 모습을 한눈에 살펴볼 수 있지
만 실제의 모습과 다른 점이 있습니다.

2 세로로 그은 선을 경선이라고 하고, 경선은 경도
를 나타냅니다. 그 기준이 되는 선이 본초 자오선
입니다. 가로로 그은 선을 위선이라고 하고, 위선
은 위도를 나타냅니다. 그 기준이 되는 선이 적도
입니다.

3 ㉢, ㉡, ㉠, ㉣의 순서로 위도와 경도를 이용하여
나라의 위치를 나타냅니다.

4 북위와 동경으로 우리나라가 어디에 위치하는지
파악합니다.

5 디지털 영상 지도는 스마트폰이나 컴퓨터가 필요
하며, 인터넷을 연결해야 다양한 기능을 사용할
수 있다는 단점이 있습니다.

6 지구에서 육지는 약 30%를 차지하고, 바다는 약
70%를 차지합니다.

7 아프리카는 아시아 다음으로 큰 대륙으로서, 남
반구와 북반구에 걸쳐 있습니다.

8 남극해는 남극 대륙을 둘러싸고 있는 바다입니다.

9 대서양은 아프리카, 유럽, 아메리카 등에 둘러싸
여 있습니다.

10 '양'은 매우 큰 바다는 일컫습니다.

11 이집트는 아프리카 대륙에 위치해 있습니다.

12 오세아니아 대륙에 속해 있으며, 북서쪽에 오스
트레일리아 있는 것으로 보아 표시된 나라는 뉴
질랜드입니다.

13 프랑스의 서쪽에는 대서양이 있습니다.

14 위도와 경도의 폭을 보면 어느 나라의 영토가 더
넓은지 알 수 있습니다.

15 세계에서 영토의 면적이 가장 넓은 나라는 러시
아이고, 그 다음으로 캐나다, 미국, 중국입니다.

16 아시아 대륙의 라오스와 남아메리카 대륙의 가이아나가 우리 국토의 면적과 비슷합니다.

17 사우디아라비아의 영토를 보면 국경선이 단조롭다는 것을 알 수 있습니다.

18 대한민국, 일본, 인도네시아, 아이슬란드 등의 나라들은 해안선이 복잡합니다.

19 탄자니아의 영토 모양은 둥근 모양을 하고 있습니다. 체코와 레소토의 영토 모양도 둥근 모양입니다.

20 디지털 영상 지도는 길 찾기 기능, 확대와 축소 등 다양한 기능이 있기 때문에 주요 관광지나 가는 방법을 미리 찾아볼 때 활용하기에 좋습니다.

2회 실력을 쌓아요
17~19쪽

1 ② **2** 본초 자오선 **3** 디지털 영상 지도 **4** ② **5** (가) 태평양 (나) 인도양 **6** ② **7** ④ **8** 예 아시아, 아프리카, 오세아니아 등에 인접해 있다. **9** ⑤ **10** ①, ⑤ **11** ⑤ **12** ② **13** ㉠ 캐나다 ㉡ 북아메리카 **14** ③ **15** ㉠ 러시아 ㉡ 캐나다 ㉢ 바티칸 시국 **16** ② **17** ㉠ 이탈리아 ㉡ 장화 모양과 닮았다. **18** 예 남북으로 길게 뻗어 있다. **19** ㉢ **20** ㉡

풀이

1 둥근 지구를 평면으로 나타낸 것은 세계 지도입니다.

2 경도의 기준이 되는 본초 자오선은 영국의 그리니치 천문대를 지나는 선입니다.

3 디지털 영상 지도를 활용하려면 스마트폰이나 컴퓨터가 필요하며, 인터넷을 연결해야 다양한 기능을 사용할 수 있습니다.

4 제시된 지도의 ㉠을 누르면 현재 내가 있는 위치를 표시해 줍니다.

5 태평양은 아시아, 오세아니아, 북아메리카, 남아메리카 대륙 사이에 있는 가장 큰 바다이고, 인도양은 아프리카, 남아시아, 오세아니아 등에 인접해 있는 바다입니다.

6 아시아가 세계에서 가장 큰 대륙으로, 세계 육지 면적의 약 30%를 차지합니다.

7 유럽은 면적이 좁지만 많은 나라들이 위치해 있습니다.

8 인도양에 인접해 있는 대륙을 확인하고 어느 대륙에 둘러싸여 있는지 설명합니다.

9 북극해는 다른 대양보다 규모가 작지만 다른 바다에 비해 규모가 크기 때문에 일반적으로 대양으로 분류합니다.

10 나라의 위치를 알아보기 위해서는 각 나라가 위치한 대륙이 어디이고, 각 나라의 위도와 경도가 어떻게 되는지 살펴보아야 합니다.

11 뉴질랜드는 오스트레일리아와 더불어 오세아니아 대륙을 대표하는 나라입니다.

12 이란은 아시아, 우루과이는 남아메리카, 팔라우는 오세아니아, 탄자니아는 아프리카에 위치해 있습니다.

13 미국 북쪽에 있는 나라는 캐나다입니다. 캐나다는 미국과 더불어 북아메리카에 위치하고 있습니다.

14 프랑스는 유럽 대륙에 위치한 나라로서, 서쪽은 대서양이 접해 있고, 동쪽에는 독일이 있습니다.

15 이탈리아 로마 시내에 있는 바티칸 시국이 세계에서 면적이 가장 좁은 나라입니다.

더 알아볼까요!

세계 여러 나라의 면적
- 1위: 러시아(1,710만 km²)
- 2위: 캐나다(998만 km²)
- 3위: 미국(983만 km²)
- 4위: 중국(960만 km²)
- 5위: 브라질(851만 km²)

16 제시된 나라들은 해안선이 복잡하고 작은 섬들이 많이 있는 것이 특징입니다.

17 이탈리아는 유럽에 위치해 있고, 영토 모양이 장화와 비슷하게 생겼습니다.

18 남북 방향으로 길게 뻗어 있는 모습을 볼 수 있습니다.

19 ㉠은 디지털 영상 지도를 효과적으로 활용한 상황을 말한 것이고, ㉡은 지구본을 효과적으로 활용한 상황을 말한 것입니다.

20 지구본을 이용하면 나라 간의 위치 관계를 쉽게 파악할 수 있습니다.

1 (1) ① 세계 지도 ② 지구본
(2) •(가) 장점−예 세계 여러 나라의 위치를 한눈에 알 수 있다. •(나) 단점−예 전 세계의 모습을 한눈에 보기 어렵고, 가지고 다니기 불편하다.
2 예 '양'은 태평양이나 대서양처럼 큰 바다를 일컫고, '해'는 육지와 섬이 가로막아 큰 바다와 떨어진 작은 바다로, 대부분이 육지로 둘러싸여 있다.
3

나라	예 아르헨티나
위치한 대륙	남아메리카
위도와 경도 범위	예 서경 35~80°, 북위 12°~남위 55° 사이에 위치하고 있다.
주변에 있는 대양	예 동쪽에 대서양이 있다.
주변에 있는 나라	예 서쪽에 칠레, 동쪽에 우루과이, 북쪽에 볼리비아와 파라과이가 있다.

4 •(가)−이집트 / 예 사각형과 비슷하다. 국경선이 단조롭다. •(나)−인도네시아 / 예 많은 섬들로 이루어져 있다. 해안선이 복잡하다.

풀이

1 (1) 세계 지도는 둥근 지구를 평면으로 나타낸 것이고, 지구본은 실제 지구의 모습을 아주 작게 줄인 모형입니다.
(2) 세계 지도는 세계를 한눈에 볼 수 있고, 가지고 다니기에도 편리해서 인터넷이 연결되지 않는 곳에서 사용하기 좋습니다. 지구본은 실제 지구의 모양과 비슷하므로 나라 간의 위치를 파악하기에 좋습니다.

상	세계 지도와 지구본의 특징과 두 자료의 장점과 단점에 대해 잘 알고 있습니다.
중	세계 지도와 지구본의 특징과 두 자료의 장점과 단점 중 일부만 알고 있습니다.
하	세계 지도와 지구본의 특징과 두 자료의 장점과 단점에 대해 모두 알지 못합니다.

2 태평양이나 대서양처럼 '양'으로 불리는 바다는 매우 큰 바다를 일컫습니다.

상	바다의 이름인 '양'와 '해'가 어떻게 다른지 잘 알고 있습니다.
중	바다의 이름인 '양'와 '해'가 어떻게 다른지 일부만 알고 있습니다.
하	바다의 이름인 '양'와 '해'가 어떻게 다른지 전혀 알지 못합니다.

3 남아메리카에 위치한 한 나라를 선택하여 사회과 부도에서 살펴보고 빈칸을 채워 봅니다.

상	남아메리카에 있는 한 나라를 선택하여 조사한 후에 표에 잘 정리했습니다.
중	남아메리카에 있는 한 나라를 선택하여 조사한 후에 표에 일부만 정리했습니다.
하	남아메리카에 있는 한 나라를 선택하여 조사하거나 정리하지 못했습니다.

4 이집트는 사각형 모양을 하고 있으며, 국경선이 단조롭습니다. 반면에 인도네시아는 해안선이 복잡하고, 많은 섬들로 이루어져 있습니다.

상	지도를 보고 두 나라 영토 모양의 특징을 잘 정리했습니다.
중	지도를 보고 두 나라 영토 모양의 특징을 일부만 정리했습니다.
하	지도를 보고 두 나라 영토 모양의 특징을 정리하지 못했습니다.

1 (1) 위성 영상, 항공 사진
(2) ⓔ 검색창에 찾고자 하는 장소를 입력하면 지도에서 위치를 찾을 수 있다. 자동차, 대중교통, 도보, 자전거의 경로를 찾을 수 있다.

2 (1) ㉠ 북극해 ㉡ 인도양 ㉢ 태평양 ㉣ 대서양 ㉤ 남극해
(2) ⓔ 우리나라가 속해 있는 대륙으로 대륙 중에서는 가장 크며, 세계 육지 면적의 약 30%를 차지한다.

3 (가)

나라	뉴질랜드
위치한 대륙	오세아니아
위도와 경도 범위	남위 34°~47°, 동경 166°~179°
주변에 있는 대양	ⓔ 북쪽에 태평양이 있다.
주변에 있는 나라	ⓔ 북서쪽에 오스트레일리아가 있다.

(나)

나라	프랑스
위치한 대륙	유럽
위도와 경도 범위	북위 41°~51°, 서경 5°~동경 8°
주변에 있는 대양	ⓔ 서쪽에 대서양이 있다.
주변에 있는 나라	ⓔ 동쪽에 독일이 있다.

4 (1) ① 사우디아라비아, ② 아이슬란드
(2) • (가)-ⓔ 국경선이 단조로운 편이다. / ⓔ 미국, 캐나다, 이집트 등 • (나)-ⓔ 해안선이 복잡하다. / ⓔ 대한민국, 인도네시아, 일본 등

풀이 ▶

1 (1) 디지털 영상 지도는 위성 영상이나 항공 사진을 디지털 정보가 포함된 지도 형태로 바꾼 것입니다.
(2) 이밖에도 내 위치를 검색할 수 있고, 지도를 확대, 축소할 수 있습니다. 또한 어떤 장소의 실제 모습을 여러 각도에서 살펴볼 수 있으며, 특정 지역의 이미지를 불러 올 수도 있습니다.

상	디지털 영상 지도의 특징과 기능에 대해 잘 알고 있습니다.
중	디지털 영상 지도의 특징과 기능 중 일부만 알고 있습니다.
하	디지털 영상 지도의 특징과 기능에 대해 전혀 알지 못합니다.

2 (1) 대양은 큰 바다를 말합니다.
(2) 아시아는 여러 대륙 중에서 가장 큰 대륙이며, 우리나라가 속해 있습니다.

상	세계의 대륙과 대양을 구분하고 대륙의 위치와 범위에 대해 잘 알고 있습니다.
중	세계의 대륙과 대양을 구분하였지만 대륙의 위치와 범위에 대해서는 알지 못합니다.
하	세계의 대륙과 대양을 구분하지 못하고 대륙의 위치와 범위에 대해서도 알지 못합니다.

3 뉴질랜드는 오스트레일리아의 남동쪽에 위치해 있고, 오세아니아 대륙에 속합니다. 프랑스는 독일의 서쪽에 위치해 있고, 유럽 대륙에 속합니다.

상	지구본에 나타난 두 나라의 위치와 영역을 살펴보고 표에 잘 정리했습니다.
중	지구본에 나타난 두 나라의 위치와 영역을 살펴보고 표에 일부만 정리했습니다.
하	지구본에 나타난 두 나라의 위치와 영역을 살펴보았지만 표에 정리하지 못했습니다.

4 (1) (가)는 서남아시아에 위치한 사우디아라비아이고, (나)는 유럽의 북쪽에 위치한 아이슬란드입니다.
(2) 사회과 부도에서 국경선이 단조로운 나라와 대체로 해안선이 복잡한 나라를 찾아봅니다.

상	나라별 영토 모양의 특징과 영토 모양이 비슷한 나라에 대해 잘 알고 있습니다.
중	나라별 영토 모양의 특징은 알지만 영토 모양이 비슷한 나라에 대해서는 알지 못합니다.
하	나라별 영토 모양의 특징과 영토 모양이 비슷한 나라에 대해 모두 알지 못합니다.

② 세계의 다양한 삶의 모습

25~27쪽

개념을 확인해요

1 기후   2 기온, 강수량   3 열대 기후   4 온대 기후   5 냉대 기후   6 유목   7 밀, 벼농사   8 순록   9 고산   10 칠레   11 사리   12 케밥   13 습기   14 주제   15 오른쪽   16 시에스타   17 솜브레로   18 우샨카   19 힌두교   20 존중

개념을 다져요

28~29쪽

1 (1) ○   2 온대 기후   3 열대 기후   4 ④   5 케밥   6 ②   7 (1) ✕ (2) ○ (3) ○   8 상미

풀이

1 세계에는 지역별로 다양한 기후가 나타나고, 적도에서 극지방으로 갈수록 기온이 점차 낮아집니다. 세계의 기후는 열대 기후, 건조 기후, 온대 기후, 냉대 기후, 한대 기후, 고산 기후 등으로 나눌 수 있습니다.

2 사계절이 뚜렷하고 여름에는 기온이 높고 강수량이 많으며, 겨울에는 기온이 낮고 강수량이 적은 특징을 보이는 기후는 온대 기후입니다.

3 열대 기후 지역에서는 바나나 등의 열대 작물을 재배하는 모습과 초원에서 사파리 관광을 하는 모습을 볼 수 있습니다.

4 한대 기후에서는 사람들이 얼음이 녹는 짧은 여름 동안에 순록을 기르는 유목 생활을 합니다.

5 국민 대부분이 이슬람교를 믿는 터키 사람들은 주로 양고기로 케밥을 만듭니다. 유목민들이 육류를 쉽고 간단하게 먹으려고 조각내어 구워 먹던 것에서 비롯되었습니다.

6 땅에서 떨어지게 집을 지으면 땅에서 올라오는 열기와 습기를 피할 수 있습니다.

7 옛날 영국 사람들은 마차를 타고 다녔는데 마부가 쓰는 채찍에 다치지 않도록 마부가 오른쪽에 앉았다고 합니다. 이 풍습이 이어져 자동차의 운전석이 오른쪽에 있습니다.

8 다른 나라의 생활 모습을 대할 때에는 서로 다른 모습을 이해하고 존중할 줄 알아야 하며, 입장을 바꿔 생각할 수 있어야 합니다.

1회 실력을 쌓아요

30~32쪽

1 ④   2 ④   3 ②   4 ①   5 ⑤   6 ③   7 ⑤   8 고산 기후   9 ④   10 한대 기후   11 ①   12 상준   13 ③   14 케밥   15 ④   16 ㉠ → ㉢ → ㉣ → ㉤ → ㉡   17 ⑩ 가장 쉽게 구할 수 있고, 동물의 가죽과 털로 만든 옷이 추위와 바람을 막는 데 효과적이기 때문이다.   18 한대   19 ⑩ 아저씨께서 맨손으로 식사를 하셨기 때문이다. 맨손으로 식사하는 것을 비위생적이라고 느꼈기 때문이다.   20 ④

풀이

1 극지방에서 적도 지방으로 갈수록 기온은 점차 높아집니다.

2 해당 지역의 기온과 강수량 등을 기준으로 기후를 구분합니다. 또한, 각 나라의 위치나 지형에 따라 기후가 다르게 나타나기도 합니다.

3 적도 지방에서 극지방으로 갈수록 기온이 낮아지므로 적도를 기준으로 열대, 건조, 온대, 냉대, 한대 기후가 나타납니다.

4 ㉤은 한대 기후입니다. 한대 기후는 일 년 내내 평균 기온이 매우 낮고, 평균 기온이 가장 높은 달도 10℃보다 낮습니다.

더 알아볼까요!

세계의 기후

열대 기후	일 년 내내 기온이 높고 강수량이 많으며, 건기와 우기가 나타나는 곳도 있음.
건조 기후	일 년 동안의 강수량을 모두 합쳐도 500mm가 채 안 될 정도로 비가 내리지 않음.
온대 기후	사계절이 비교적 뚜렷한 기후로 여름에는 기온이 높고 강수량이 많으며, 겨울에는 기온이 낮고 강수량이 적음.
냉대 기후	온대 기후와 마찬가지로 사계절이 나타나지만 온대 기후보다 겨울이 더 춥고 긺.
한대 기후	일 년 내내 평균 기온이 매우 낮은 기후로 평균 기온이 가장 높은 달도 10℃보다 낮음.

5 침엽수림이 널리 분포하는 곳은 냉대 기후 지역입니다.

6 화전 농업은 열대 기후 지역에서 전통적으로 행해졌던 농업 방식입니다.

7 온대 기후는 사계절이 뚜렷하여 여름에는 물놀이를 즐기고, 겨울에는 겨울철 스포츠를 즐길 수 있습니다.

8 고산 지대는 일 년 내내 서늘한 날씨가 나타납니다. 해발 고도가 높은 곳에서 나타나는 기후를 고산 기후라고 합니다.

9 냉대 기후는 러시아의 시베리아나 캐나다와 같은 북반구의 중위도와 고위도 지역에 널리 분포합니다.

10 최근에 한대 기후 지역의 자연환경을 연구하기 위해 여러 나라에서 연구소나 기지를 세워 극지방 연구에 힘을 쏟고 있습니다.

11 남아메리카 대륙에 위치한 칠레는 남북으로 길게 뻗어 있어서 북부, 중부, 남부 지역별로 서로 다른 기후가 나타납니다.

12 기후, 종교, 사는 지역 등이 다르기 때문에 사람들의 생활 모습이 다르게 나타납니다.

13 사리가 한 장의 천으로 만들어진 것은 힌두교에서 옷감을 자르거나 바느질하는 것을 바람직하지 않게 여기기 때문입니다.

14 케밥은 얇게 썬 고기 조각을 구워 먹는 터키의 대표적인 요리입니다.

15 열대 기후와 같은 자연환경이 영향을 미쳐 주생활에서 고상 가옥이라는 집 형태가 나타난 것입니다.

16 주제를 정한 다음 결과를 예상해 보고, 조사 계획을 세워야 합니다.

17 사람들이 사는 곳의 자연환경과 생활 방식에 따라 입는 옷도 달라집니다.

18 추운 한대 기후 지역에서 사냥을 하면서 살아가는 이누이트족은 그 기후에 맞게 옷을 만들어 입었음을 알 수 있습니다.

더 알아볼까요!

이누이트족의 전통 복장
- 동물 가죽과 털로 장갑을 끼고 여러 겹의 신발을 신습니다.
- 순록 등의 동물 가죽과 털로 만든 모자가 달린 긴 소매의 외투와 바지를 입습니다.
- 순록의 힘줄로 꿰매어 옷을 튼튼하게 만듭니다.

19 인도 사람은 오른쪽 맨손으로 식사를 합니다. 식사 문화가 우리와 다르더라도 서로 다른 모습을 이해하고 존중해야 합니다.

20 자연환경과 인문 환경의 영향으로 다양하게 나타나는 여러 나라의 생활 모습을 대할 때에는 그 모습을 이해하고 존중하는 마음을 가져야 합니다.

2회 실력을 쌓아요
33~35쪽

1 적도　**2** ③　**3** ④　**4** ⑤　**5** ①　**6** ①, ③
7 ④　**8** ①　**9** ⑤　**10** 냉대 기후　**11** ④
12 ②　**13** (2) ○　**14** 고상 가옥　**15** 솜브레로
16 ⓒ　**17** (2) ○　**18** ①　**19** ④　**20** ④

풀이

1 적도는 태양과 거리가 가깝기 때문에 같은 면적에 받는 태양의 열이 많아 기온이 높습니다.

2 온대 기후는 주로 중위도 지역에 나타납니다.

3 ⓒ은 건조 기후로서, 이 지역은 일 년 동안의 강수량을 모두 합쳐도 500㎜가 채 안 될 만큼 비가 내리지 않습니다.

4 남극 대륙 맥머도의 기온과 강수량을 나타낸 그래프입니다. 이 지역은 일 년 내내 기온이 매우 낮고 강수량도 적습니다.

5 밀농사와 벼농사가 주로 이루어지는 곳은 온대 기후 지역입니다.

6 열대 기후 지역에서는 전통적으로 화전 농업 방식으로 얌, 카사바 같은 뿌리 작물을 재배했습니다.

7 초원 지역에서는 물과 풀을 찾아 가축과 함께 이동하는 유목 생활을 하며 살아가기도 합니다.

8 유럽의 온대 기후 지역에서는 주로 밀을 재배하며, 아시아에서는 벼농사를 짓습니다. 지중해 주변 지역에서는 올리브나 포도를 많이 재배합니다.

9 열대 기후가 나타나는 브라질 아마존강 유역이 대표적인 밀림 지역으로서 우리가 흔히 '지구의 허파'라고 부릅니다.

고산 기후

• 해발 고도가 높은 고산 지대는 일 년 내내 날씨가 서늘합니다. 해발 고도가 높을수록 기온이 점차 낮아지기 때문입니다.

• 고산 기후는 무더운 평지보다 서늘해 인간 생활에 더 유리합니다. 그래서 고도가 높은 곳에 도시가 발달하기도 합니다.

10 냉대 기후는 러시아의 시베리아, 캐나다와 같은 북반구의 고위도 지역에 널리 분포합니다.

11 한대 기후 지역은 일 년 내내 평균 기온이 매우 낮습니다. 평균 기온이 가장 높은 달이 10℃보다 낮아 땅속은 계속 얼어 있습니다.

12 힌두교의 영향 때문에 한 장의 천으로 된 사리를 입는다는 것으로 보아 종교의 영향이 가장 컸음을 알 수 있습니다.

13 케밥은 얇게 썬 고기 조각을 구워 먹는 터키의 대표적인 요리입니다.

14 열대 기후가 나타나는 지역에서는 습기와 열기를 피하고 통풍이 잘 되게 하기 위해서 집을 땅에서 떨어지게 짓습니다.

15 주로 밀짚이나 펠트로 만들며, 모자의 중앙이 높습니다.

16 '조사 계획 세우기' 단계에서는 예상한 내용을 확인할 수 있도록 조사할 내용과 방법을 정하고, 모둠 내에서 역할을 나누어 맡습니다.

17 몽골 사람들은 짧은 풀이 자라는 초원에서 유목 생활을 합니다.

18 몽골의 게르는 유목민들이 사는 자연환경(지형과 기후)에 맞게 그 모양을 갖추었습니다.

19 라마단은 이슬람 달력으로 아홉 번째 달을 의미합니다. 이슬람교를 믿는 사람들은 라마단 기간에는 해가 떠 있을 때는 음식을 먹지 않습니다.

라마단 때 음식을 먹지 않는 까닭

• 음식을 먹지 않는 까닭은 가난한 사람의 고통을 함께 느껴 보고 스스로 인내심을 키워 신앙심을 굳건히 하려는 것입니다.

• 라마단 기간에 단식을 하고 있는 사람 옆에서는 음식을 먹거나 물을 마셔서는 안 됩니다.

20 우리와 다르지만 다른 나라의 생활 모습도 그 나름의 가치를 가지고 있기 때문에 열린 마음으로 봐야 합니다.

1

구분	기후	특징
㉠	열대 기후	예 일 년 내내 기온이 높고 강수량이 많다. 연중 비가 많이 내리고 건기와 우기가 나타나는 곳도 있다.
㉡	건조 기후	예 일 년 동안의 강수량을 모두 합쳐도 500mm가 채 안 될 정도로 비가 내리지 않는다.
㉢	온대 기후	예 사계절이 비교적 뚜렷하고, 여름에는 기온이 높고 강수량이 많고, 겨울에는 기온이 낮고 강수량이 적다.
㉣	냉대 기후	예 온대 기후와 마찬가지로 사계절이 나타나지만 온대 기후보다 겨울이 더 춥고 길다.
㉤	한대 기후	예 일 년 내내 평균 기온이 매우 낮고, 평균 기온이 가장 높은 달도 10℃보다 낮다.

2 예 해발 고도가 높은 고산 지대는 일 년 내내 날씨가 서늘하며 무더운 평지보다 인간이 생활하기에 유리하기 때문이다.

3 (1) ① 멕시코 ② 러시아

(2) 예 주변에서 쉽게 구할 수 있는 재료를 활용해 기후에 적응하며 살아가기 위한 모자를 만들어 쓰기 때문이다.

4 예 몽골의 지형, 기후, 몽골 사람들의 유목 생활, 게르에 사는 사람들의 생활 모습, 게르의 구조, 재료, 특징

풀이

1 ㉠은 열대 기후, ㉡은 건조 기후, ㉢은 온대 기후, ㉣은 냉대 기후, ㉤은 한대 기후입니다. 각 기후별 특징에는 무엇이 있는지 정리합니다.

상	세계 주요 기후의 분포와 각 기후의 특징에 대해 잘 알고 있습니다.
중	세계 주요 기후의 분포와 각 기후의 특징 중에서 일부만 알고 있습니다.
하	세계 주요 기후의 분포와 각 기후의 특징에 대해 모두 알지 못합니다.

2　평지는 무덥지만 고산 지대로 갈수록 일 년 내내 서늘하여 인간이 생활하기에 유리합니다.

상	고산 지대에 큰 도시가 발달한 까닭에 대해 잘 알고 있습니다.
중	고산 지대에 큰 도시가 발달한 까닭에 대해 일부만 알고 있습니다.
하	고산 지대에 큰 도시가 발달한 까닭에 대해 알지 못합니다.

3　(1) 멕시코 사람들은 강한 햇볕을 막고 시원하게 지낼 수 있는 모자가 필요한 반면, 러시아 사람들은 추위로부터 몸을 보호할 수 있는 따뜻한 모자가 필요합니다.
(2) 더운 멕시코의 기후와 추운 러시아의 기후가 서로 다른 형태의 모자를 쓰게 한 이유가 되었습니다.

상	두 나라 사람들이 쓰는 모자의 재료와 특징이 서로 다른 까닭에 대해 잘 알고 있습니다.
중	두 나라 사람들이 쓰는 모자의 재료와 특징이 서로 다른 까닭을 일부만 알고 있습니다.
하	두 나라 사람들이 쓰는 모자의 재료와 특징이 서로 다른 까닭을 알지 못합니다.

4　몽골의 기후나 지형, 유목 생활에 대한 조사가 이루어져야 합니다.

상	게르를 조사하기 위해 만든 계획서에 조사할 내용을 잘 정리했습니다.
중	게르를 조사하기 위해 만든 계획서에 조사할 내용을 일부만 정리했습니다.
하	게르를 조사하기 위해 만든 계획서에 조사할 내용을 정리하지 못했습니다.

2회 탐구 서술형 평가

1 (1) 건조 기후
(2) ① 예 오아시스나 강 주변에서 농사를 지으며 살아간다. ② 예 물과 풀을 찾아 가축과 함께 이동하는 유목 생활을 한다.

2

제목: 예 이탈리아의 '피자'

소개할 내용: 예 저는 이탈리아의 피자를 소개하려고 합니다. 둥글고 납작한 밀가루 반죽에 토마토 소스를 바르고 채소와 치즈, 허브를 얹어 화덕에서 구운 요리입니다. 우리나라에서도 다양한 종류의 피자를 팔고 있습니다. 특히 아이들이 피자를 무척 좋아합니다.

▲ 이탈리아의 '피자'

3 (1)

이누이트족의 전통 복장	종교와 음식
자연환경	인문 환경

(2) 예 세계 여러 나라 사람들의 생활 모습은 다양한 자연환경과 인문 환경의 영향으로 다르게 나타난다.
4 예 한 나라의 생활 모습은 고유한 가치를 지니고 있다. 따라서 서로 다른 생활 모습을 이해하고 존중하려는 태도가 필요하다.

풀이

1　(1) 건조 기후 지역은 강수량이 매우 적어서 사막이 나타나는 곳이 많고, 약간의 비와 눈이 내려 초원이 넓게 나타나는 곳도 있습니다.
(2) 사막에서는 오아시스나 강 주변에서 농사를 짓고, 초원에서는 유목 생활을 합니다.

상	건조 기후의 특징과 그 지역에 사는 사람들의 생활 모습을 잘 알고 있습니다.
중	건조 기후의 특징은 알지만 그 지역에 사는 사람들의 생활 모습은 알지 못합니다.
하	건조 기후의 특징과 그 지역에 사는 사람들의 생활 모습을 모두 알지 못합니다.

2 다른 나라의 의식주에 대해 인터넷이나 참고도서를 찾아보고 간단한 소개와 더불어 관련 사진도 찾아서 붙여 소개합니다.

상	세계 여러 나라 사람들의 생활 모습 중 하나를 골라 소개하는 글을 잘 썼습니다.
중	세계 여러 나라 사람들의 생활 모습 중 하나를 골라 소개하는 글은 썼지만 알맞지 않은 내용이 있습니다.
하	세계 여러 나라 사람들의 생활 모습 중 하나를 골라 소개하는 글을 쓰지 못했습니다.

3 (1) '이누이트족의 전통 복장' 기사를 통해 옷의 재료와 모양은 사람들이 사는 곳의 자연환경에 따라 달라진다는 것을 알 수 있습니다.
(2) '종교와 음식' 기사를 통해 세계 여러 나라의 음식은 풍습, 종교 등 인문 환경의 영향을 받는다는 것을 알 수 있습니다.

상	자연환경과 인문 환경이 사람들의 생활 모습과 어떤 관계가 있는지 잘 알고 있습니다.
중	자연환경과 인문 환경이 사람들의 생활 모습과 어떤 관계가 있는지 일부만 알고 있습니다.
하	자연환경과 인문 환경이 사람들의 생활 모습과 어떤 관계가 있는지 알지 못합니다.

4 자기 나라의 모습과 다르더라도 그 나라의 생활 모습을 이해하고 존중하는 태도가 필요합니다.

상	세계 여러 나라의 생활 모습을 대하는 바람직한 태도가 무엇인지 잘 알고 있습니다.
중	세계 여러 나라의 생활 모습을 대하는 바람직한 태도를 썼지만 알맞지 않은 내용이 있습니다.
하	세계 여러 나라의 생활 모습을 대하는 바람직한 태도가 무엇인지 알지 못합니다.

③ 우리나라와 가까운 나라들

개념을 확인해요   41~43쪽

1 중국   2 지진   3 태평양   4 러시아   5 천연자원   6 한자   7 그리스   8 젓가락   9 온대   10 춘절   11 교류   12 중국   13 유학생   14 미세 먼지   15 미국   16 원유   17 쌀   18 기업   19 태권도   20 영토

개념을 다져요   44~45쪽

1 (1) ㉢ (2) ㉡ (3) ㉠   2 (1) ○ (3) ○   3 한자   4 중국   5 미국   6 민재   7 한류   8 ③

풀이▶

1 중국은 동부 지역 바닷가에 항구와 대도시가 발달했으며, 일본은 화산이 많고 지진 활동이 활발합니다. 러시아는 세계에서 영토가 가장 넓은 나라입니다.

2 러시아는 대부분의 인구가 넓은 평원이 펼쳐진 서남부 지역에 분포되어 있습니다.

3 우리나라, 중국, 일본은 한자의 영향을 받은 한자 문화권에 속해 있습니다.

더 알아볼까요!

우리나라, 중국, 일본의 표지판

▲ 우리나라   ▲ 중국   ▲ 일본

4 우리나라는 금속 젓가락을 사용하며, 일본은 젓가락 끝이 뾰족한 나무 젓가락을 사용합니다.

5 미국은 국토가 광대한 만큼 각종 지하자원이나 에너지 자원이 풍부하고, 인구도 세계 3위(2018년 기준)로 많습니다.

6 세계 제1의 원유 생산국은 사우디아라비아입니다.

7 한류 드라마 한 편은 1조 원 이상의 경제적 효과가 있다고 합니다.

8 ①은 문화 교류에 해당하고 ②, ④, ⑤는 정치 교류에 해당합니다.

1회 실력을 쌓아요

46~48쪽

1 (가) 러시아 (나) 중국 (다) 일본　2 ③　3 태평양　4 ④　5 ④　6 ②　7 ④　8 (1) 한 (2) 일 (3) 중　9 ③　10 ㉠ 떡국 ㉡ 만두　11 경제 교류　12 나정　13 예 원인이 되는 오염 물질이 바람을 타고 이동해 이웃 나라에 영향을 주기 때문이다.　14 ⑤　15 ④　16 미국　17 ②　18 ㉠ 쌀 ㉡ 경공업　19 ④　20 ④

풀이

1 우리나라와 국경을 마주하고 있는 이웃 나라에는 중국, 일본, 러시아 등이 있습니다.

2 세계에서 가장 추운 마을인 오이먀콘은 러시아에 있습니다.

3 일본은 태평양 연안을 따라 노동력이 풍부해 공업 지역이 발달했습니다.

4 러시아의 천연가스는 산업 규모와 채굴량이 세계 1위입니다.

5 제시된 도시는 각 나라의 수도로 산업이 발달하여 인구가 밀집해 있습니다.

6 한국, 중국, 일본은 지리적으로 가까이 위치해 오래전부터 활발하게 교류했기 때문에 공통적으로 한자 문화의 영향을 받았습니다.

7 러시아 문자는 그리스 문자의 영향을 받았고, 영어 알파벳처럼 대문자와 소문자가 있습니다.

8 (1)은 한국의 젓가락, (2)는 일본의 젓가락, (3)은 중국의 젓가락에 대한 설명입니다.

더 알아볼까요!

우리나라, 중국, 일본의 젓가락

우리나라	김치처럼 절인 음식이 많아 국물이 스며들지 않는 금속 젓가락을 사용함.
중국	뜨겁고 기름진 음식이 미끄러지지 않도록 젓가락 끝이 뭉툭함.
일본	생선 요리가 많아 가시를 편하게 바를 수 있도록 젓가락의 끝이 뾰족함.

9 러시아 영토의 대부분은 아시아에 속하지만 대부분의 사람들이 유럽에 가까운 지역에 살면서 교류하여 언어나 음식 문화 등의 생활 모습은 유럽과 비슷합니다.

10 나라마다 새해 풍습은 다르지만 새로운 한 해를 축하하고 복을 바라는 마음은 비슷합니다.

11 상점이나 시장에서 판매되는 제품의 원산지 표시를 통해 이웃 나라와 경제적 교류가 활발하게 이루어지고 있음을 알 수 있습니다.

12 지아와 도현이는 우리나라와 이웃 나라의 경제 교류의 사례를 이야기하고 있습니다.

13 미세 먼지 피해를 줄이기 위해 우리나라는 이웃 나라들과 함께 다양한 노력을 하고 있습니다.

14 우리나라는 이웃 나라와 갈등을 겪고 있는 외교 문제나 공통적인 문제를 해결하려고 정치적으로 교류하기도 합니다.

15 이웃 나라와 함께 해결해야 할 문제에는 황사와 같은 환경 문제와 일본군 위안부와 같은 역사 문제가 있습니다.

16 미국은 풍부한 자원과 인적 자원을 바탕으로 농업, 상업, 공업 등 수많은 산업이 골고루 발달했습니다.

17 사우디아라비아는 대부분이 사막 지형으로 농업에 불리합니다.

18 베트남은 우리나라와 활발하게 교류하는 대표적인 동남아시아 국가입니다.

더 알아볼까요!

베트남의 자연환경과 인문 환경

- 면적은 남한의 약 세 배이고, 인구는 대략 두 배 정도입니다.
- 기후는 대체로 덥고 습한 편입니다.
- 남북 방향으로 산맥이 이어져 있고 북부와 남부에는 넓은 평야가 발달했습니다.

- 넓은 평야를 중심으로 벼가 많이 재배되어 세계에서 두 번째로 쌀을 많이 수출하는 나라입니다.
- 노동력이 풍부해서 섬유 산업 등 경공업이 발달했습니다.

19 우리나라는 전체 원유 수입량의 약 85% 정도를 서남아시아에서 수입합니다.

20 부르즈 칼리파는 우리나라의 뛰어난 기술력을 바탕으로 다른 나라와 교류한 사례입니다.

1 ㉡, ㉢, ㉤   2 지훈   3 ㉠ 온천 ㉡ 지진   4 우랄 산맥   5 ①, ⑤   6 (3) ○   7 ①   8 ①   9 예 지리적으로 가까워 옛날부터 서로 오가면서 자연스럽게 문화를 주고받았기 때문이다.   10 ⑤   11 ⑤   12 아라   13 미세 먼지   14 황사   15 미국   16 ②   17 원유(석유)   18 베트남   19 ④   20 ①

풀이 ▶

1 우리나라의 주변에는 중국, 일본, 러시아 등이 있습니다.

2 제시된 지도의 나라는 중국입니다. 중국은 세계에서 인구가 가장 많은 나라로 동부 지역 바닷가에 대도시가 분포합니다.

3 일본은 섬나라로 대부분의 국토가 산지이고 화산이 많으며 태풍과 지진의 영향을 많이 받습니다.

4 우랄산맥은 아시아와 유럽을 구분하는 경계가 됩니다.

더 알아볼까요!

러시아의 자연환경과 인문 환경

- 러시아는 세계에서 영토가 가장 넓은 나라이며, 위도가 높아 냉대 기후가 널리 나타납니다.
- 동부는 주로 고원과 산악 지대이며, 서부는 평원이 넓게 자리합니다.

- 대부분의 인구가 서남부 지역에 집중해 있습니다.
- 풍부한 천연자원을 바탕으로 한 산업이 발달했습니다.

5 인구가 밀집한 지역은 주로 평야 지역과 해안가입니다.

6 일본은 태평양 연안으로 인구가 많이 분포하고, 중국은 서부 지역보다 동부 지역에 인구가 밀집해 있습니다.

7 이웃 나라 사람들은 언어, 풍습, 의식주 등 여러 면에서 다양한 모습으로 살고 있습니다.

8 ②는 중국 젓가락, ③은 일본 젓가락입니다.

9 반면에 자연환경과 역사, 사람들의 생각이 다르기 때문에 이웃 나라이지만 서로 다른 고유한 문화가 있습니다.

10 새해 명절을 한국은 설날, 중국은 춘절, 일본은 오쇼가쓰, 러시아는 노비 고트라고 합니다.

더 알아볼까요!

이웃 나라들의 새해 첫날 풍습

중국 춘절	• 집 안으로 복이 들어오라는 뜻에서 대문에 '복(福)' 자를 거꾸로 붙여 놓는다. • '복을 싸서 먹는다'는 뜻으로 만두를 먹기도 한다.
일본 오쇼가쓰	• 신사나 절을 찾아 한 해의 행운을 비는 것으로 새해를 시작한다. • 아침 식사로 찹쌀로 만든 떡국인 '조니'를 먹는다.
러시아 노비 고트	• 러시아 국가 연주와 불꽃놀이로 새해의 시작을 알리면 샴페인을 터트리고 덕담과 함께 선물을 주고받는다. • 최근에는 '스카이 랜턴'이라는 소형 열기구를 띄우면서 소원을 빈다.

11 국산 제품을 소비하는 것은 국가 안에서 이루어지는 경제 활동으로 이웃 나라와의 교류와 관계가 없습니다.

12 제시된 그래프를 보면 우리나라에 오는 유학생은 중국이 가장 많습니다. 이를 통해 이웃 나라와 교육 교류가 활발하다는 것을 알 수 있습니다.

13 한국, 중국, 일본의 환경 장관들이 모여 미세 먼지 문제에 함께 대처하고 문제 해결을 위해 노력하기로 약속했습니다.

14 황사는 중국에서 발생하여 바람을 타고 이동하면서 우리나라와 일본에까지 영향을 미치고 있습니다.

15 미국은 우리나라와 다양한 물자와 서비스를 주고받으며 밀접한 관계를 맺고 있습니다.

16 미국은 50개의 주로 이루어졌고, 동부와 서부 중 동부 쪽의 인구 밀도가 높은 편입니다.

17 사우디아라비아는 세계에서도 손꼽히는 원유 생산 국가입니다.

18 베트남은 넓은 평야를 중심으로 벼가 많이 재배되어 세계에서 두 번째로 쌀을 많이 수출하는 나라이기도 합니다.

19 나라마다 지형, 기후, 인구수, 주요 산업 등 환경이 달라 서로 필요한 도움을 주고받기 위해 교류를 합니다.

20 외국에서 우리나라의 대중음악, 드라마, 공연 등이 인기를 얻으면서 한류 열풍이 일어나고 있습니다.

1회 탐구 서술형 평가

52~53쪽

1 (1) 러시아

(2)	기후	**예** 위도가 높아 냉대 기후가 널리 나타난다.
	지형	**예** 동부는 주로 고원과 산악 지대이며, 서부는 평원이 넓게 자리한다.
	산업	**예** 풍부한 천연자원을 바탕으로 한 산업이 발달했다.

2 (1) 한자

(2) **예** 지리적으로 가까이 있어 오래전부터 활발하게 교류했기 때문이다.

3 (1)

경제 교류	문화 교류	정치 교류
(나)	(다)	(가)

(2) **예** 한·중·일이 합작하여 만든 영화가 국내에서 개봉되었다. 학문을 배우기 위해 우리나라에 온 중국인, 일본인 유학생이 많다.

4 (1) 사우디아라비아

(2) **예** 사우디아라비아에서는 우리나라는 거의 생산되지 않는 원유가 생산되어 이것을 수입해야 하기 때문이다.

풀이

1 (1) 제시된 지도는 러시아의 지형을 나타내고 있습니다.

(2) 러시아는 세계에서 영토가 가장 넓으며, 유럽과 가까운 서남부 지역에 사람들이 많습니다.

상	주변 나라인 러시아의 자연환경과 인문 환경에 대해 잘 알고 있습니다.
중	주변 나라인 러시아의 자연환경과 인문 환경에 대해 일부만 알고 있습니다.
하	주변 나라인 러시아의 자연환경과 인문 환경에 대해 모두 알지 못합니다.

2 (1) 한국, 중국 일본은 한자의 영향을 받은 공통적인 문화가 있습니다.

(2) 한국, 중국, 일본은 한자 문화권에 속하며 서로 교류하면서 각 나라의 문자에도 영향을 주었습니다.

상	우리나라, 중국, 일본에서 공통으로 쓰이는 문자가 무엇이고, 그 문자를 사용하는 까닭에 대해서 잘 알고 있습니다.
중	우리나라, 중국, 일본에서 공통으로 쓰이는 문자가 무엇인지 알지만, 그 문자를 사용하는 까닭에 대해서도 알지 못합니다.
하	우리나라, 중국, 일본에서 공통으로 쓰이는 문자가 무엇이고, 그 문자를 사용하는 까닭에 대해서 알지 못합니다.

3 (1) 우리나라와 이웃 나라는 다양한 분야에서 활발하게 교류하고 있습니다.

(2) 우리나라와 이웃 나라 사이에는 인적·물적 교류가 활발합니다. 거리가 가까운 만큼 서로 긴밀하게 영향을 주고받는 관계이기 때문입니다.

상	우리나라와 이웃 나라의 정치, 경제, 문화 교류에 대해 잘 알고 있습니다.
중	우리나라와 이웃 나라의 정치, 경제, 문화 교류에 대해 일부만 알고 있습니다.
하	우리나라와 이웃 나라의 정치, 경제, 문화 교류에 대해 알지 못합니다.

4 (1) 사우디아라비아는 우리나라가 원유를 수입하는 대표적인 나라입니다.

(2) 사우디아라비아와 우리나라는 환경이 서로 다르기 때문에 활발하게 교류합니다.

상	사우디아라비아가 우리나라와 활발하게 교류하는 까닭을 잘 알고 있습니다.
중	사우디아라비아가 우리나라와 활발하게 교류하는 까닭을 알지만 내용이 정확하지 않습니다.
하	사우디아라비아가 우리나라와 활발하게 교류하는 까닭을 알지 못합니다.

1 (1) ① 중국 ② 일본

(2)

(가)	예 서쪽에는 고원과 산지가, 동쪽 해안가에는 평야가 발달했다.
(나)	예 섬나라로 대부분의 국토가 산지이고 화산이 많다.

2 (1) 예 식사할 때 젓가락을 사용한다.

(2) 예 대부분의 사람들이 유럽에 가까운 서부 지역에 살면서 유럽과 교류하기 때문이다.

3 (1) 미세 먼지

(2) 예 문제를 해결하려고 서로 교류하고 협력하는 태도가 필요하다.

4 • (가)-미국 / 밀, 옥수수 / 예 농업, 상업, 공업 등이 골고루 발달했다.

• (나)-베트남 / 쌀 / 예 농업과 섬유 산업 등 경공업이 발달했다.

풀이

1 (1) 중국과 일본은 우리나라와 이웃한 나라입니다.

(2) 중국은 서쪽에서 동쪽으로 갈수록 지형이 낮아지며, 동부 바닷가에 주요 항구와 대도시가 있습니다. 일본은 네 개의 큰 섬과 3,000개가 넘는 작은 섬들로 이루어졌으며, 해안선이 아주 복잡합니다.

상	주변 나라인 중국과 일본의 자연환경의 특징이 무엇인지 잘 알고 있습니다.
중	주변 나라인 중국과 일본의 자연환경의 특징이 무엇인지 일부만 알고 있습니다.
하	주변 나라인 중국과 일본의 자연환경의 특징이 무엇인지 알지 못합니다.

2 (1) 한국과 중국, 일본은 모두 식사할 때 젓가락을 사용하는데, 젓가락은 각 나라 문화의 영향을 받아 나라마다 모양이 조금씩 다릅니다.

(2) 러시아는 영토의 대부분이 아시아에 속하지만 언어나 음식 문화 등 생활 모습은 유럽과 비슷합니다.

상	우리나라, 중국, 일본, 러시아 식생활의 공통점과 특징에 대해 잘 알고 있습니다.
중	우리나라, 중국, 일본, 러시아 식생활의 공통점과 특징에 대해 일부만 알고 있습니다.
하	우리나라, 중국, 일본, 러시아 식생활의 공통점과 특징에 모두 알지 못합니다.

3 (1) 미세 먼지는 원인이 되는 오염 물질이 바람을 타고 이동해 이웃 나라에 영향을 주기 때문에 해결을 위해 함께 노력해야 하는 문제입니다.

(2) 미세 먼지 문제를 해결하기 위해서는 각 나라 간 상호 이해와 협력의 태도가 중요합니다.

상	우리나라와 이웃 나라가 함께 해결해야 할 문제와 문제 해결을 위한 태도에 대해 잘 알고 있습니다.
중	우리나라와 이웃 나라가 함께 해결해야 할 문제와 문제 해결을 위한 태도에 대해 일부만 알고 있습니다.
하	우리나라와 이웃 나라가 함께 해결해야 할 문제와 문제 해결을 위한 태도에 대해 전혀 알지 못합니다.

4 미국은 우리나라와 무역을 많이 하는 나라 중 하나이고, 베트남은 우리나라와 활발하게 교류하는 대표적인 동남아시아의 국가입니다.

상	우리나라와 관계 깊은 나라인 미국과 베트남의 특징에 대해 잘 알고 있습니다.
중	우리나라와 관계 깊은 나라인 미국과 베트남의 특징에 대해 일부만 알고 있습니다.
하	우리나라와 관계 깊은 나라인 미국과 베트남의 특징을 알지 못합니다.

1 ㉠ 위선 ㉡ 경선 **2** ③ **3** ② **4** ㉡ **5** ③
6 (1) 러시아 (2) 바티칸 시국 **7** ㉠ 세계 지도 ㉡ 디지털 영상 지도 **8** ⑤ **9** ① **10** ⑤ **11** 민지 **12** ①, ⑤ **13** ⑤ **14** 예 옷의 재료와 모양은 사람들이 사는 곳의 자연환경과 생활 방식에 따라 달라진다. **15** (2) ○ **16** ⑤ **17** ②
18 ② **19** ② **20** ⑤

풀이

1 세계 지도와 지구본에는 경도를 나타내는 경선과 위도를 나타내는 위선이 있어 위치를 쉽게 알 수 있습니다.

2 지구본은 실제 지구의 모습을 작게 줄인 모형이므로 세계 여러 나라의 위치와 영토 등의 지리 정보를 세계 지도보다 더 정확하게 담고 있습니다. 하지만 가지고 다니기에 불편하고 세계 여러 나라의 위치를 한눈에 보기 어렵습니다.

더 알아볼까요!

세계 지도, 지구본, 디지털 영상 지도의 특징

세계 지도	• 세계 여러 나라의 위치를 한눈에 볼 수 있음. • 나라와 바다의 모양, 거리가 실제와 다르게 표현되기도 함.
지구본	• 지구의 실제 모습과 비슷함. • 전 세계의 모습을 한눈에 보기 어렵고, 가지고 다니기 불편함.
디지털 영상 지도	• 세계 지도나 지구본에서 찾기 어려운 다양한 정보를 찾을 수 있음. • 스마트폰이나 컴퓨터가 필요하며, 인터넷을 연결해야 다양한 기능을 사용할 수 있음.

3 ①은 북극해, ③은 대서양, ④는 태평양의 위치와 범위를 나타내고 있습니다.

4 세계에서 가장 큰 섬인 그린란드보다 면적이 크면 대륙이라고 합니다.

5 이집트는 아프리카에 위치해 있고, 터키, 이란, 이라크, 사우디아라비아는 아시아에 위치하고 있습니다.

6 세계에서 면적이 가장 넓은 나라는 러시아이며, 그 다음은 캐나다입니다. 세계에서 면적이 가장 좁은 나라는 바티칸 시국으로 면적이 약 0.44km² 정도입니다.

7 세계 지도는 세계 여러 나라의 위치를 한눈에 볼 수 있어 세계 일주 경로를 표시하기에 좋습니다.

8 열대 기후는 일 년 내내 기온이 높고 강수량이 많습니다. 또한 건기와 우기가 나타나는 곳도 있습니다.

9 열대 기후가 나타나는 지역에서는 전통적인 화전 농업 방식으로 얌, 카사바와 같은 뿌리 작물을 재배했습니다. 최근에는 여러 생태 관광 산업도 발달하고 있습니다.

10 사막 지역 사람들은 오아시스나 나일강과 같은 강 주변에서 농사를 지으며 살아가고, 초원 지역에서는 전통적으로 물과 풀을 찾아 가축과 함께 이동하는 유목 생활이 이루어져 왔습니다.

11 온대 기후 지역에서는 일찍부터 다양한 농업이 발달했습니다. 유럽에서는 주로 밀을 재배하고, 아시아에서는 벼농사를 지었습니다. 지중해 주변 지역에서는 올리브나 포도를 많이 재배합니다.

12 그리스에는 석회암과 대리석을 구하기 쉬워 이것으로 집을 짓습니다. 또한 하얀 집은 강한 햇볕을 반사시켜 집 안이 더워지는 것을 막아 줍니다.

13 조사 계획서에는 주제 정하기, 결과 예상하기, 조사할 내용, 자료 수집 방법, 모둠 내 역할 분담 등이 들어가야 합니다.

14 날씨가 더운 곳에서는 바람이 잘 통하고 햇볕을 막는 옷을 입고, 날씨가 추운 곳에서는 추위와 바람을 효과적으로 막을 수 있는 옷을 입습니다.

15 중국은 동쪽에서 서쪽으로 갈수록 지형이 높아집니다. 세계에서 영토가 가장 넓은 나라는 러시아입니다.

더 알아볼까요!

중국의 지리적 특징

수도	베이징
면적	9,597km²
인구	1,382,323,000명으로 인구가 세계에서 가장 많다.
자연환경	• 열대, 온대, 냉대, 한대, 건조, 고산 기후가 모두 나타난다. • 산지, 고원, 평야, 강, 호수, 사막 등 지형이 다양하다.

16 우리나라, 중국, 일본은 지리적으로 가까워 옛날부터 오가면서 자연스럽게 문화를 주고받았기 때문에 문화와 생활 모습이 비슷한 점이 많습니다.

17 중국은 우리나라와 수출·수입 비중이 가장 높은 나라입니다.

18 미국은 지리적으로 거리가 멀지만 우리나라와 깊은 관계를 맺고 있는 대표적인 나라입니다.

19 세계에서 손꼽히는 원유 생산 국가는 사우디아라비아입니다.

20 우리나라 전체 석유 수입량의 85%를 서남아시아 지역에서 수입하고 있습니다.

2회 단원 평가 기출

1 ③, ④, ⑤   2 ㉠ 인도양 ㉡ 북극해   3 ①
4 브라질, 칠레, 페루, 아르헨티나 등   5 ④   6
①   7 ①   8 ①   9 ①   10 한대 기후   11
케밥   12 예 쉽고 빠르게 조립 또는 분해할 수
있어 이동에 매우 편리하기 때문이다.   13 ⑤
14 존중   15 일본   16 예 나라별로 주로 먹는
음식이나 식사 예절 등이 차이가 나기 때문이
다.   17 ③   18 ①   19 ⑤   20 예 우리나
라와 세계 여러 나라는 활발하게 교류하며 함께
발전하고 있다.

풀이

1 확대와 축소가 자유로운 것은 디지털 영상 지도
이고, 실제 지구의 모습을 작게 줄인 모형은 지구
본입니다.

2 인도양은 아프리카, 남아시아, 오세아니아 등에
인접해 있고, 북극해는 아시아, 유럽, 북아메리카
에 둘러싸여 있습니다.

3 유럽은 다른 대륙에 비해 면적은 좁지만 많은 나
라들이 위치해 있습니다

4 이밖에도 남아메리카 대륙에는 우루과이, 수리
남, 에콰도르, 볼리비아 등의 많은 나라들이 있습
니다.

더 알아볼까요!

각 대륙에 속한 나라

아시아	대한민국, 일본, 중국, 인도, 베트남, 필리핀, 사우디 아라비아, 이란, 이라크, 터키, 시리아 등
아프리카	이집트, 소말리아, 케냐, 가나, 탄자니아, 짐바브웨, 모잠비크, 앙골라, 나이지리아, 에티오피아, 남아프리카 공화국 등
유럽	영국, 프랑스, 독일, 스위스, 폴란드, 벨기에, 크로아티아, 에스파냐, 네덜란드, 핀란드, 노르웨이 등
오세아니아	오스트레일리아, 뉴질랜드, 미크로네시아, 솔로몬, 투발루, 마셜, 팔라우 등
북아메리카	미국, 캐나다, 멕시코, 온두라스, 과테말라, 코스타리카 등
남아메리카	브라질, 아르헨티나, 칠레, 우루과이, 볼리비아, 콜롬비아, 가이아나, 파나마 등

5 오세아니아 대륙에 있는 나라는 뉴질랜드입니다.

6 제시된 나라들은 국경선이 단조롭다는 공통점을
가지고 있습니다.

7 지구본은 실제 지구의 모습과 비슷하기 때문에
우리나라의 반대편에 어떤 나라가 있는지 쉽게
알 수 있습니다.

8 열대 기후는 적도를 중심으로 한 저위도 지역에
서 널리 나타납니다.

9 침엽수림은 냉대 기후에서 볼 수 있고, 사라피 관
광 산업은 열대 기후에서 볼 수 있습니다. 또 오
아시스 마을은 건조 기후에 나타납니다.

10 한대 기후 지역의 주민들은 여름에 얼음이 녹아
이끼나 풀이 자라는 땅에서 순록을 기르는 유목
생활을 하기도 합니다.

11 초원 지대와 사막 지역에서 유목 생활을 하던 유
목민들이 육류를 쉽고 간단하게 먹으려고 조각내
어 구워 먹던 것에서 비롯되었습니다.

12 유목 생활을 하는 사람들은 이리저리 옮겨 다니
며 살기 때문에 이동하기에 편리한 가옥을 짓고
삽니다.

더 알아볼까요!

게르의 특징

• 게르는 뼈대를 이루는 나무와 뼈대를 덮는 천막으로 이루어졌습니다.
• 쉽고 빠르게 조립 또는 분해할 수 있어 가축과 함께 이동해야 하는 유목 생활에 유리합니다.
• 천막은 여름의 강한 햇볕을 반사하고 겨울의 추위를 막아 주기 때문에 여름에는 시원하고 겨울에는 따뜻합니다.

13 게르에 영향을 미친 환경 요인을 조사하는 것이
기 때문에 게르의 가격과 만든 회사는 조사할 필
요가 없습니다.

14 우리와 다르지만 다른 나라의 생활 모습을 열린
마음으로 봐야 합니다.

15 일본은 섬나라이기 때문에 습하고 비가 많이 내
립니다.

16 젓가락의 모양이나 만드는 재료에서 차이가 나는
데, 이는 주로 먹는 음식이나 식사 예절 등이 다
르기 때문에 나타나는 것입니다.

17 이웃 나라에서 우리나라에 유학을 오는 것은 문
화 교류에 해당합니다.

18 미국은 우리나라와 다양한 물자와 서비스를 주고
받고 있으며, 우리나라와 무역을 많이 하는 나라

중 하나입니다.

19 사우디아라비아는 세계에서 손꼽히는 원유 생산 국가입니다.

20 우리나라와 세계 여러 나라는 서로에게 필요한 물건이나 서비스를 주고받으며 함께 발전하고 있습니다.

3회 단원 평가 실전

62~64쪽

1 ②, ⑤　**2** ①　**3** 예 아시아, 오세아니아, 북아메리카, 남아메리카 대륙 사이에 있다.　**4** ㉠ 유럽 ㉡ 대서양　**5** ③　**6** ①　**7** 디지털 영상 지도　**8** (1) ㉠ (2) ㉢　**9** ②　**10** ①　**11** ③, ④, ⑤　**12** 사리　**13** 예 이누이트족이 사는 곳은 매우 춥고 바람이 많이 부는 지역이다.　**14** ①　**15** ㉠　**16** 춘절　**17** (1) ○　**18** 영랑　**19** ④　**20** ㉡

풀이 ▶

1 디지털 영상 지도는 다양한 기능을 활용하여 알고 싶은 지역의 정보를 쉽게 얻을 수 있고, 세계 여러 나라의 모습을 더 자세히 살펴볼 수 있습니다.

더 알아볼까요!

디지털 영상 지도의 여러 가지 기능
• 현재 나의 위치를 검색할 수 있습니다.
• 지도를 확대, 축소할 수 있습니다.
• 지도를 위성 사진으로 바꿔볼 수 있습니다.
• 자동차, 대중교통, 도보, 자전거의 경로를 찾을 수 있습니다.
• 검색창에서 찾고자 하는 장소를 입력하면 지도에서 위치를 찾을 수 있습니다.

2 오세아니아는 대륙 중에서 가장 작고, 남반구에 위치해 있습니다.

3 태평양은 아시아, 오세아니아, 북아메리카, 남아메리카 대륙 사이에 위치한 가장 큰 바다로 우리나라와 인접해 있습니다.

4 프랑스는 유럽 대륙에 속해 있고 서쪽에는 대서양이 있습니다.

5 우리나라의 면적은 약 22만 km²입니다. 아시아 대륙의 라오스와 남아메리카 대륙의 가이아나가 우리 영토의 크기와 비슷합니다.

6 아이슬란드의 영토 모양을 보면 해안선이 복잡한 것을 알 수 있습니다.

7 디지털 영상 지도는 위성 영상이나 항공 사진을 지도 형태로 바꾼 것으로 다양한 지리 정보를 담고 있습니다.

8 열대 기후가 기온이 가장 높고, 한대 기후가 기온이 가장 낮습니다.

9 건조 기후는 주로 위도 20° 일대와 중앙아시아처럼 바다와 멀리 떨어진 곳에 나타납니다.

더 알아볼까요!

건조 기후 지역 사람들의 생활 모습
• 사막 지역의 사람들은 오아시스나 나일강 같은 강 주변에서 농사를 짓고 살아갑니다.
• 초원 지역의 사람들은 전통적으로 물과 풀을 찾아 가축과 함께 이동하는 유목 생활을 하며 살아갑니다.

10 온대 기후가 나타나는 아시아에서는 주로 벼농사가 이루어지고, 지중해 주변에서는 올리브나 포도 농사가 이루어집니다. 또 미국에서는 목화를 재배합니다.

11 한대 기후 지역에는 최근 들어 극지방의 자연환경을 연구하기 위한 연구소와 과학 기지가 많이 세워졌습니다.

12 한 장의 천으로 이루어진 사리는 인도 여성의 전통 복장입니다.

13 추위를 막기 위해 동물의 가죽과 털로 만든 옷을 입었다는 내용이 있어 이누이트족이 사는 지역이 매우 추운 곳이라는 것을 알 수 있습니다.

14 남부 유럽에서는 한낮의 더운 기후 때문에 낮잠을 자는 '시에스타'라는 풍습이 생겨났습니다.

15 위도가 높아서 냉대 기후가 주로 나타나고, 한대 기후와 건조 기후가 나타나는 곳도 있습니다.

16 중국의 춘절은 우리나라의 설날과 비슷한 명절입니다.

17 나라마다 새해 풍습은 다르지만 새로운 한 해를 축하하고 복을 바라는 마음은 비슷합니다.

18 제시된 신문 기사는 공동의 문제를 해결하기 위해 이웃 나라들과 정치적으로 교류하는 모습을

보여 주는 사례입니다.

19 원유가 거의 생산되지 않는 우리나라는 원유가 많이 생산되는 사우디아라비아와 활발하게 교류할 수 밖에 없습니다.

20 베트남은 넓은 평야를 중심으로 벼가 많이 재배되어 세계에서 두 번째로 쌀을 많이 수출하는 나라입니다.

---

2 통일 한국의 미래와 지구촌의 평화

1 한반도의 미래와 통일

개념을 확인해요
67~69쪽

1 독도 2 울릉도 3 팔도총도 4 화산섬
5 천연기념물 6 탕건봉 7 가스 8 안용복
9 독도 경비대 10 반크 11 분단 12 전쟁
13 자원 14 남북 정상 15 개성 공단 16 베
트남 17 교류 18 육로 19 평화 20 동북
아시아

개념을 다져요
70~71쪽

1 동도, 서도 2 ③ 3 (1) ✕ (2) ✕ (3) ○ 4
③, ⑤ 5 ④ 6 통일 7 ① 8 ㄹ

풀이

1 독도는 동도와 서도인 두 개의 큰 섬과 그 주위에 크고 작은 바위섬 89개로 이루어졌습니다.

2 『세종실록지리지』는 1454년에 만들어진 책이며, 울릉도와 독도가 울진현의 정동쪽 바다에 있다고 적혀 있습니다.

3 안용복의 활약으로 일본은 조선의 영토인 울릉도와 독도에서 일본 어민들이 어업을 하지 못하도록 하는 명령을 내렸습니다.

4 독도를 지키는 대표적인 민간단체에는 반크가 있습니다.

5 제시된 신문 기사는 남북이 분단되어 있기 때문에 발생하는 문제입니다.

6 통일이 되면 중국, 러시아를 지나 유럽의 여러 나라까지도 육로로 갈 수 있습니다.

7 ②, ③은 정치적 노력, ④는 사회·문화적 노력에 해당합니다.

더 알아볼까요!

남북통일을 위한 다양한 노력	
정치적 노력	• 남북 기본 합의서 채택 • 남북 정상 회담 개최
경제적 노력	• 개성 공단 가동 • 경의선 · 동해선 연결, 현대화 착공식
사회 · 문화적 노력	• 남북한 평창 동계 올림픽 선수단 공동 입장 • 남북 예술단 합동 공연

8 통일 이전부터 교류를 확대하고 서로 협력해야 합니다.

1회 실력을 쌓아요
72~74쪽

1 독도 2 울릉도 3 (가) 4 예 옛날 우리 조상들은 독도를 우리 땅이라고 생각하고 있었으나, 일본 사람들은 독도를 자신들의 영토라고 생각하지 않았다. 5 ④ 6 ③ 7 가스 하이드레이트
8 ② 9 독도 경비대원 10 ③, ⑤ 11 예 남과 북이 분단되어 있기 때문이다. 12 ③ 13
㉠ 북한 ㉡ 남한 14 씨름 15 남북 정상 회담
16 ①, ② 17 (1) 베트남 (2) 독일 18 ④ 19
예 통일 한국은 육로로 아시아와 유럽 국가들과 쉽고 빠르게 더 많은 교류를 할 수 있다. 20 통일

풀이

1 우리나라의 동쪽 끝에 있는 독도는 선박의 항로뿐만 아니라 군사적으로도 중요한 위치에 있습니다.

2 독도에서 울릉도까지의 거리(87.4km)가 일본 오키섬까지의 거리(157.5km)보다 약 70km 정도 더 가깝습니다.

3 옛날에는 독도를 우산도라고 불렀습니다. ㈏ 지도는 일본 영토를 자세히 그려 놓았지만 독도는 표기되어 있지 않습니다.

4 예부터 독도는 우리나라 땅이라고 우리 조상들이나 일본 사람들 모두 생각했습니다.

5 독도는 괭이갈매기, 사철나무, 섬기린초 등 다양한 동식물이 서식하는 생태계의 보고입니다.

6 코끼리가 바닷물을 마시고 있는 모습과 닮았다고 하여 코끼리 바위라고 부릅니다.

7 가스 하이드레이트는 불을 붙이면 타는 성질이 있어 '불타는 얼음'이라고도 불립니다.

8 안용복은 울릉도와 독도에서 불법 조업을 일삼던 일본 어선에 대해 항의하고, 홀로 일본으로 건너가 조선의 독도 지배권을 확인하고 돌아온 인물입니다.

더 알아볼까요!

독도를 지키기 위한 안용복의 노력
• 안용복은 조선 숙종 때 부산 동래에 살던 어부였습니다.
• 울릉도 인근에서 고기잡이를 하던 일본 어민들을 쫓아냈습니다.
• 일본에 가서 울릉도와 독도가 우리 영토임을 확인받고 돌아왔습니다.

9 현재 독도는 경찰인 독도 경비대가 지키고 있습니다.

10 독도를 지키기 위해 활동하는 대표적인 민간단체에는 '반크'가 있습니다.

11 제시된 신문 기사는 이산가족 문제와 남과 북의 군사적 대치를 나타낸 것입니다.

12 남한과 북한은 같은 언어와 역사, 문화를 가지고 있었지만 분단으로 인해 언어가 달라지고 고유의 역사와 문화를 지키기 어려워지고 있습니다.

13 남북이 통일되면 남한의 우수한 기술력과 북한의 풍부한 지하자원 및 노동력을 서로 결합해 활용할 수 있어 국가 경쟁력을 높일 수 있습니다.

14 남한과 북한은 씨름의 유네스코 무형 문화유산 공동 등재를 위해 서로 협력하고 국제기구와 국제 사회를 설득했습니다.

15 2000년, 2007년, 2018년에 남북 정상이 만나 한반도 평화를 위해 노력하기로 뜻을 모았습니다.

16 ③, ④는 사회·문화적 노력, ⑤는 정치적 노력의 사례입니다.

17 베트남은 전쟁으로 통일을 이루었고, 예멘은 정상회담으로 통일을 이루었으나 내전이 일어났습니다. 독일은 동독을 흡수하는 통일을 이루었습니다.

18 통일은 교류와 협력을 바탕으로 평화적으로 이루어져야 합니다.

19 통일이 되면 중국, 러시아를 지나 유럽의 여러 나라까지도 육로로 갈 수 있습니다.

20 통일 한국의 모습을 신문 기사로 나타낸 것입니다.

2회 실력을 쌓아요 75~77쪽

1 ⑤ **2** 독도 **3** ㉎ 독도는 우리나라의 영토이다. 세계 여러 나라 사람들도 독도를 우리나라 땅이라고 인정하고 있다. **4** ④, ⑤ **5** ④ **6** ㉠ 울릉도 ㉡ 독도 **7** ④, ⑤ **8** ④ **9** ② **10** 반크 **11** ㉎ 남과 북이 서로 분단되어 있기 때문이다. **12** 통일(남북통일) **13** ① **14** ③ **15** ① **16** 개성 공단 **17** ㉎ 남북통일을 이루기 위해서 사회·문화적인 노력을 기울이고 있다. **18** 한반도기 **19** ① **20** ③

풀이 ▶

1 독도와 가장 가까운 지역은 울릉도입니다.

2 제시된 지도는 「팔도총도」로, 현존하는 우리나라 옛 지도 중 우산도(지금의 독도)가 표기된 가장 오래된 지도입니다.

3 연합국 최고 사령관 각서 제677호에는 일본의 영토에서 울릉도와 독도를 제외한다는 사실이 쓰여져 있습니다.

4 우리나라에서는 독특한 지형과 경관을 지니고 있고 다양한 동식물이 서식하는 독도를 천연기념물(제366호)로 지정해 보호하고 있습니다.

5 독도에 살던 강치는 일본인들의 무차별적인 포획으로 멸종되었습니다.

6 독도 주변의 해저 지형에는 안용복 해산과 심흥택 해산이 있습니다.

7 ①은 최종덕, ②는 이사부, ③은 홍순칠과 관련 있는 내용입니다.

8 현재 독도에는 독도 경비대원, 등대 관리원, 울릉군청 독도 관리 사무소 직원 등 약 50여 명이 거주하며 독도를 지키고 있습니다.

9 제시된 자료는 우리 땅 독도를 소개하는 홍보 포스터입니다.

10 반크는 인터넷에서 대한민국과 관련된 잘못된 사실을 바로 잡기 위한 활동을 하는 단체입니다.

더 알아볼까요!

독도를 알리는 민간단체 '반크'

• 반크는 1999년 설립된 사이버 외교 사절단입니다.

• 인터넷에서 우리나라와 관련된 잘못된 사실을 바로잡는 데 노력하고 있습니다.

• 반크의 외교 사절단 단원들은 독도에 관한 사실을 전 세계 사람들에게 알리고, 일본의 억지 주장을 바로잡는 데 힘쓰고 있습니다.

11 광복 이후 우리나라의 남과 북에는 서로 다른 정부가 수립되었고 6·25 전쟁을 겪으면서 남한과 북한이 분단되었습니다.

12 남북 분단으로 인한 문제를 해결하기 위해 하루빨리 통일을 이루어야 합니다.

13 통일이 되면 국방비를 줄여 삶의 질을 높이는 데 사용할 수 있습니다.

14 ① 베트남에 대한 설명입니다. ② 독일은 통일 이전에 활발히 교류하고 협력했습니다. ④ 서독이 동독을 흡수했습니다. ⑤ 예멘에 대한 설명입니다.

15 ㉠은 1970년대, ㉡은 1991년, ㉢은 2018년에 있었던 일입니다.

16 개성 공단은 남한의 자본과 기술력에 북한의 노동력이 결합된 형태의 실제적인 경제 협력 지대입니다.

17 남과 북은 단일팀을 구성해 올림픽에서 공동 입장하였고, 남북한 예술단이 함께 무대를 꾸미며 한반도의 평화를 기원했습니다.

18 남과 북은 단일팀을 구성해 공동 입장하거나 경기를 치를 때에 한반도기를 사용했습니다.

19 남북통일이 되면 전쟁에 대한 두려움이 사라질 것입니다.

더 알아볼까요!

통일 한국의 미래 모습

• 전쟁에 대한 두려움과 전쟁 가능성이 사라질 것입니다.

• 자동차나 기차를 타고 아시아와 유럽에 있는 나라에 갈 수 있습니다.

• 북한 지역의 풍부한 지하자원을 이용할 수 있을 것입니다.

• 평화 통일의 과정을 전 세계에 보여 주어 많은 사람에게 평화의 중요성을 알릴 수 있습니다.

20 백두산 정상에는 '천지'라는 호수가 있습니다.

1회 탐구 서술형 평가

78~79쪽

1 예 옛날부터 우리 조상들은 독도를 우리 땅이라고 생각하고 있었다.

2 (1) 예 울릉도와 독도가 우리나라 영토라는 것을 확인받았다.

(2) ① 예 경찰에게 독도를 지키도록 한다. 독도에 등대, 선박 접안 시설, 경비 시설 등을 설치한다.
② 예 외국에 독도를 알릴 수 있는 다양한 홍보 활동을 한다. 독도를 잘못 소개한 정보와 자료를 찾아 수정을 요구한다.

3 (1) 예 고향에 가지 못하거나 부모형제를 만날 수 없어 고통을 겪는다.

(2) 예 분단으로 언어와 문화가 달라졌다.

4 (1)

정치적 노력	경제적 노력	사회·문화적 노력
(나), (마)	(다), (바)	(가), (라)

(2) 예 남북한은 정치, 경제, 사회·문화 분야에서 교류하고 협력하는 노력을 다양하게 기울여 왔다.

풀이

1 옛 지도와 옛 기록을 통해 독도가 우리나라 영토라는 사실을 명확하게 알 수 있습니다.

상	독도에 대한 옛 지도와 옛 기록을 통해 알 수 있는 사실을 잘 정리했습니다.
중	독도에 대한 옛 지도와 옛 기록을 통해 알 수 있는 사실을 정리했지만 내용이 알맞지 않습니다.
하	독도에 대한 옛 지도와 옛 기록을 통해 알 수 있는 사실을 정리하지 못했습니다.

2 (1) 안용복은 울릉도 인근에서 고기잡이를 하던 일본 어민들을 쫓아냈으며, 일본에 가서 울릉도와 독도가 우리 영토임을 확인받았습니다.
(2) 독도를 지키기 위해 정부뿐만 아니라 민간단체도 함께 노력하고 있습니다.

상	독도를 지키기 위해 개인, 정부, 민간단체가 어떤 노력을 하는지 잘 알고 있습니다.
중	독도를 지키기 위해 개인, 정부, 민간단체가 어떤 노력을 하는지 일부만 알고 있습니다.
하	독도를 지키기 위해 개인, 정부, 민간단체가 어떤 노력을 하는지 모두 알지 못합니다.

3 분단으로 전쟁에 대한 공포, 이산가족의 아픔, 국방비 과다 지출로 인한 경제적 손실, 남북 간의 언어와 문화 차이 등의 문제가 나타나고 있습니다.

상	남북 분단으로 인해 우리 민족이 겪는 어려움에 대해 잘 알고 있습니다.
중	남북 분단으로 인해 우리 민족이 겪는 어려움에 대해 일부만 알고 있습니다.
하	남북 분단으로 인해 우리 민족이 겪는 어려움에 대해 알지 못합니다.

4 (1) 남과 북은 평화 통일을 위해 다양한 노력을 해 왔습니다
(2) 그동안 남한과 북한은 정부와 민간단체를 중심으로 통일을 위해 다양한 노력을 해 왔습니다.

상	남북통일을 위한 정치적, 경제적, 사회·문화적 노력에 대해 잘 알고 있습니다.
중	남북통일을 위한 정치적, 경제적, 사회·문화적 노력에 대해 일부만 알고 있습니다.
하	남북통일을 위한 정치적, 경제적, 사회·문화적 노력에 대해 모두 알지 못합니다.

2회 탐구 서술형 평가

80~81쪽

1 (1)

(가)	(나)	(다)
삼형제굴 바위	코끼리 바위	탕건봉
(라)	(마)	(바)
괭이갈매기	사철나무	섬기린초

(2) 예 독특한 지형과 자연 경관을 지니고 있기 때문이다. 독도에는 다양한 동식물이 서식하고 있는 생태계의 보고이기 때문이다.
2 (1) 예 울릉도에서는 맑은 날 독도가 보일 정도로 지리적으로 가깝지만, 일본 섬인 오키섬에서는 맑은 날에도 독도를 볼 수 없을 정도로 독도에서 멀다.
(2) 예 우리나라에서 나온 「팔도총도」나 일본에서 그린 「대일본전도」를 보면 독도가 우리 땅으로 표기되어 있고 일본 영토로 표기되어 있지 않다.
3 (1) 예 국방비를 줄여서 남은 비용을 국민들의 삶의 질을 높이는 곳에 사용할 수 있다.
(2) 예 북한의 풍부한 자원과 남한의 높은 기술력을 이용하면 경쟁력 있는 상품을 만들 수 있다.
4 (1)

(가)	(나)	(다)
베트남	예멘	독일

(2) 예 통일 이전부터 교류를 확대하고 서로 협력해야 한다. 통일 준비를 철저히 하고 평화적으로 통일이 이루어져야 한다.

풀이

1 (1) 독도는 오래된 화산섬으로 독특한 지형과 경관을 지니고 있습니다.
(2) 우리나라는 독도를 천연기념물(제366호)로 지정해 보호하고 있습니다.

상	독도에서 볼 수 있는 자연환경과 독도를 천연기념물로 지정하여 보호하는 까닭을 잘 알고 있습니다.
중	독도에서 볼 수 있는 자연환경은 알지만 독도를 천연기념물로 지정하여 보호하는 까닭은 알지 못합니다.
하	독도에서 볼 수 있는 자연환경과 독도를 천연기념물로 지정하여 보호하는 까닭을 모두 알지 못합니다.

2 대한 제국 칙령에 의해 독도를 울릉군에 속하게 했으며, 연합국 최고 사령관 각서에도 독도는 일본 영토에서 제외되어 있습니다.

상	독도가 우리 땅이라는 사실을 명확한 지리적·역사적 증거를 들어 설명했습니다.
중	독도가 우리 땅이라는 사실을 지리적·역사적 증거를 들어 설명했지만 정확하지 않습니다.
하	독도가 우리 땅이라는 사실을 지리적·역사적 증거를 들어 설명하지 못했습니다.

3 이밖에도 철도를 이용해서 외국과 더욱 활발하게 교류하는 등 한반도의 지리적 장점을 살려 나라를 발전시킬 수 있습니다.

상	그림을 보고 남북통일이 필요한 까닭에 대해 잘 썼습니다.
중	그림을 보고 남북통일이 필요한 까닭에 대해 일부만 썼습니다.
하	그림을 보고 남북통일이 필요한 까닭에 대해 모두 쓰지 못했습니다.

4 (1) 베트남은 무력으로 통일을 이루었고, 예멘은 정상 회담으로 통일을 이루었으나 내전이 발생했습니다. 독일은 교류와 협력을 바탕으로 평화롭게 통일되었습니다.
(2) 통일 준비를 철저히 하고 교류와 협력을 바탕으로 평화적인 통일을 이루어야 합니다.

상	세 나라의 통일 사례와 바람직한 남북통일의 방향에 대해 잘 알고 있습니다.
중	세 나라의 통일 사례는 알지만 바람직한 남북통일의 방향에 대해서는 알지 못합니다.
하	세 나라의 통일 사례와 바람직한 남북통일의 방향에 대해 모두 알지 못합니다.

2 지구촌의 평화와 발전

개념을 확인해요   83~85쪽

1 갈등 **2** 이스라엘, 팔레스타인 **3** 나이지리아 **4** 메콩강 **5** 지구촌 **6** 난민 **7** 약한 **8** 전쟁 **9** 법 **10** 구성원 **11** 국제 연합 **12** 유네스코 **13** 조약 **14** 평화 유지군 **15** 간디 **16** 이태석 **17** 비정부 기구 **18** 그린피스 **19** 세이브 더 칠드런 **20** 편지

개념을 다져요   86~87쪽

1 이스라엘과 팔레스타인 **2** 메콩강 **3** (1) × (2) × (3) ○ **4** ㉠, ㉡ **5** 국제 연합(UN) **6** 한국 국제 협력단 **7** 간디 **8** ⑤

풀이

1 이스라엘과 팔레스타인은 한 지역에 종교가 서로 다른 두 민족이 살게 되면서 1948년 이후부터 심각한 갈등이 계속되고 있습니다.

2 2010년에 중국이 메콩강 상류에 거대한 댐을 건설하자 주변 나라들과 갈등이 일어났습니다.

3 국가들이 지켜야 하는 강력한 법이 없고, 다양한 사람들이 서로 다른 생각을 하고 자기 이익을 먼저 생각하기 때문입니다.

4 이밖에도 지구촌 갈등으로 어려움을 겪는 친구들을 돕는 모금 활동을 벌이기도 합니다.

5 국제 연합(UN) 산하에는 지구촌의 평화 유지, 전쟁 방지, 국제 협력 활동 등을 하기 위해 다양한 전문 기구들이 설립되어 있습니다.

6 한국 국제 협력단(KOICA)의 주요 사업으로는 국내 초청 연수 사업, 해외 봉사단 파견 사업, 해외 재난 긴급 구호, 인도적 지원 사업, 국제기구를 통한 지원 사업 등이 있습니다.

7 간디는 남아프리카 공화국에서 일어났던 인도인 인종 차별과 억압에 대해 비폭력적인 방법으로 투쟁함으로써 인류 평화에 이바지했습니다.

8 세이브 더 칠드런은 아동의 생존과 보호, 발달을 추구하고 이를 위한 시민들의 참여를 실현하고자 활동하는 단체입니다.

정답과 풀이

1회 실력을 쌓아요

88~90쪽

1 ②, ④ **2** ⑤ **3** ② **4** ③ **5** ④ **6** ⓒ, ⓔ **7** ④ **8** 노력 **9** 예 총을 쏘면 결국 자신도 피해를 보게 된다는 의미이다. **10** 국제 연합 (UN) **11** ⑤ **12** ① **13** 한국 국제 협력단 (KOICA) **14** 코스타리카 **15** ② **16** ② **17** 국경 없는 의사회 **18** (1) ⓒ (2) ⓖ (3) ⓛ **19** ⑤ **20** 예 음식과 의료품을 보내주어 감사하다는 그림을 그려 유니세프에 보냈다.

풀이 ▶

1 유대교를 믿는 이스라엘과 이슬람교를 믿는 팔레스타인의 다툼은 1948년부터 지금까지 계속되어 왔습니다.

2 나이지리아가 영국으로부터 독립하면서 부족 간 대립이 나타났고, 이후 내전이 계속되고 있습니다.

3 메콩강은 중국, 미얀마, 라오스, 타이, 캄보디아, 베트남을 흐르는 강입니다.

4 지구촌 갈등의 문제는 갈등을 겪는 지역뿐만 아니라 다른 여러 국가들과 연결되어 있습니다.

5 전쟁이 일어나면 어린이나 노인, 여자들과 같은 약한 사람들이 큰 피해를 입습니다.

6 강력한 국제법이 없고 지구촌 갈등에는 여러 가지 원인이 복잡하게 얽혀 있기 때문이기도 합니다.

7 모둠별로 지구촌 평화를 지키는 방법에 대해 토론하고 있는 모습입니다.

> **더 알아볼까요!**
>
> **지구촌의 갈등을 평화롭게 해결하는 방법 실천하기**
> • 지구촌 갈등 해결을 위한 홍보 동영상을 만듭니다.
> • 지구촌 갈등으로 어려움을 겪는 친구들을 돕는 모금 활동을 합니다.
> • 지구촌 문제에 관심을 갖고 지구촌 문제에 대한 정보를 찾아봅니다.
> • 지구촌 문제 해결에 관심을 갖도록 누리 소통망 서비스로 여러 나라에 요청합니다.

8 지구촌 평화는 구성원들의 끊임없는 노력과 세계 여러 나라들의 협력을 통해 지속될 수 있습니다.

9 총을 쏜 사람이 자신도 피해를 본다는 의미는 전쟁을 일으키면 모두가 피해를 보게 된다는 뜻입니다.

10 국제 연합(UN)은 1945년 설립된 단체로 지구촌의 평화 유지, 전쟁 방지, 국제 협력 활동을 합니다.

11 국제 연합 산하에는 국제 연합의 목적을 실현하기 위한 다양한 전문 기구가 있습니다.

12 핵무기 개발은 지구촌 평화를 해치는 일입니다.

13 한국 국제 협력단(KOICA)은 우리나라와 개발 도상 국가와의 우호 협력 관계 및 상호 교류를 증진하고 이들 국가들의 경제 사회 발전을 지원함으로써 국제 협력을 증진하는 것을 그 목적으로 하고 있습니다.

14 코스타리카는 2012년 영국의 한 설문 조사에서 세계에서 가장 행복한 나라 1위에 뽑혔습니다.

> **더 알아볼까요!**
>
> **군대가 없는 나라 '코스타리카'**
> • 코스타리카는 1949년 헌법에서 군대 창설을 금지하는 법령을 발표하고 군대 비용을 줄이기 시작했습니다.
> • 군사비를 줄인 돈을 아이들의 교육과 복지에 투자해 코스타리카의 모든 아이가 무료로 진료를 받을 수 있게 되었습니다.
> • 코스타리카는 군대를 없애는 대신 외교적으로 노력해 이웃 국가들과 사이좋게 지내며 평화를 지키고자 노력하고 있습니다.

15 인도의 민족 운동 지도자인 마하트마 간디는 제1차 세계 대전 이후 영국에 대해 반영·비협력 운동 등의 비폭력 저항 운동을 전개했습니다.

16 비정부 기구는 정부나 국가와 관련이 없어서 국가 이익과 관계없이 활동할 수 있습니다.

17 국경 없는 의사회는 1971년 프랑스의 베르나르 쿠슈네르라는 청년 의사가 나이지리아 전쟁에서 적십자 구호 활동을 하다가 뜻이 맞는 청년 의사들과 함께 설립한 비정부 기구입니다.

18 비정부 기구는 인권, 환경, 보건, 빈곤 퇴치, 성평등 등 특정 분야에 관심 있는 사람들이 스스로 모여서 국경을 넘어 문제를 해결하려고 노력하고 있습니다.

19 친구들과 '비정부 기구 조직하기 → 어린이 비정부 기구 활동 계획 세우기 → 실천하기' 순서로 활동을 합니다.

20 이트카의 그림 카드가 바로 1949년 최초의 유니세프 카드입니다. 그 후 유니세프는 매년 카드를 제작해 판매하는데 그 수익금을 모두 기아 아동을 돕는데 사용하고 있습니다.

2회 실력을 쌓아요

1 ② **2** ② **3** ④ **4** ⑤ **5** 예 항상 불안하고 두려울 것이다. 먹을 것과 잘 곳도 걱정되고 가족과 떨어질까 봐 무서울 것이다. **6** 법(국제법) **7** ④ **8** 예 살 곳을 잃은 사람들이 다른 나라에 도움을 청하는 등 갈등 상황이 주변으로 번지기도 한다. **9** 모금 활동 **10** 국제기구 **11** ③ **12** ① **13** 국제 연합에 평화 유지군을 파견한다. 여러 국제기구 활동에 참여한다. **14** ㉠ 조약 ㉡ 외교 **15** 이태석 신부 **16** ② **17** 그린피스 **18** ⑤ **19** ④ **20** 예 세이브 더 칠드런의 모자 뜨기 운동에 참여한다. 재활용 벼룩 시장에 어릴 때 사용하던 장난감을 기부한다.

풀이

1 전쟁이 일어나면 폭격으로 건물이 무너지고 어린이들이 목숨을 잃거나 부모를 잃고 고아가 되기도 합니다.

2 메콩강 유역에서 갈등이 발생한 원인은 여러 나라에 속한 물 자원을 어느 한 국가가 많이 가지려고 하기 때문입니다.

3 르완다는 아프리카에 위치한 나라입니다.

4 바나 알라베드는 시리아 내전의 참상을 전 세계에 알린 어린이입니다.

5 계속된 폭격으로 엄청난 소음과 공포 속에서 지낼 것입니다.

더 알아볼까요!

전쟁으로 인한 피해
• 전쟁이 일어나면 폭격으로 건물이 무너지고 어린이들이 목숨을 잃거나 부모를 잃고 고아가 되기도 합니다.
• 먹을 것과 깨끗한 물이 부족해 질병에 쉽게 걸리고 집을 잃어 헤매거나 학교도 갈 수 없게 됩니다.

6 지구촌 갈등이 지속되는 까닭은 강력한 국제법이 없기 때문입니다.

7 지구촌 갈등에는 영토, 자원, 종교, 언어, 인종 등의 다양한 원인이 복합적으로 얽혀 있습니다.

8 내전이나 일부 지역의 충돌이 지구 전체에 영향을 미치는 까닭은 나라들이 서로 밀접하게 연결되어 있기 때무입니다.

9 어려운 상황에 처한 지구촌 친구들을 돕기 위해 모금 활동을 하는 모습입니다.

10 국제기구는 각 나라 정부들이 모여 만든 것입니다.

11 국제 연합(UN)은 세계 여러 나라들이 서로 협력해 지구촌 평화를 지키기 위해 설립되었습니다.

12 유네스코는 인류가 보존·보호해야 할 문화, 자연 유산을 세계유산으로 지정하여 보호하는 일을 합니다.

더 알아볼까요!

국제 연합(UN) 산하 전문 기구

국제 노동 기구	전 세계의 노동 문제를 다루고 있음.
유엔 난민 기구	전쟁 등으로 살 곳을 잃은 난민들을 돕고 있음.
유네스코	교육, 과학, 문화 분야 등에서 다양한 국제 교류를 하면서 국제 평화를 추구하고 있음.
국제 원자력 기구	원자력 에너지를 평화적이고 안전한 방법으로 이용할 수 있도록 노력하고 있음.

13 어려움을 겪고 있는 나라에 봉사 활동을 가거나 군대, 구조대를 보내기도 합니다.

14 지구촌 평화를 이루기 위해 국가(정부)는 국제 조약 가입이나 외교 활동을 합니다.

15 이태석 신부는 국적과 종교를 넘은 희생과 봉사로 지구촌 평화를 위한 노력을 실천했습니다.

16 비정부 기구는 인권, 환경, 보건, 빈곤 퇴치, 성평등 등 특정 분야에 관심 있는 사람들이 스스로 모여서 국경을 넘어 문제를 해결하려고 노력하고 있습니다. ②는 국제기구입니다.

17 그린피스는 지구의 환경을 보전하고 세계 평화를 증진시키는 활동을 벌이는 대표적인 비정부 기구입니다.

18 세이브 더 칠드런은 아동의 생존과 보호, 발달을 추구하고 이를 위한 시민들의 참여를 실현하고자 하는 단체입니다.

19 제시된 것은 세계 자연 보호 기금의 로고입니다. 판다를 로고로 쓴 것으로 보아 동물을 보호하는 단체임을 짐작할 수 있습니다.

20 어린이들도 비정부 기구 활동에 참여하거나 실천할 수 있는 일이 많습니다.

1회 탐구 서술형 평가

94~95쪽

1 (1) ㉠ 유대교 ㉡ 이슬람교
(2) ⑩ 한 지역에 종교가 서로 다른 두 민족이 살게 되었기 때문이다.
2 (1) 총을 사용하면 그 피해는 결국 자기 자신에게 되돌아온다.
(2)

> ⑩ 총구를 겨누면 그 끝은 자신에게 돌아 온다. 자업자득

3 (1) 국제 연합(UN)
(2) ⑩ 전쟁 등으로 살 곳을 잃은 난민들을 돕고 있다.
4 (1) 비정부 기구
(2) ⑩ 비정부 기구는 정부나 국가와 상관이 없어서 국가 이익과 관계없이 활동할 수 있다.

풀이 ▶

1 (1) 유대교를 믿는 이스라엘의 유대인과 이슬람교를 믿는 팔레스타인의 아랍인 사이의 갈등을 나타낸 것입니다.
(2) 이스라엘과 팔레스타인은 영토, 종교 등의 이유로 1948년 이후부터 지금까지 심각한 갈등이 계속되고 있습니다.

상	이스라엘과 팔레스타인의 갈등이 나타나고 있는 까닭을 잘 알고 있습니다.
중	이스라엘과 팔레스타인의 갈등이 나타나고 있는 까닭을 정확하게 알지 못합니다.
하	이스라엘과 팔레스타인의 갈등이 나타나고 있는 까닭을 전혀 알지 못합니다.

2 (1) 다른 사람들을 희생시키면 결국에는 스스로에게도 피해로 돌아온다는 의미입니다.
(2) 지구촌 평화를 유지해야 하는 노력이 다른 사람을 위한 것이 아니라 자신을 위한 것임을 인식할 수 있도록 광고 문구를 만듭니다.

상	공익 광고의 의미가 무엇인지 알고, 자신의 생각이 담긴 광고 문구를 잘 만들었습니다.
중	공익 광고의 의미가 무엇인지 알지만, 자신의 생각이 담긴 광고 문구를 만들지 못했습니다.
하	공익 광고의 의미가 무엇인지 알지 못하고, 자신의 생각이 담긴 광고 문구도 만들지 못했습니다.

3 (1) 제시된 기구들은 국제 연합(UN) 산하 전문 기구입니다.
(2) 유엔 난민 기구(UNHCR)는 난민을 보호하고 난민 문제를 해결하기 위해 국제적인 조치를 주도하는 국제 연합 전문 기구입니다.

상	국제 연합 산하의 전문 기구에서 어떤 일을 하는지 잘 알고 있습니다.
중	국제 연합 산하의 전문 기구에서 어떤 일을 하는지 일부만 알고 있습니다.
하	국제 연합 산하의 전문 기구에서 어떤 일을 하는지 전혀 알지 못합니다.

4 (1) 비정부 기구는 뜻이 같은 사람들이 모여 지구촌의 여러 문제를 해결하고자 활동하는 조직입니다.
(2) 비정부 기구를 만든 목적은 스스로 생각하는 것을 국가나 다른 단체의 간섭을 받지 않고 자유롭게 해 보기 위해서입니다.

상	비정부 기구의 뜻과 국제기구와의 차이점에 대해 잘 알고 있습니다.
중	비정부 기구의 뜻은 알지만 국제기구와의 차이점에 대해서는 알지 못합니다.
하	비정부 기구의 뜻과 국제기구와의 차이점을 모두 알지 못합니다.

③ 지속 가능한 지구촌

개념을 확인해요

1 아마존 2 백화 3 온난화 4 일회용 5 친환경 6 파리 기후 협정 7 지구촌 8 친환경 9 환경 10 미래 11 빈곤 12 가뭄 13 아프리카 14 지원 15 편견 16 문화 17 다양성 18 세계 시민 19 책임감 20 친환경

개념을 다져요

1 (1) ○ (2) ○ 2 ③ 3 ①, ②, ④ 4 환경
5 ② 6 ③ 7 (2) ○ 8 세계 시민

풀이

1 이밖에도 지구촌의 환경 문제에는 플라스틱 쓰레기로 인한 해양 오염, 초미세 먼지 증가, 지속되는 사막화 등이 있습니다.

2 가까운 거리는 걷거나 자전거를 이용해야 합니다.

더 알아볼까요!

지구촌 환경 문제를 해결하기 위한 개인의 노력
• 일회용품 사용을 줄이고 친환경 빨대를 사용합니다.
• 에너지를 절약하고 환경 캠페인 활동에 참여합니다.

3 좁은 닭장이 아닌 넓고 쾌적한 환경에서 닭을 키우고, 닭이 건강하기 때문에 병에 걸리지 않도록 항생제를 맞을 필요가 없습니다.

4 환경을 생각하는 생산과 소비 활동은 보다 나은 미래의 생활을 보장할 수 있습니다.

5 각 나라의 전체 인구 중 영양실조 등 굶주림 문제를 겪고 있는 사람들의 비율을 나타낸 '세계 기아 지도'입니다.

6 빈곤과 기아 문제를 해결하기 위해 모금 활동과 구호 활동을 벌이고 교육 여건을 개선하는 등의 노력도 하고 있습니다.

7 편견과 차별을 극복하고 다양성을 존중하는 교육 활동을 해야 합니다.

8 전 세계의 평화와 발전을 생각하며 지구촌의 일원으로서 책임감을 가진 사람을 세계 시민이라고 합니다.

1회 실력을 쌓아요

1 플라스틱 쓰레기 2 ⑩ 썩지 않는 플라스틱 쓰레기 때문에 해양 동물들이 계속 고통을 받게 될 것이다. 3 아마존 열대 우림 4 ⑤ 5 일회용 비닐봉지 6 ②, ③ 7 파리 기후 협정 8 ⑩ 팜유를 만들기 위해 열대 삼림과 초원이 파괴되고 있다. 동물들이 살 곳을 잃어 살아가기 어려워졌다. 9 ③ 10 ㉠ 건강 ㉡ 자원 11 ③ 12 ③ 13 ②, ④ 14 ③ 15 (1) ○ (2) ○ (3) ○ 16 ③, ④ 17 ⑩ 문화적 편견과 차별 문제를 극복하기 위해서이다. 18 차이 19 세계 시민 20 ③

풀이

1 바다에 사는 동물들이 플라스틱 쓰레기를 먹이로 착각해 먹고 있고, 미세 플라스틱을 먹이로 먹은 어패류와 플랑크톤이 나타나고 있습니다.

2 바다가 오염되고 결국 우리 모두가 살아갈 수 없는 환경으로 변하게 될 것입니다.

3 경제적 이익과 편리함 등을 위한 무분별한 개발로 아마존 열대 우림 파괴 현상이 심각해지고 있습니다.

4 미래 세대도 깨끗하고 아름다운 환경 속에서 살아갈 수 있도록 해야 할 책임이 우리에게 있습니다.

5 우리나라 국민 한 명이 1년 동안 쓰는 비닐봉지의 양은 독일의 여섯 배, 핀란드의 백 배가 된다고 합니다.

6 기업에서는 일회용 플라스틱 빨대, 플라스틱 용기 대신 친환경 제품을 개발해 사용하는 데 힘쓰고 있습니다.

더 알아볼까요!

지구촌 환경 문제를 해결하기 위한 기업의 노력
• 일회용 플라스틱 빨대, 플라스틱 용기 대신 친환경 제품을 생산하는 데 힘쓰고 있습니다.
• 친환경 소재를 개발하거나 쓰레기를 줄이고, 에너지 절약을 하려고 힘쓰는 기업들이 늘어나고 있습니다.
• 기업들은 환경을 보호하고 사회적 책임을 실천하고자 노력하고 있습니다.

7 국가(정부)에서는 법을 정해 온실가스 배출을 줄이고자 힘쓰고 있습니다.

8 우리가 깊게 생각하지 않고 쉽게 소비하는 활동으로 지구의 환경은 심각하게 영향을 받고 있습니다.

9 생산 과정에서 자원을 아껴 쓰고 쓰레기도 줄어들어 환경 문제를 줄일 수 있게 될 것입니다.

10 친환경적 생산과 소비 방식으로 우리의 건강과 환경을 지킬 수 있고, 자원도 아낄 수 있습니다.

11 기아 문제의 원인은 가뭄, 홍수, 태풍, 지진 등의 자연적 요인과 전쟁과 같은 인위적 요인으로 나눌 수 있습니다.

12 각 나라의 전체 인구 중 영양실조 등 굶주림 문제를 겪고 있는 사람들의 비율을 파악해 지도에 나타낸 세계 기아 지도입니다.

13 영양 결핍 인구 비율이 높게 나타나는 곳은 아프리카 지역, 인도 등이고, 유럽이나 미국 등에서는 영양 결핍 비율이 낮습니다.

14 국제 노동 기구(ILO)는 매년 6월 12일을 '세계 아동 노동 반대의 날'로 제정하는 등 아동 노동 문제를 해결하기 위해 노력하고 있습니다.

더 알아볼까요!

빈곤과 기아 문제를 해결하기 위한 지구촌 사람들의 노력
- 빈곤과 기아 문제에 처한 사람들을 돕고자 모금 활동과 물건, 식량 등을 지원합니다.
- 빈곤 때문에 교육을 받지 못하는 학생들이 교육을 받을 수 있도록 힘씁니다.
- 가뭄에 강한 작물을 키울 수 있도록 돕습니다.
- 지구촌 사람들이 함께 참여할 수 있도록 다양한 교육 활동을 합니다.

15 세계 곳곳에서는 문화가 다르다는 이유로 편견에 상처받거나 차별받는 경우가 있습니다.

16 서로 다른 문화를 존중하지 않고 자신의 문화를 기준으로 함부로 판단하기 때문에 문화적 편견과 차별 문제가 계속되고 있습니다.

17 문화적 편견과 차별 문제를 극복하기 위해 이루어지고 있는 다양한 노력을 나타낸 것입니다.

18 문화적 편견과 차별 문제를 해결하기 위해서는 문화적 차이를 존중하는 태도를 길러야 한다.

19 세계 시민은 전 세계의 평화와 발전을 생각하며 지구촌의 일원으로서 책임감을 가진 사람입니다.

20 세계 시민들은 지속 가능한 미래를 만들고자 지구촌 문제에 관심을 갖고 살펴보며 함께 해결하려고 꾸준히 노력하고 있습니다.

2회 실력을 쌓아요

105~107쪽

1 ③ 2 ⑤ 3 ④ 4 지속 가능한 미래 5 일회용품 줄이기 6 ③ 7 ①, ⑤ 8 (1) ㉠ (2) ㉢ (3) ㉡ (4) ㉢ 9 ④ 10 ② 11 예 자원을 최소한으로 사용해 환경을 보호하고 더 나은 미래 생활을 보장할 수 있다. 우리의 건강과 환경을 지킬 수 있다. 12 기아 문제 13 ② 14 ①, ③ 15 협력 16 ⑤ 17 예 서로 다른 문화를 존중하지 않고 자신의 문화를 기준으로 함부로 판단하기 때문이다. 18 ③ 19 ③, ⑤ 20 ④

풀이 ▶

1 대기 중의 온실가스 농도가 높아지면서 지구의 평균 기온이 상승하는 지구 온난화 현상이 심각해지고 있습니다.

2 사람들이 경제적 이익과 편리함 등을 위해 환경을 생각하지 않고 개발하고 있기 때문입니다.

3 중금속 발암 물질이 다량 함유된 초미세 먼지가 몸속으로 들어오면 천식과 폐 질환을 불러오고 뇌경색으로 이어질 수 있습니다.

4 지속 가능한 미래를 위해서 우리는 환경을 지키고 보존해야 할 책임을 갖고 있습니다.

5 지구촌 환경 문제를 해결하기 위해 종이컵 대신 유리컵을 사용하는 등 일회용품을 줄이고 친환경 제품을 사용해야 합니다.

6 파리 기후 협정은 지구 온난화의 원인이 되는 온실가스 배출을 줄이기 위한 국제 협정입니다.

7 이밖에도 국제 자연 보존 연맹(IUCN), 세계 자연 보호 기금(WWF) 등이 있습니다.

8 환경 문제는 어느 한 지역의 문제가 아니라 지구촌 모든 사람의 문제이므로 문제 해결을 위해 서로 협력하고 참여하는 자세가 필요합니다.

9 해조류로 만든 물병은 물이 가득 차 있을 때는 물병으로 사용되다가 물을 다 마시면 서서히 말라 자연 분해가 됩니다.

더 알아볼까요!

해조류 물병

- 물이 가득 차 있을 때는 물병으로 사용되다가 물을 다 마시면 서서히 말라 자연 분해가 됩니다.
- 플라스틱으로 만든 물병은 해양 오염을 일으키지만 해조류를 사용해 만든 물병은 물을 다 마시고 나면 분해가 되어 환경 오염을 일으키지 않습니다.
- 해조류 물병이 늘어나면 생산 과정에서 자원을 아껴 쓰고 쓰레기도 줄어들어 환경 문제를 줄일 수 있게 될 것입니다.

10 친환경적으로 생산된 닭은 건강하기 때문에 병에 걸리지 않도록 항생제를 맞을 필요가 없습니다.

11 환경을 생각하는 생산과 소비 활동은 자원을 절약하고 환경 오염을 줄임으로써 보다 나은 미래의 생활을 보장할 수 있습니다.

12 세계 어린이 인구의 23.8%가 제대로 영양을 공급받지 못해 발육 부진을 겪는 등 기아 문제가 심각합니다.

13 제시된 지도는 세계 기아 지도로, 기아 문제가 많이 나타나는 곳은 아프리카 지역, 인도 등입니다.

14 지구촌 사람들은 빈곤과 기아 문제를 해결하려고 구호 활동, 식량 증대, 캠페인, 자립 활동 지원, 교육 여건 개선 등 다양한 노력을 하고 있습니다.

15 전 세계에 나타나고 있는 빈곤과 기아 문제를 해결하기 위해 실천할 수 있는 일에 적극적으로 동참해야 합니다.

16 다른 나라의 식생활과 풍습을 자신의 기준에서 함부로 판단하여 인정하지 않고 있는 경우입니다.

17 서로 다른 문화의 차이를 인정하고, 한 사회의 문화를 그 사회 구성원의 관점에서 바라보는 태도가 필요합니다.

18 선진국의 문화를 그대로 따르는 것은 자신의 문화가 가진 고유성과 그에 대한 자부심을 잃을 위험이 있습니다.

19 세계 시민이란 지구촌 문제가 우리의 문제임을 알고 이를 해결하기 위해 협력하는 자세를 지닌 사람을 말합니다.

20 ④는 우리 어린이들이 실천할 수 없는 일입니다.

1회 탐구 서술형 평가

1 (1)

(가)	(나)	(다)	(라)
ⓒ	ⓛ	ⓐ	ⓔ

(2) 예 사람들의 필요에 따라 개발이 무분별하게 이루어지고 있기 때문이다. 경제적 이익, 편리함 등을 생각하며 환경을 생각하지 않고 개발을 하고 있기 때문이다.

(3)

개인	예 일회용품 사용을 줄이고 친환경 제품을 사용한다.
기업	예 친환경 제품을 생산하고 친환경 소재를 개발한다.
국가	예 지속 가능한 미래를 위한 정책과 법령을 마련한다.
세계	예 지구촌 전등 끄기 캠페인 활동에 전 세계가 참여한다.

2 (1)

영양 결핍 비율이 높은 지역	영양 결핍 비율이 낮은 지역
아프리카, 인도 등	유럽, 미국 등

(2) 예 기아 문제로 고통을 겪고 있는 지역이 많다는 것을 알 수 있다.

3 (1) 예 서로 다른 문화를 존중하지 않고 자신의 문화를 기준으로 함부로 판단하기 때문이다.

(2) 예 지구촌의 다양한 역사와 문화를 배우고 체험할 수 있는 여러 행사를 연다. 편견과 차별을 극복하고 다양성을 존중하는 교육 활동을 한다.

풀이

1 (1) 지구의 허파라고 불리는 아마존 열대 우림 파괴 현상이 심각하며, 중금속 발암 물질이 다량 함유된 초미세 먼지가 증가하고 있습니다.

(2) 경제적 이익, 편리함 등을 위한 무분별한 개발로 지구촌 환경이 점점 황폐해져 가고 있습니다.

(3) 지구촌 환경 문제를 해결하고 지속 가능한 미래를 만들기 위해 개인, 기업, 국가, 세계가 함께 노력해야 합니다.

상 | 지구촌의 환경 문제가 발생하는 까닭과 그 문제를 해결하기 위한 노력에 대해 잘 알고 있습니다.

중 | 지구촌의 환경 문제가 발생하는 까닭과 그 문제를 해결하기 위한 노력 중 일부만 알고 있습니다.

하 | 지구촌의 환경 문제가 발생하는 까닭과 그 문제를 해결하기 위한 노력을 모두 알지 못합니다.

2 (1) 아프리카나 인도 등에서 영양 결핍 비율이 높게 나타나고 있고, 유럽이나 미국 등에서는 영양 결핍 비율이 낮게 나타나고 있습니다.
(2) 오늘날에도 40여 개국 8억 명 이상의 인구가 굶주림으로 고통을 겪고 있습니다.

상 | 세계 기아 지도를 보고 기아 문제로 고통을 겪고 있는 지역이 어디인지 잘 찾았습니다.

중 | 세계 기아 지도를 보고 기아 문제로 고통을 겪고 있는 지역이 어디인지 일부만 찾았습니다.

하 | 세계 기아 지도를 보고 기아 문제로 고통을 겪고 있는 지역이 어디인지 찾지 못했습니다.

3 (1) 다른 나라의 문화를 존중하지 않고 자기 나라의 문화를 기준으로 판단하기 때문입니다.
(2) 이밖에도 편견과 차별을 함께 해결하기 위해 상담을 지원하고 필요한 도움을 제공합니다.

상 | 문화적 편견과 차별이 발생하는 까닭과 그 문제를 극복하기 위한 지구촌 사람들의 노력에 대해 잘 알고 있습니다.

중 | 문화적 편견과 차별이 발생하는 까닭과 그 문제를 극복하기 위한 지구촌 사람들의 노력 중 일부만 알고 있습니다.

하 | 문화적 편견과 차별이 발생하는 까닭과 그 문제를 극복하기 위한 지구촌 사람들의 노력을 모두 알지 못합니다.

1회 단원 평가 〈연습〉
110~112쪽

1 ② 2 ⑩ 독도는 옛날부터 우리나라의 영토라고 생각했다. 3 ⑤ 4 ① 5 ① 6 ①, ④ 7 ⑤ 8 ㉠ 이스라엘 ㉡ 팔레스타인 9 ④ 10 ⑩ 역사적으로 오랫동안 쌓인 미움과 갈등이 커서 화해하려는 의지가 없기 때문이다. 11 (1) (가) (2) (나) (다) (라) 12 (다) 13 ㉢ 14 ⑤ 15 ⑩ 사람들의 필요에 따라 개발이 무분별하게 이루어지고 있기 때문이다. 경제적 이익, 편리함 등을 생각하며 환경을 생각하지 않고 개발을 하고 있기 때문이다. 16 ④ 17 ㉡, ㉢, ㉣ 18 ①, ② 19 ② 20 ⑤

풀이

1 독도는 우리나라의 동쪽 끝에 있는 섬으로, 현재 독도 경비대원, 등대 관리원 등 약 50여 명이 거주하며 독도를 지키고 있습니다.

2 옛날부터 우리 조상들은 독도를 우리 땅이라고 생각하고 있었습니다.

3 독도는 괭이갈매기의 집단 번식지 중 한 곳입니다.

4 반크의 외교 사절단 단원들은 일본의 억지 주장을 바로잡는 데에도 힘쓰고 있습니다.

5 통일이 되어 북한의 자원을 이용할 수 있게 되면 국가 경쟁력이 향상될 것입니다.

6 ②, ③은 남북통일을 위한 정치적 노력, ⑤는 사회·문화적 노력으로 볼 수 있습니다.

7 통일이 되면 중국을 거치지 않고 북한을 통해 육로로 백두산에 갈 수 있습니다.

8 유대교를 믿는 이스라엘과 이슬람교를 믿는 팔레스타인의 다툼은 1948년 이후 계속되고 있습니다.

9 중국, 미얀마, 라오스, 타이, 캄보디아, 베트남을 흐르는 메콩강 상류에 중국이 거대한 댐을 건설하면서 갈등이 시작되었습니다.

10 강대국들이 과거의 잘못을 책임지지 않고 오히려 어려운 나라를 이용해서 이익만 얻으려고 하기 때문이기도 합니다.

11 국제기구는 국가들이 모여서 지구촌 문제를 함께 해결하려고 만든 조직이고, 비정부 기구는 뜻이

같은 개인들이 모여 지구촌 갈등과 문제를 해결하려고 활동하는 조직입니다.

12 그린피스는 지구 환경과 평화를 지키기 위한 활동을 하는 단체입니다.

13 ㉠은 이태석 신부, ㉡은 간디가 한 일입니다.

14 어린이 권리 보호, 종교 문제, 빈곤 극복을 위한 교육, 난민 문제 등 비슷한 관심 주제를 가진 친구들이 함께 모여 비정부 기구를 조직하고 단체의 성격과 이름을 정해야 합니다.

15 환경을 생각하지 않는 무분별한 개발이 계속된다면 지금 당장은 편하겠지만 결국 피해가 우리 모두에게 돌아올 것입니다.

16 친환경 제품을 개발하는 일은 기업이 할 수 있는 일입니다.

17 환경과 조화를 추구하는 생산과 소비 활동으로 환경에 미치는 영향을 최소화함으로써 우리의 건강과 환경을 지킬 수 있습니다.

18 홍수나 태풍, 지진 등으로 집과 일터, 식량을 잃고 빈곤과 기아에 시달리는 경우도 있습니다.

19 다른 나라의 인사법을 배우는 것은 다양한 문화를 인정하는 태도입니다.

20 가까운 곳은 걸어다니거나 자전거를 타고 가야 합니다.

2회 단원 평가 기출

113~115쪽

1 ⑤　**2** ③　**3** 가스 하이드레이트　**4** ④　**5** ①　**6** ③　**7** ②　**8** ④　**9** ①　**10** ③　**11** ①　**12** 국제 연합(UN)　**13** 비정부 기구　**14** ⑳ 어린 시절 사용했던 물건들을 기증했다.　**15** ⑤　**16** ①, ②, ⑤　**17** 팜유　**18** ⑳ 생산 과정에서 자원을 아껴 쓰고 쓰레기도 줄어들어 환경 문제를 줄일 수 있게 될 것이다.　**19** ③　**20** 세계 시민

풀이

1 독도는 울릉도와 가까워 맑은 날에는 울릉도에서 육안으로도 관찰이 가능합니다.

2 독도에 대한 미국인들의 의견은 독도가 우리 땅임을 증명하는 자료가 될 수 없습니다.

3 독도 주변 바다의 밑바닥에는 미래 에너지원으로 주목받는 가스 하이드레이트가 묻혀 있습니다.

4 독도를 지키기 위해 정부는 독도에 등대, 선박 접안 시설, 경비 시설 등을 설치했습니다.

5 제시된 내용은 남북 분단으로 겪는 어려움을 나타낸 것입니다.

6 ③은 남북 분단의 현장을 나타내는 사진입니다.

7 통일이 되면 철도를 이용해서 유럽이나 아시아의 다른 나라와 더욱 활발하게 교류할 수 있습니다.

8 나이지리아는 1960년 영국으로부터 독립했지만 언어, 민족, 종교가 서로 다른 250여 개의 종족들이 각자의 이익을 추구하면서 국가 내 협력이 이루어지지 않았습니다.

9 전쟁이 일어나면 많은 사람이 죽거나 다치게 됩니다.

10 국제 연합 평화 유지군은 분쟁 지역에 파견되어 질서를 유지하고, 주민들의 안전을 지키며 분쟁의 재발을 방지하기 위해 노력합니다.

11 우리나라는 전쟁이나 폭력으로부터 생명과 인권을 보호하고 지구촌 갈등을 해결하려고 다양한 활동을 하고 있습니다.

12 국제 연합(UN)은 1945년 설립된 단체로 지구촌의 평화 유지, 전쟁 방지, 국제 협력 활동을 합니다.

13 비정부 기구를 만든 목적은 스스로 생각하는 것을 국가나 다른 단체의 간섭을 받지 않고 자유롭게 해 보기 위해서입니다.

14 지구촌 평화와 발전을 위해 우리가 실천할 수 있는 일도 많습니다.

15 바다가 오염이 되고 결국 우리 모두가 살아갈 수 없는 환경으로 변하게 될 것입니다.

16 기업은 친환경 소재로 제품을 생산하거나 쓰레기 감소, 에너지 절약을 위해 힘씁니다.

17 과자를 생산하는 데 필요한 팜유의 대량 생산을 위해 열대 삼림과 초원이 파괴되어 동물들이 살 곳을 잃어가고 있습니다.

18 플라스틱의 사용이 줄어 환경 문제를 줄일 수 있습니다.

19 문화적 편견과 차별 문제를 해결하려면 차이를 존중하는 태도를 길러야 합니다.

20 소윤이와 같이 지구촌 문제가 우리의 문제임을 알고 이를 해결하기 위해 협력하는 자세를 지닌 사람을 '세계 시민'이라고 합니다.

3회 단원 평가 실전

116~118쪽

1 ㉢, ㉣ 2 ⑤ 3 ⑤ 4 예 독도를 지키기 위해 노력한 사람들이다. 5 ⑤ 6 ① 7 ②
8 전쟁 9 예 자기 생각만 옳다고 굳게 믿기 때문이지. 10 ② 11 ④ 12 말랄라 유사프자이 13 ③ 14 ④ 15 ① 16 ㉢ 17 정부
18 예 어떤 환경 문제로 토의할 것이지 정해야 한다. 19 ③ 20 ㉢, ㉣

풀이

1 제시된 『세종실록지리지』는 조선 시대의 자료이고, 우산은 독도, 무릉은 울릉도를 가리킵니다.

2 독도는 경사가 급하고 대부분 암석으로 이루어져 있어 동식물이 서식하기에 불리한 환경입니다.

3 독도 주변 바다에는 실오징어, 부채뿔산호, 도화새우 등의 해양 생물이 살고 있습니다.

4 안용복은 조선 시대에 일본에 가서 울릉도와 독도가 우리 영토임을 확인받았습니다. 현재는 독도 경비대원이 독도를 지키고 있습니다.

5 나라의 예산 중에 국방비를 줄여 다른 곳에 쓸 수 있으므로 사람들의 삶의 질이 좋아질 것입니다.

6 개성 공단은 남북 경제 협력의 상징이라고 할 수 있습니다.

7 독일은 교류와 협력을 바탕으로 평화롭게 통일되었고, 주변국들과 함께 잘살기 위해 노력했습니다.

8 전쟁이 일어나면 어린이나 노인, 여자들과 같이 약한 사람들이 가장 큰 피해를 입습니다.

9 지구촌 갈등에는 영토, 자원, 종교, 언어, 인종, 민족, 역사, 정치 등의 다양한 원인이 복합적으로 얽혀 있습니다.

10 강대국이 과거의 잘못을 책임지지 않고 오히려 어려운 나라를 이용해 이익만 얻으려고 하기 때문입니다.

11 유엔 난민 기구(UNHCR)는 전쟁으로 살 곳을 잃은 난민들을 돕는 일을 합니다.

12 말랄라 유사프자이는 여성 교육을 위해 활동한 파키스탄의 운동가입니다.

13 제시된 설명은 비정부 기구에 관한 것입니다. 유네스코는 국제기구에 해당합니다.

14 ④는 어린이들이 할 수 없는 일입니다.

15 최근 3년 간 우리나라의 초미세 먼지 농도는 세계 보건 기구 기준치보다 세 배나 높아졌습니다.

16 비닐봉지로 여러 환경 문제가 발생하므로 비닐봉지의 사용을 줄여야 합니다.

17 환경 문제 해결을 위해 정책, 법령 등을 마련하는 주체는 정부입니다.

18 삼림 파괴, 플라스틱 쓰레기로 인한 해양 오염 등과 같은 환경 문제의 주제를 정해야 합니다.

19 지구촌 사람들은 빈곤과 기아 문제를 해결하려고 모금 활동, 구호 활동, 캠페인, 교육 지원, 농업 기술 지원 등 다양한 노력을 하고 있습니다.

20 문화적 편견이나 차별은 지구촌 평화와 발전을 저해하는 태도입니다.

1 ①   2 ㉠ 경선 ㉡ 위선   3 (1) ○ (2) ○ (3) ○ (4) ×   4 육지   5 아시아   6 (1) ㉢ (2) ㉠ (3) ㉡   7 ㉣   8 ④   9 건조 기후   10 (1) ㉣ (2) ㉠   11 (가)   12 ⑤   13 ③   14 힌두교에서는 소를 성스러운 동물로 여기기 때문이다.   15 ③   16 ②, ③   17 (1) ㉡ (2) ㉢   18 ㉢   19 ①, ③   20 우리나라는 전체 석유 수입량의 약 85% 정도를 서남 아시아에서 수입하고 있다.

1 스마트폰, 컴퓨터 등 다양한 기기에서 이용할 수 있도록 디지털 정보로 표현한 것은 디지털 영상 지도입니다.

2 세계 지도와 지구본에는 위치를 쉽게 나타내기 위해 위선(가로선)과 경선(세로선)이 그려져 있습니다.

3 디지털 영상 지도에서는 어떤 장소의 실제 모습을 여러 각도에서 살펴볼 수 있습니다.

4 대륙에는 아시아, 아프리카, 유럽, 오세아니아, 북아메리카, 남아메리카가 있습니다.

5 아시아는 가장 큰 대륙이며, 세계 육지 면적의 약 30%를 차지합니다.

6 이밖에도 북아메리카 대륙에는 미국, 캐나다 등의 나라가 있고, 남아메리카 대륙에는 브라질, 아르헨티나 등의 나라가 위치해 있습니다.

7 캐나다의 북쪽에는 북극해가 있습니다.

8 세계에서 영토의 면적이 가장 넓은 나라는 러시아이며, 그 다음은 캐나다입니다. 세계에서 영토의 면적이 가장 좁은 나라는 바티칸 시국입니다.

9 건조 기후는 강수량이 매우 적어 사막이 널리 나타나는 곳도 있습니다.

10 (가)는 냉대 기후 지역에서 볼 수 있는 침엽수림이고, (나)는 열대 기후 지역에서 사파리 관광(생태 관광)을 하는 모습입니다.

11 제시된 지도는 냉대 기후의 분포를 나타내고 있습니다. 냉대 기후는 러시아의 시베리아, 캐나다와 같이 북반구의 중위도와 고위도 지역에 널리 분포합니다.

12 한대 기후 지역에서는 얼음이 녹는 짧은 여름 동안 풀이 자라는 땅에서는 순록을 기르는 유목 생활을 하기도 합니다.

13 옥수수 가루를 끓는 물에 넣어 반죽해 만든 음식은 탄자니아의 우갈리입니다.

14 세계에는 자신이 믿는 종교에 따라 특정 음식을 먹지 않는 사람들이 있습니다.

15 세계의 지붕이라고 불리는 시짱고원(티베트고원)은 중국에서 볼 수 있습니다.

16 ①, ④는 중국에 대한 설명이고, ⑤는 일본에 대한 설명입니다.

17 일본은 섬나라 특성상 쉽게 녹슬지 않는 나무로 젓가락을 만들고, 우리나라는 김치처럼 절인 음식이 많아 국물이 스며들지 않는 금속 젓가락을 사용합니다.

18 ㉠은 경제 분야에서 교류하는 사례이고 ㉡은 정치 분야에서 교류하는 사례입니다.

19 베트남은 넓은 평야를 중심으로 벼가 많이 재배되고 있으며, 노동력이 풍부해서 섬유 산업 등 경공업이 발달했습니다.

20 우리나라는 서남아시아 지역에 자동차, 휴대 전화 등을 수출하고 있습니다.

1 ①   2 ㉠ 북위 ㉡ 남위 ㉢ 서경 ㉣ 동경   3 (1) 세계 지도나 지구본에서 찾기 어려운 다양한 정보를 얻을 수 있다. (2) 스마트폰이나 컴퓨터가 필요하며, 인터넷을 연결해야 다양한 기능을 사용할 수 있다.   4 ⑤   5 ㉡   6 ①   7 칠레   8 ㉢   9 ㉠ 사막 ㉡ 초원   10 냉대 기후   11 예 땅에서 올라오는 습기를 피하고 바람을 잘 통하게 하기 위해서이다.   12 ③   13 라마단   14 ②, ④   15 ㉠ 러시아 ㉡ 중국 ㉢ 일본   16 ①   17 한자   18 ②   19 ①   20 예 나라마다 지형, 기후, 인구, 산업 등 환경이 달라 서로 필요한 도움을 주고받을 수 있기 때문이다.

풀이

1 지구본은 자유롭게 돌려 볼 수 있고, 기울어져 있습니다.

2 지구본에 나타난 위도와 경도를 이용하면 세계 여러 나라의 위치를 숫자로 정확하게 나타낼 수 있습니다.

3 디지털 영상 지도는 스마트 기기에 설치해 가고 싶은 장소를 쉽게 찾아갈 수 있습니다.

4 태평양은 세계에서 가장 큰 바다로 우리나라와 접해 있습니다.

5 ㉡은 아프리카 대륙으로 이집트, 소말리아, 케냐, 나이지리아, 앙골라, 가나 등의 나라가 위치하고 있습니다.

6 아르헨티나는 영토의 모양이 남북으로 길게 뻗어 있는데 비슷한 나라로는 노르웨이, 칠레가 있습니다.

7 칠레는 남아메리카 대륙에 있는 국가로 남북의 길이가 약 4,300km에 이를 정도로 국토가 남북으로 길게 뻗어 있습니다.

8 ㉠은 한대 기후, ㉡은 냉대 기후, ㉢은 온대 기후, ㉣은 건조 기후, ㉤은 열대 기후입니다.

9 건조 기후 중에는 아프리카 사하라처럼 강수량이 매우 적어 사막이 널리 나타난 곳도 있고, 중앙아시아처럼 약간의 비나 눈이 내려 초원이 넓게 나타나는 곳도 있습니다.

10 냉대 기후는 온대 기후 지역보다 위도가 높은 지역에서 나타나며, 북반구 중위도 지역의 북부에 널리 분포합니다.

11 고상 가옥은 열대 우림 기후가 나타나는 지역에서 볼 수 있으며, 바닥이 땅과 떨어지게 나무기둥을 세웁니다.

12 게르는 몽골의 지형과 기후에 따라 유목 생활을 하고 있는 몽골 사람들에게 적합한 주거 형태입니다.

13 라마단 기간에 단식을 하고 있는 사람 옆에서는 음식을 먹거나 물을 마셔서는 안 됩니다.

14 세계 여러 나라의 생활 모습이 다양하게 나타나며 이는 고유한 가치를 가지고 있습니다. 따라서 서로 다른 생활 모습을 이해하고 존중하려는 마음가짐이 필요합니다.

15 러시아는 우리나라의 북쪽에, 중국은 우리나라의 서쪽에, 일본은 우리나라의 동쪽에 위치하고 있습니다.

16 일본은 화산이 많아 온천이 발달했습니다.

17 우리나라와 중국, 일본은 지리적으로 가까이 위치해 오래전부터 활발하게 교류했기 때문에 한자 문화권에 속하게 되었습니다.

18 우리나라는 원유가 거의 생산되지 않기 때문에 산업 발달에 필요한 원유를 사우디아라비아 등에서 수입하고 있습니다.

19 베트남은 북부와 남부의 넓은 평야에서 벼가 많이 재배되고 있습니다.

20 나라마다 환경이 달라 서로 필요한 자원이나 서비스를 주고받을 수 있기 때문입니다.

3회 100점 예상 문제 128~130쪽

1 독도   2 ②   3 ①   4 이산가족   5 예 전쟁의 공포에서 벗어날 수 있고, 이산가족끼리 만나고 고향에도 갈 수 있다.   6 남북통일   7 ④
8 (1) ㉠ (2) ㉡   9 ③   10 예 우리나라에도 난민이 들어오고 있다. 전쟁 중인 나라에 군인을 파견하거나 구호품을 보낸다.   11 평화   12 (1) ㉠ (2) ㉡   13 조디 윌리엄스   14 ④   15 지속 가능한 미래   16 지구촌 전등 끄기   17 ③   18 ①, ④
19 예 여러 종교가 갖는 다양성을 인정하지 못하고 자신의 문화를 기준으로 판단하고 있다.
20 세계 시민

풀이

1 독도는 우리나라 동쪽 끝에 있는 섬으로, 북위 37° 동경 132°에 가까이 있습니다.

2 독도는 독특한 지형과 경관을 지닌 화산섬으로, 사람들이 만든 인공섬은 아닙니다.

3 정부에서는 독도의 생태계 보호와 지속 가능한 이용을 위해 여러 법령을 시행하고 있습니다.

4 이산가족들이 고향을 가지 못하거나 부모 형제가 서로 만날 수 없어서 슬픔에 빠져 있습니다.

5 이밖에도 남북한의 자원을 효율적으로 사용할 수 있고, 한반도의 지리적 장점을 살려 나라를 발전시킬 수 있습니다.

6 남북한은 정부와 민간단체를 중심으로 정치, 경제, 사회·문화 분야에서 교류하고 협력하려는 다양한 노력을 기울였습니다.

7 통일이 되면 북한의 풍부한 지하자원을 이용할 수 있게 될 것입니다.

8 유대교를 믿는 이스라엘과 이슬람교를 믿는 팔레스타인의 다툼은 1948년 이후 지금까지 계속되고 있습니다.

9 시리아 내전으로 인해 자기 나라를 떠나 머물 곳을 찾아 헤매는 난민이 늘어나고 있습니다.

10 이밖에도 테러 문제가 심각해지면 해외여행 시 검사가 철저해지기도 합니다.

11 지구촌 평화는 구성원들이 노력하고 실천하였을 때 이루어질 수 있습니다.

12 국제 노동 기구는 전 세계의 노동 문제를 다루고, 국제 원자력 기구는 원자력 에너지를 평화적이고 안전한 방법으로 이용할 수 있도록 노력하고 있습니다.

13 조디 윌리엄스는 1997년에 노벨 평화상을 수상했습니다.

14 국경 없는 의사회는 인종이나 종교, 성별 등과 관계 없이 의료 지원이 필요한 사람들을 돕는 단체입니다.

15 지구촌 사람들이 오늘날의 발전뿐만 아니라 미래 세대의 환경과 발전을 위해 책임감 있게 행동해 지구촌의 지속 가능성을 높여가는 것을 지속 가능한 미래라고 합니다.

16 지구촌 전등 끄기 캠페인 활동은 2007년 시드니에서 1년 1회 1시간 동안 여러 건물의 조명을 끄는 활동으로 시작되었습니다.

17 지구촌 사람들은 빈곤과 기아 문제를 해결하려고 모금 활동, 구호 활동, 캠페인, 교육 지원, 농업 기술 지원 등 다양한 노력을 하고 있습니다.

18 제시된 제품들은 생산 과정에서 자원을 아끼고 쓰레기도 감소시켜 환경 문제를 줄일 수 있게 될 것입니다.

19 서로 다른 문화나 종교를 존중하지 않고 자신의 문화를 기준으로 함부로 판단하기 때문에 문화적 편견과 차별의 모습이 나타납니다.

20 세계 시민들은 지구촌에 문제에 관심을 갖고 이를 해결하고자 꾸준히 노력하고 있습니다.

---

1 「팔도총도」 2 ② 3 ① 4 (1) ○ (3) ○ (4) ○ 5 (가) 6 ④ 7 씨름 8 ⑤ 9 ⑩ 여러 나라가 속한 물자원을 한 국가가 많이 가지려고 하기 때문이다. 10 ⑤ 11 ②, ④, ⑤ 12 ㉠ 간디 ㉡ 이태석 신부 13 ⑩ 어려움을 겪고 있는 나라에 봉사 활동을 가거나 군대, 구조대 등을 보내고 다. 14 해비타트 15 상우 16 파리 기후 협정 17 ① 18 세계 기아 지도 19 높게, 낮게 20 ⑤

풀이

1 당시 지도에는 우산도(독도)를 실제와 달리 울릉도의 서쪽에 그렸습니다.

2 안용복은 조선 숙종 때 일본에 가서 울릉도와 독도가 우리의 영토임을 확인받고 돌아왔습니다. 최종덕은 독도에 처음으로 주민 등록을 하였고, 홍순칠은 6·25 전쟁 이후 독도 의용 수비대를 조직하여 독도를 지켜냈습니다.

3 독도는 동해 바다의 한 가운데 위치하고 있으므로 갯벌이 발달해 있지 않습니다.

4 남북이 통일된다면 국방비가 줄어서 남는 비용을 국민들의 삶의 질을 높이는 곳에 사용할 수 있습니다.

5 (가)는 2018년에 남북 정상이 만나 한반도 평화를 논의하는 남북 정상 회담의 모습입니다.

6 남과 북이 단일팀을 구성할 때는 한반도기를 사용합니다.

7 남한과 북한은 공동 등재를 위해 서로 협력하고 국제기구와 국제 사회를 설득했습니다.

8 메콩강은 중국, 미얀마, 라오스, 타이, 캄보디아, 베트남을 흐르는 강입니다.

9 자기 나라만 생각하는 이기적인 마음에서 갈등이 발생하고 있습니다.

10 지구촌 갈등에는 영토, 자원, 종교, 언어, 인종, 민족, 역사, 정치 등의 다양한 원인이 복합적으로 얽혀 있습니다.

11 국가들이 지켜야 하는 강력한 법이 없고, 역사적으로 오랫동안 쌓인 미움과 갈등이 커서 화해하려는 의지가 없기 때문입니다.

12 간디와 이태석 신부는 평화적인 방법으로 지구촌

갈등 문제를 해결하려고 했습니다.

13 이밖에도 여러 국제기구 활동에 참여하고, 전쟁이나 환경 파괴를 막고자 관련 조약에 가입하고 있습니다.

14 국제기구와 달리 비정부 기구는 인권, 환경, 보건, 빈곤 퇴치, 성 평등 등 특정 분야에 관심 있는 사람들이 스스로 모여서 국경을 넘어 문제를 해결하려고 노력하고 있습니다.

15 이밖에도 국제 앰네스티의 편지 쓰기 활동에 참여하기, 유니세프 활동 돕기, 재활용 벼룩시장에 어릴 때 사용했던 장난감 기부하기 등이 있습니다.

16 파리 기후 협정에 따라 정부에서는 법을 정해 온실가스 배출을 줄이고자 힘쓰고 있습니다.

17 포장이 예쁜 물건보다는 환경 마크가 있는 물건을 구입해 사용해야 합니다.

18 전체 인구 중 영양 결핍 비율을 나타낸 세계 기아 지도입니다.

19 지도에서 색깔이 진한 곳일수록 영양 결핍 비율이 높은 곳입니다.

20 문화 체험 활동 등에 참여하여 다른 나라의 문화를 이해하는 태도를 길러야 합니다.

5회 100점 예상 문제
134~136쪽

1 ③ 2 ㉠ → ㉢ → ㉡ → ㉣ 3 (1) 아시아 (2) 태평양 4 (1) ㉣ (2) ㉤ (3) ㉢ (4) ㉥ (5) ㉠ (6) ㉡ 5 (1) 온대 기후 (2) 한대 기후 6 ⑤ 7 힌두교 8 ㉠ 소, ㉡ 돼지고기 9 중국 10 예 지리적으로 가까워 옛날부터 서로 오가면서 자연스럽게 문화를 주고받았기 때문이다. 11 ④ 12 (1) 독립문 바위 (2) 탕건봉 13 반크 14 ② 15 난민 16 ㉢ 17 ⑤ 18 개인 19 지현 20 (2) ○ (3) ○

풀이

1 세계 지도는 세계 여러 나라의 위치를 한눈에 알 수 있어 세계 일주 경로를 살펴보기에 가장 좋습니다.

2 가장 먼저 나타내고 싶은 나라를 정하고 그 나라의 동, 서, 남, 북 끝 지점을 찾아야 합니다.

3 아시아는 대륙 중에서 가장 크며 세계 육지 면적의 약 30%를 차지합니다. 태평양은 아시아, 오세아니아, 북아메리카, 남아메리카에 둘러싸여 있습니다.

4 세계 지도와 지구본을 보면 각 대륙에 속해 있는 나라의 위치와 영역을 살펴볼 수 있습니다.

5 온대 기후는 사계절이 비교적 뚜렷한 기후로 중위도 지역에 주로 나타나고, 한대 기후는 평균 기온이 매우 낮은 기후로 고위도 지역에 주로 나타납니다.

6 침엽수림이 많아 목재와 펄프의 세계적인 생산지가 되는 곳은 냉대 기후 지역입니다.

7 사리가 한 장의 천으로 만들어진 것은 힌두교에서 옷감을 자르거나 바느질하는 것을 바람직하지 않게 여기기 때문입니다.

8 세계에는 자신이 믿는 종교에 따라 특정 음식을 먹지 않는 사람들이 있습니다.

9 중국은 세계에서 인구가 가장 많고 여러 가지 산업이 발달했습니다.

10 한자 문화권에 속하고 식사할 때 젓가락을 사용하는 등 생활 모습에서 비슷한 점이 많습니다.

11 미국은 땅의 모양이 동서로 넓다 보니 동부 지역과 서부 지역 사이에 네 시간 차이가 납니다.

12 (1)은 독립문 바위로 독립문을 닮아서 붙여진 이름입니다. (2)는 탕건봉으로 옛날 관리들이 갓 아래 받쳐 쓰던 탕건과 닮아서 붙여진 이름입니다.

13 사이버 외교 사절단인 반크는 독도에 대한 일본의 억지 주장을 바로잡는 데 힘쓰고 있습니다.

14 남한에 있는 기업의 자본과 뛰어난 기술력이 북한의 풍부한 노동력을 만나 개성 공단이 열렸습니다.

15 시리아에서는 독재 정치와 종교 문제로 국내에 크고 작은 전쟁이 계속되면서 난민이 많이 발생하고 있습니다.

16 세계는 평화로운 방법으로 갈등을 해결하는 것이 중

요하다는 점을 깨닫고 국제 연합을 만들었습니다.

17 ①은 세이브 더 칠드런, ②는 지뢰 금지 국제 운동, ③은 국제 앰네스티, ④는 국경 없는 의사회에서 하는 일입니다.

18 일회용품 줄이기, 친환경 빨대 사용하기, 환경 캠페인 참여하기 등은 개인들이 할 수 있는 노력입니다.

19 환경과 조화를 이루는 생산과 소비 활동은 자원을 최소한으로 사용해 환경을 보호하고 더 나은 미래 생활을 보장할 수 있습니다.

20 편견과 차별을 극복하고 다양성을 존중하는 교육 활동을 해야 합니다.

6회 100점 예상 문제

137~139쪽

1 ⑤ 2 ㉣ 3 (1) 예 대양이나 해양과 같이 매우 큰 바다를 뜻한다. (2) 육지와 섬이 가로막아 큰 바다와 떨어진 작은 바다를 뜻한다. 4 ③
5 ⑤ 6 ㉣ → ㉠ → ㉢ → ㉡ → ㉤ 7 예 쉽고 빠르게 조립 또는 분해할 수 있어 가축과 함께 자주 이동해야 하는 유목 생활에 유리하기 때문이다. 8 (1) 일 (2) 일 (3) 러 (4) 중 9 일본
10 ㉠ 베트남 ㉡ 사우디아라비아 11 가스 하이드레이트 12 ① 13 남북통일 14 ④ 15 국제기구 16 말랄라 유사프자이 17 (1) ㉣ (2) ㉢
18 환경 19 ② 20 ④

풀이

1 실제 지구의 모습을 아주 작게 줄인 모형은 지구본입니다.

2 오세아니아는 대륙 중 가장 작으며 남반구에 위치하고 있습니다.

3 태평양이나 대서양처럼 '양'으로 불리는 바다는 매우 큰 바다를 일컫습니다.

4 세 번째로 영토의 면적이 넓은 나라는 미국, 네 번째는 중국, 다섯 번째는 브라질입니다.

5 유럽에서는 주로 밀을 재배하며, 아시아에서는 벼농사를 짓습니다. 지중해 주변 지역에서는 올리브나 포도를 많이 재배합니다.

6 환경에 따라 달라지는 세계 여러 나라의 생활 모습 조사는 '주제 정하기 → 결과 예상하기 → 조사 계획 세우기 → 자료를 수집하고 분석하기 → 결과 정리하기'의 순서로 이루어집니다.

7 게르는 뼈대를 이루는 나무와 뼈대를 덮는 천막(양털로 짠 펠트)으로 이루어져 있어 쉽고 조립하고 분해할 수 있습니다.

8 중국은 세계에서 인구가 가장 많고 여러 가지 산업이 발달했습니다. 러시아는 풍부한 지하자원을 바탕으로 한 산업이 발달했습니다.

9 일본 젓가락은 생선을 많이 먹는 섬나라 특성이 잘 나타나 있습니다.

10 베트남은 우리나라와 활발하게 교류하고 있는 대표적인 동남아시아의 국가이고, 사우디아라비아는 우리나라가 원유를 수입하는 대표적인 나라입니다.

11 독도 주변 바다의 밑바닥에는 미래 에너지원으로 주목받는 가스 하이드레이트가 묻혀 있습니다.

12 제시된 자료는 독도의 소중함을 알리는 캐릭터를 만든 것입니다.

13 남북의 평화로운 통일은 서로의 믿음을 바탕으로 협력해야 이룰 수 있습니다.

14 남북통일이 된다면 나라의 예산 중에 국방비로 들이는 돈을 줄여 다른 곳에 쓸 수 있으므로 사람들의 삶의 질이 좋아질 것입니다.

15 세계 여러 나라들이 서로 협력해 지구촌 평화를 지키기 위해 만든 국제 연합(UN)이 대표적인 국제기구입니다.

16 세계의 모든 아동이 학교에 다닐 수 있게 하자는 운동을 지속적으로 전개하고 있습니다.

17 국제 앰네스티의 지속적인 편지 쓰기 활동으로 10년 동안 2,000여 명이 감옥에서 풀려났습니다.

18 제시된 내용을 통해 지구촌 환경 문제의 심각성을 알 수 있습니다.

19 우리와 다른 문화를 이상하다고 생각할 것이 아니라 차이를 존중하는 태도를 길러야 합니다.

20 지속가능한 미래와 우리나라의 경제 발전이 함께 이뤄질 수 있도록 해야 합니다.

메모 Memo

전과목

단원평가 총정리

변형 국배판 / 1~6학년 / 학기별

★ 디자인을 참신하게 하여 학습 효율성을 높였습니다.

★ 단원 평가에 완벽하게 대비할 수 있도록 전 범위를 수록하였습니다.

★ 교과 내용과 관련된 사진 자료 등을 풍부하게 실어 학습에 흥미를 느낄 수 있도록 하였습니다.

★ 수준 높은 서술형 문제를 실었습니다.

정답과 풀이

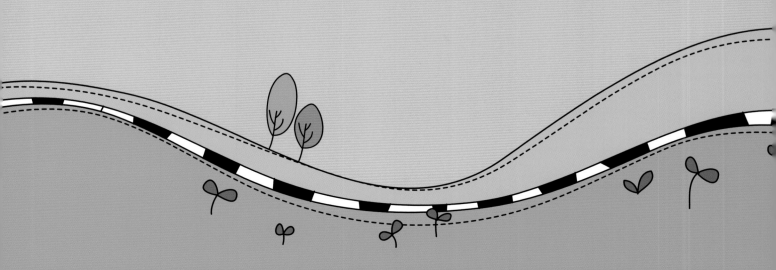